EFFECTIVE C

EFFECTIVE C

전문적인 C 프로그래밍 입문서

박정재 · 장준원 · 장기식 옮김　로버트 C. 시코드 지음

에이콘

에이콘출판의 기틀을 마련하신 故 정완재 선생님 (1935-2004)

내 손녀 올리비아Olivia와 이사벨라Isabella,
그리고 과학자와 엔지니어로 성장할
다른 젊은 여성들에게 바칩니다.

추천의 글

로버트 시코드라는 이름을 처음 알게 된 것은 2008년이었다. 로버트는 CERT C 코딩 표준과 C 표준 부록 K에 대한 업적으로 이미 C 프로그래밍 분야에서 잘 알려져 있었다. 그러나 2008년 나는 C 프로그램에서 정의되지 않은 동작이 없다는 것을 보장하기 위해 Frama-C 프로젝트에 착수한 지 불과 몇 년밖에 되지 않은 어리고 어리석은 상태였다. 어느 순간 C 컴파일러(특히 GCC)가 특정 포인터-산술 오버플로우 검사를 제거하는 방법에 관한 CERT 취약점 노트가 나의 흥미를 자극했다. 컴파일러는 검사를 제거할 이유가 있었다. 순수하게 작성돼 오버플로우가 있을 때 정의되지 않은 동작을 호출했다.

C 컴파일러는 최대 경고 수준에서도 프로그래머에게 무엇이 잘못됐는지 경고하지 않아도 됐다. C에서 정의되지 않은 동작은 가혹할 수 있다. 나는 이 문제를 해결하기로 했는데, 해당 노트의 작성자 중의 한 명이 로버트였다.

이 책은 여러분에게 현대 시대를 위한 C 프로그래밍을 가르쳐 줄 것이다. 이 책은 여러분이 자발적이든 과실이든 정의되지 않은 동작을 사용하지 않도록 좋은 습관을 들이는 데 도움이 될 것이다. 대형 C 프로그램에서 일반적 프로그래밍 오류를 피하는 것만으로는 임의적 입력에 의해 발생하는 정의되지 않은 동작을 피하기에 충분치 않음을 독자들에게 경고한다.

이 책이 강조하는 C 프로그래밍의 보안 측면은 타의 추종을 불허한다. 내 개인적인 권고 사항은 이 책을 읽은 후 여러분이 작성하는 C 프로그램에서 정의되지 않은 동작을 막기 위해 이 책에서 알려주는 도구를 모두 활용해야 한다는 것이다.

파스칼 쿠오크 Pascal Cuoq

수석 과학자, TrustInSoft

25년 전 사이버 보안에 입문했을 때 나는 주로 C 프로그램에서 안전하지 않은 메모리 처리unsafe memory handling를 찾아 익스플로잇exploit하는 일을 배웠는데, 이는 당시만 해도 20년이 넘은 취약점 클래스였다. BlackBerry에서 코드 리뷰를 하는 동안 C를 제대로 시작하지 않으면 얼마나 위험할 수 있는지 직접 경험했다. 지금은 다국적 사이버 보안 전문 및 관리 서비스 회사의 CTO로서 제대로 작성되지 않은 C 코드가 연결된 우리 사회에 어떤 영향을 미치는지 매일 보고 있다.

컴파일러 및 운영체제 수준에서의 완화 조치에 대한 많은 혁신이 정기적으로 훼손될 수 있으며, 오늘날 우리는 여전히 안전하고 전문적인 C를 작성하는 데 수많은 어려움이 있다. 다른 현대 언어가 혁신을 이루면서 발전하고 있지만, 특히 IoT와 같이 자원이 극히 제한적인 환경에서는 여전히 C에 대한 수요가 증가하고 있다.

로버트는 C를 전문적으로 안전하게 프로그래밍하는 방법의 권위자로, 나는 10년 넘게 고객과 내부 팀 모두에게 로버트의 자료를 추천해 왔다. 전문적이고 무엇보다도 안전한 방식으로 C를 코딩하는 방법을 가르치는 데 이보다 더 좋은 사람은 없다고 감히 얘기할 수 있다.

오늘날 전문적인 C를 작성한다는 것은 곧 성능이 우수하고 안전하며 보안성 있는 코드 작성을 의미한다. 이렇게만 하더라도 연결된 사회에 충분히 기여할 수 있다.

이 책은 C 경험이 거의 없거나 전혀 없는 사람들이 전문 C 프로그래머가 되기 위한 지식과 기법을 빠르게 개발할 수 있도록 도와주며 성능이 우수하고 안전하고 보안성 있는 시스템 개발에 크게 이바지할 것이다.

올리 화이트하우스 Ollie Whitehouse

Global CTO, NCC Group

옮긴이 소개

박정재(jjpark@gmail.com)

경찰대학 행정학과를 졸업하고, 서강대학교 정보통신대학원에서 블록체인 전공으로 공학석사 학위를 받았다. 경찰청 보안 사이버수사대에서 첩보수집·분석 업무, 서울경찰청 사이버수사대에서 디지털포렌식팀장으로 근무했다.
현재 법무법인 율촌 전문위원으로 기업 내부조사, 디지털 증거분석, 블록체인 자문 등 IT 분야 조사업무를 담당하고 있으며, 한국포렌식학회 이사를 역임하고 있다.

장준원(jw9301@gmail.com)

경찰대학(18기) 법학과를 졸업하고, 서울영등포경찰서 수사과 조사반장으로 공직생활을 시작해, 서울지방경찰청 수사과 사이버범죄수사대 수사팀장과 디지털포렌식팀장, 외사과 국제범죄수사대 기획팀장, 경찰수사연수원 사이버범죄수사학교 교수 및 학과장, 그리고 경찰청 국가수사본부 사이버테러수사팀장 등으로 근무한 후, 20여년간 몸담았던 경찰을 떠나 2021년에 법무법인(유) 화우에 합류해 디지털포렌식 전문위원으로 사이버범죄 수사 및 디지털포렌식 분석 사건에 대한 기술 지원 및 자문업무를 수행하고 있다.
현재 세계 최고의 사이버범죄 수사 및 디지털포렌식 전문가이자 경력자로 경찰청 디지털포렌식 자문단, 감사원 감사연구원 자문위원, 한국디지털포렌식학회 이사 등을 역임하고, SBS '그것이 알고 싶다'와 YouTube 꼼짝마TV 등 다양한 방송 및 인터뷰에 출연하는 등 활발하게 대외적으로도 활동하고 있다.

장기식(honors@nate.com)
경희대학교에서 대수학을 전공했으며, 고려대학교 정보보호대학원에서 박사학위를 취득했다. 이후 약 10년간 경찰청 사이버안전국 디지털포렌식센터에서 디지털포렌식 업무를 담당했다. 경찰대학 치안정책연구소에서 데이터 분석을 접한 이후 데이터 분석을 기반으로 한 머신러닝 기술을 연구했으며, 이 경험을 바탕으로 현재 쏘마[SOMMA]에서 고도화된 보안 위협 대응을 위한 사이버 위협 헌팅 플랫폼 MONSTER와 APT 공격 시뮬레이터 CHEIRON 개발 및 연구를 책임지고 있다. 번역서로는 『보안을 위한 효율적인 방법 PKI』(인포북, 2003)와 『EnCase 컴퓨터 포렌식』(에이콘, 2015), 『인텔리전스 기반 사고 대응』(에이콘, 2019), 『적대적 머신러닝』(에이콘, 2020), 『사이버 보안을 위한 머신러닝 쿡북』(에이콘, 2021), 『양자 암호 시스템의 시작』(에이콘, 2021), 『스크래치로 배워보자! 머신러닝』(에이콘, 2022), 『Pandas를 이용한 데이터 분석 실습 2/e』(에이콘, 2022)이 있다.

옮긴이의 말

사이버 보안 관련 일을 하기 시작하면서 C 언어로 작성된 코드에서 사소한 오류로 인해 큰 보안 사고가 발생하는 것을 직접 목격했습니다. 이로 인해 시큐어 코딩이라는 개념을 접하게 됐고, 이제는 시큐어 코딩을 코드 작성 초기부터 적용하는 것이 기본이 됐습니다.

이 책은 다른 C 언어 프로그래밍 입문서와는 다릅니다. 표준 C 언어 문법부터 시큐어 코딩에 필요한 디버깅, 정적 분석 및 동적 분석에 이르기까지 폭넓은 내용을 담고 있습니다. 그래서 초보자에게는 다소 어려울 수 있는데, 특히 안전한 코드 작성에 필요한 취약점에 관한 내용이 나오고, 버그가 발생할 수 있는 코드의 예와 이를 해결할 방법까지도 제시합니다.

C 언어의 기본 문법을 어느 정도 알고 있는 독자라면 책 뒷부분에 나오는 메모리 할당과 입출력, 프로그램 구조, 디버깅, 단위 테스트 그리고 정적 분석 및 동적 분석의 내용을 꼼꼼하게 익히길 바랍니다. 전부 시큐어 코딩에 필요한 요소입니다.

저자는 성능이 우수하면서도 안전하며 보안성을 갖춘 코드를 작성하는 것을 강조합니다. C 프로그램에서 정의되지 않은 동작이 발생하는 것을 막을 수 있도록 저자가 소개하는 모든 방법과 도구를 활용해 시큐어 코딩을 익힐 수 있길 바랍니다.

이 책을 번역하는 동안 옆에서 마음고생을 하면서 많은 격려와 지지를 보내준 가족들에게 항상 사랑하고 고맙다고 말하고 싶습니다. 마지막으로 이 책이 번역될 수 있도록 해주신 에이콘출판의 권성준 대표님과 황영주 편집장님께 깊은 감사의 마음을 전하며, 편집에 많은 고생을 하신 김무항 편집자님께도 감사의 인사를 드립니다.

한국어판 감수자 소개

김경환(likebnb@hanyang.ac.kr)

강산이 세 번 바뀌는 동안 꾸준하게 개발자의 길을 걸어왔다. 코딩 자체도 좋아하지만 다양한 전문 분야들의 요구사항을 분석하면서 새로운 지식을 습득하고 체계화하는 것을 즐겨한다. 첫 직장에서 경험한 데이터베이스를 시작으로 데이터웨어하우스, 검색엔진, 빅데이터 그리고 기계학습에 이르는 여정에서 얻게 된 '살아 숨 쉬는 지혜'를 DIKW 이론을 빌어 주변에 설파하고 있다. '배운 것 남 주자'를 실천하기 위해 한양대학교 대학원 산업공학과 겸임교수, 서울과학종합대학원 AI·빅데이터 MBA 객원교수로 자료구조와 알고리즘, DIKW와 Spark 강의도 하는 주경야독러다. 현재 쏘마에서 '보안 위협, 그 너머로'를 목표로 고도화된 보안 위협 대응을 위한 사이버 위협 헌팅 플랫폼 MONSTER와 APT 공격 시뮬레이터 CHEIRON를 구현하는 데 매진하고 있다. 번역서로는 『Pandas를 이용한 데이터 분석 실습 2/e』(에이콘, 2022)이 있다.

지은이 소개

로버트 C. 시코드 Robert C. Seacord(Robert.Seacord@nccgroup.com)

NCC 그룹의 기술 이사로 C, C++ 및 다른 언어의 시큐어 코딩을 개발하고 가르친다. C 프로그래밍 언어의 국제 표준화 작업 그룹인 ISO/IEC JTC1/SC22/WG14의 전문가이기도 하다. 또한, 『CERT C 프로그래밍 2/e』(에이콘출판, 2022)과 『(개정판) C & C++ 시큐어 코딩』(에이콘출판, 2015), 『자바 시큐어 코딩 가이드라인』(인피니티북스, 2017) 등의 다른 책도 저술했다. 소프트웨어 보안과 구성 요소 기반 소프트웨어 엔지니어링, 웹 기반 시스템 설계, 레거시 시스템 현대화, 구성 요소 저장소 및 검색 엔진, 그리고 사용자 인터페이스 설계 및 개발에 관한 50편 이상의 논문도 발표했다.

기여자 소개

아론 볼만 Aaron Ballman (aaron@aaronballman.com)

GrammaTech, Inc.의 컴파일러 프론트엔드 엔지니어로 정적 분석 도구 CodeSonar를 담당하고 있다. 또한 C, C++ 및 다른 프로그래밍 언어의 인기 있는 오픈 소스 컴파일러인 Clang의 프론트엔드 관리자이기도 하다. Aaron은 JTC1/SC22/WG14 C 프로그래밍 언어 및 JTC1/SC22/WG21 C++ 프로그래밍 언어 표준위원회의 전문가다. 주된 업무 목표는 프로그래머가 더 나은 언어 설계와 진단, 그리고 도구를 통해 코드의 실수를 인식하도록 돕는 것이다. 프로그래밍에 관해 고민하지 않을 때는 가족들과 함께 메인 주의 시골 숲에서 조용한 시간을 보내는 것을 즐긴다.

기술 감수자 소개

마틴 세보르 Martin Sebor

레드햇의 GNU Toolchain 팀의 수석 소프트웨어 엔지니어다. 주요 관심사는 GCC 컴파일러로 특히 C와 C++ 프로그램에서 보안 관련 문제를 감지하고 진단하며 방지하는 것 외에 문자열 기반 알고리즘의 최적화를 구현하는 분야다. 2015년 Red Hat에 합류하기 전에는 Cisco에서 컴파일러 툴체인toolchain 엔지니어로 일했다. 마틴은 1999년부터 C++ 표준위원회의 위원이었으며, 2010년부터는 C 언어 위원회의 위원으로 활동하고 있다. 마틴은 콜로라도 라이언스의 작은 마을 근처에서 아내와 함께 살고 있다.

감사의 말

이 책이 나올 수 있도록 함께 한 모든 사람에게 감사를 표하고 싶다. 먼저 C 책을 쓰도록 나를 끈질기게 쫓아다닌 No Starch Press의 빌 폴록Bill Pollock에 고마움을 전하고 싶다.

좋은 서문을 제공해준 올리 화이트하우스와 파스칼 쿠오크에게 감사드린다.

아론 볼만은 이 책을 쓰는 동안 소중한 파트너였다. 두 개의 장을 쓰는 데 이바지한 것 외에도 모든 것을 여러 번 심오한 것부터 평범한 것까지 문제를 해결하는 데 도움을 줬다.

미 육군 연구소와 C 표준위원회의 명예 회원인 더글러스 그윈Douglas Gwyn은 모든 장을 검토하는 데 도움을 줬다. 내 글이 그의 기준에 미치지 못했을 때는 나를 올바른 방향으로 인도했다.

마틴 세보르Martin Sebor는 이 책의 공식 기술 검토자로 활동한 좋은 친구이다. 따라서 이 책에서 부정확한 내용이 발견된다면 그 친구의 탓이다.[1]

아론과 더글라스, 그리고 마틴 외에도 짐 토마스Jim Thomas와 토마스 코페Thomas Koppe, 나일 더글러스Niall Douglas, 톰 호너만Tom Honermann, 그리고 장헤이드 메네이데JeanHeyd Meneide를 포함한 C 및 C++ 표준위원회의 여러 저명한 회원이 이 책을 검토했다. 닉 던Nick Dunn과 조나단 린제이Jonathan Lindsay, 토마스 크람코프스키Tomasz Kramkowski, 알렉스 도니소프Alex Donisthorpe, 조슈아 다우Joshua Dow, 카탈린 비지네스쿠Catalin Visinescu, 아론 아담스Aaron Adams, 그리고 사이먼 하라기Simon Harraghy 등 NCC Group의 동료들도 기술적인 내용을 검토했다. 데이비드 르블랑David LeBlanc과 니콜라스 윈터Nicholas Winter, 존 맥팔레인John McFarlane, 그리고 스캇 알로이시오Scott Aloisio는 이런 조직과 관련이 없는 기술 검토자이다.

또한 고품질의 책이 나올 수 있도록 한 No Starch의 전문가인 엘리자베스 채드윅Elizabeth Chadwick과 프랜시스 소Frances Saux, 잭 레보스키Zach Lebowski, 애니 최Annie Choi, 바바라 이

1 농담식 표현 – 옮긴이

엔Barbara Yien, 카트리나 테일러Katrina Taylor, 나탈리 글리슨Natalie Gleason, 데렉 이Derek Yee, 로렐 천Laurel Chun, 지나 레드먼Gina Redman, 샤론 윌키Sharon Wilkey, 에밀리 바타글리아Emelie Battaglia, 그리고 다핀더 도산즈Dapinder Dosanjh에게도 감사드린다. 마지막으로 색인 작업을 도와준 드류Drew와 첼시 호프만Chelsea Hoffman에게도 감사드린다.

차례

추천의 글 ... 6
옮긴이 소개 ... 9
옮긴이의 말 ... 11
한국어판 감수자 소개 ... 13
지은이 소개 ... 14
기여자 소개 ... 15
기술 감수자 소개 ... 16
감사의 말 ... 17
들어가며 ... 27

1장 C 시작하기 ... 35

첫 번째 C 프로그램 개발하기 ... 35
- 프로그램 컴파일 및 실행 ... 36
- 전처리기 지시문 ... 37
- main 함수 ... 37
- 함수 반환 값 확인 ... 40
- 출력 형식 ... 40

편집기 및 통합 개발 환경 ... 41
컴파일러 ... 44
- GNU 컴파일러 모음 ... 44
- Clang ... 45
- 마이크로소프트 Visual Studio ... 45

이식성 ... 45
- 구현체에 정의된 동작 ... 47
- 미지정 동작 ... 47
- 미정의 동작 ... 47

로케일별 동작 및 공통 확장 49
요약 49

2장 개체와 함수, 형식 51

개체와 함수, 형식, 그리고 포인터 51
변수 선언 52
갑 바꾸기 (첫 번째 시도) 54
갑 바꾸기 (두 번째 시도) 55
범위 58
스토리지 기간 59
맞춤 61
개체 형식 63
부울 형식 63
문자 형식 64
숫자 형식 64
void 형식 67
함수 형식 67
파생된 형식 68
포인터 형식 69
배열 70
구조체 72
공용체 74
태그 75
형식 한정자 78
const 78
volatile 79
restrict 80
연습 문제 81
요약 81

3장 산술 형식 83

정수 83

패딩과 정밀도 84

<limits.h> 헤더 파일 84

정수 선언하기 85

부호가 없는 정수 85

부호가 있는 정수 90

정수 상수 95

부동 소수점 97

부동 소수점 형식 97

부동 소수점 산술 99

부동 소수점 값 100

부동 소수점 상수 102

산술 변환 103

정수 변환 순위 104

정수 확장 105

일반 산술 변환 106

암시적 변환의 예 108

안전한 변환 109

요약 111

4장 식과 연산자 113

단순 할당 113

평가 115

함수 호출 116

증가 및 감소 연산자 118

연산자 우선순위 및 결합성 118

평가 순서 121

비순차적 평가와 규정되지 않은 순차적 평가 123

시퀀스 포인트 123

sizeof 연산자 125
산술 연산자 126
    단항 연산자 +와 - 126
    논리 부정 연산자 126
    곱하기 연산자 127
    더하기 연산자 128
비트 연산자 129
    보수 연산자 129
    시프트 연산자 130
    비트 AND 연산자 132
    비트 배타적 OR 연산자 133
    비트 포괄적 OR 연산자 134
논리 연산자 135
형 변환 연산자 136
조건부 연산자 138
_Alignof 연산자 139
관계형 연산자 140
복합 할당 연산자 141
쉼표 연산자 142
포인터 산술 143
요약 145

5장 **흐름 제어** 147

식 문 147
복합 문 148
선택 문 149
    if 문 149
    switch 문 153
반복문 157
    while 문 157
    do...while 159

for 문 160
점프 문 163
goto 문 163
continue 문 165
break 문 166
return 문 167
연습 문제 169
요약 169

6장 동적으로 할당된 메모리 171

스토리지 기간 172
힙과 메모리 관리자 172
동적으로 할당된 메모리를 사용하는 경우 173
메모리 관리 함수 174
malloc 함수 174
aligned_alloc 함수 178
calloc 함수 179
realloc 함수 179
reallocarray 함수 182
free 함수 183
메모리 상태 185
유연한 배열 멤버 186
동적으로 할당된 다른 스토리지 188
alloca 함수 188
가변 길이 배열 190
할당된 스토리지 문제 디버깅하기 194
Dmalloc 195
안전이 중요한 시스템 198
연습 문제 198
요약 199

7장 문자와 문자열 201

문자 202
- ASCII 202
- 유니코드 203
- 소스 및 실행 문자 집합 205
- 데이터 형식 205
- 문자 상수 208
- 이스케이프 시퀀스 209
- Linux 211
- Windows 212
- 문자 변환 214

문자열 219
- 문자열 리터럴 220

문자열 처리 함수 222
- 〈string.h〉와 〈wchar.h〉 223
- 부록 K 경계 검사 인터페이스 233
- POSIX 237
- Microsoft 238

요약 239

8장 입출력 241

표준 입출력 스트림 241
- 스트림 버퍼링 242
- 미리 정의된 스트림 243
- 스트림 방향 245
- 텍스트 및 이진 스트림 246

파일 열기 및 만들기 246
- fopen 함수 246
- POSIX open 함수 249

파일 닫기 251

fclose 함수 251
POSIX close 함수 252
문자와 줄을 읽고 쓰기 253
스트림 플러싱 256
파일에서 위치 설정하기 256
파일 삭제하기 및 이름 바꾸기 261
임시 파일 사용하기 261
형식이 있는 텍스트 스트림 읽기 262
이진 스트림에서 읽기 및 쓰기 267
요약 271

9장 **전처리기** 273

컴파일 과정 273
파일 포함 275
따옴표 및 홑화살괄호 포함 문자열 276
조건부 포함 277
오류 만들기 278
헤더 보호기 사용하기 279
매크로 정의 281
매크로 대체 285
형식 제네릭 매크로 287
미리 정의된 매크로 289
요약 290

10장 **프로그램 구조** 291

구성 요소화의 원칙 291
결합도와 응집도 292
코드 재사용 293
데이터 추상화 294

불투명 형식 295
실행 파일 297
링크 299
간단한 프로그램 구조화하기 301
코드 빌드하기 307
요약 310

11장 **디버깅과 테스트, 분석** 311

어설션 311
정적 어설션 312
런타임 어설션 314
컴파일러 설정 및 플래그 317
GCC 및 Clang 318
Visual C++ 321
디버깅 323
단위 테스트 328
정적 분석 332
동적 분석 335
AddressSanitizer 336
연습 문제 342
요약 342

참고문헌 343
찾아보기 345

들어가며

C는 1970년대에 시스템 프로그래밍 언어로 개발됐으며 현재까지도 여전히 엄청나게 인기가 있다. 시스템 언어는 높은 수준의 프로그래밍 기능을 제공하면서 기본 하드웨어에 대한 성능과 접근 용이성을 위해 설계됐다. 다른 언어들은 새로운 언어 기능을 제공할 수 있지만, 컴파일러와 라이브러리는 일반적으로 C로 작성된다. 칼 세이건(Carl Sagan)은 "완전히 처음부터 애플파이를 만들려면 우주를 먼저 발명해야 한다."라고 했다. C 발명가들은 우주를 발명하지 않았다. 이들은 C가 물리학과 수학에 제약 받는 다양한 컴퓨팅 하드웨어와 아키텍처에서 작동하도록 설계했다. C는 컴퓨팅 하드웨어 위에 직접 계층화돼 일반적으로 하드웨어 기능의 효율성을 위해 C에 기반하는 다른 고급 언어보다 점차적으로 발전하는 하드웨어 기능(예: 벡터화된 명령어)에 더 민감하다.

TIOBE 지수에 따르면 C는 2001년 이후 가장 인기 있거나 두 번째로 인기 있는 프로그래밍 언어이다.[1] C는 2019년 올해의 TIOBE 프로그래밍 언어로 선정됐다. C 프로그래밍 언어의 인기는 C의 정신spirit of C이라고 하는 다음과 같은 언어의 여러 신조에서 기인했을 가능성이 크다.

1 TIOBE 프로그래밍 커뮤니티 지수는 프로그래밍 언어의 인기를 나타내는 지표로 https://www.tiobe.com/tiobe-index/에서 확인할 수 있다. 순위는 각 언어의 숙련된 엔지니어와 과정(강좌), 그리고 공급업체의 수를 측정한 것이다. 지표는 새로운 소프트웨어 시스템을 구축할 때 배우거나 채택할 프로그래밍 언어를 선택하는 데 사용할 수 있다.

- 프로그래머를 신뢰해야 한다. 일반적으로 C 언어는 사용자가 무엇을 하고 있는지 알고 있다고 가정하고 사용자가 원하는 것을 하도록 허용한다. 그러나 사용자가 자신이 무엇을 하고 있는지 모르는 경우에는 사용자가 원하는 것을 하도록 허용하는 것은 항상 좋은 일이 아니다.
- 프로그래머가 해야 할 일을 하지 못하도록 막으면 안 된다. C는 시스템 프로그래밍 언어이므로 다양한 저수준 작업을 처리할 수 있어야 한다.
- C 언어를 작고 간단하게 유지해야 한다. C 언어는 하드웨어에 상당히 가깝고 작은 공간을 차지하도록 설계됐다.
- 연산 수행은 한 가지 방법만 제공해야 한다. 메커니즘 보존conservation of mechanism이라고도 하며 C 언어는 중복 메커니즘의 도입을 제한하려고 한다.
- 이식성이 보장되지 않더라도 코드가 빠르게 동작하도록 만들어야 한다. 최적으로 효율적인 코드를 작성하는 것이 최우선이다. 코드의 이식성과 안전성, 보안성을 보장하는 책임은 프로그래머 당사자에게 있다.

C의 간략한 역사

C 프로그래밍 언어는 1972년 Bell Telephone Laboratories의 데니스 리치Dennis Ritchie와 켄 톰슨Ken Thompson이 개발했다. 브라이언 커니건Brian Kernighan은 데니스 리치와 함께 The C Programming Language(K&R 1988)[2]을 출간했다. 1983년에 미국 표준 협회ANSI, American National Standards Institute는 표준 C의 규격을 제정하기 위해 X3J11 위원회를 구성하고 1989년 C 표준을 ANSI X3.159-1989 "Programming Language C"로 비준했다. 이 1989년 버전의 언어를 ANSI C 또는 C89라고 한다.

국제 표준화 기구ISO, International Organization for Standardization와 국제 전기 기술위원회IEC, International Electrotechnical Commission의 공동 기술위원회는 1990년에 ANSI C 표준을 변경 없이 채택하고 C 표준의 초판 C90(ISO/IEC 9899:1990)을 발표했다. C 표준의 두 번째 판

2 번역서: 『C 언어 프로그래밍』(대영사, 2005)

인 C99(ISO/IEC 9899:1999)는 1999년에, 세 번째 판인 C11(ISO/IEC 9899:2011)은 2011년에 발표됐다. (이 책을 집필할 당시를 기준으로) 가장 최신 버전의 C 표준은 네 번째 판인 C17(ISO/IEC 9899:2018)로 2018년에 발표됐다. ISO/IEC는 C2x라고 하는 새로운 주요 개정판을 개발하고 있다. JetBrains의 2018년 설문조사에 따르면 C 프로그래머의 52%가 C99를, 36%가 C11을, 23%가 C의 임베디드 버전을 사용하고 있다.[3]

C 표준

C 표준(ISO/IEC 9899:2018)은 C 언어의 정의와 동작을 규정하며, 이식성과 호환성을 보장하기 위한 기준 역할을 한다. C 표준은 이해하기 어려울 수 있으나 이식성과 안전성, 보안성을 갖춘 코드를 작성하려면 C 표준을 이해해야 한다. C 표준은 다양한 하드웨어 플랫폼에서 최적으로 효율적일 수 있도록 구현체에 상당한 자유도를 제공한다. 구현체implementation는 컴파일러를 지칭하기 위해 C 표준에서 사용하는 용어로, 다음과 같이 정의된다.

> 특정 제어 옵션에 따른 특정 변환 환경에서 실행되는 특정 소프트웨어 집합은 특정 실행 환경을 위한 프로그램 변환을 수행하고 특정 실행 환경에서의 함수 실행을 지원한다.

위 정의는 C 표준 라이브러리와 함께 특정 명령줄 플래그 집합을 사용하는 각 컴파일러를 별도의 구현체로 간주하고 전혀 다른 구현체-정의 동작implementation-defined behavior을 사용할 수 있다는 것을 의미한다. 이는 언어 표준을 결정하기 위해 `-std=` 플래그를 사용하는 GNU Compiler CollectionGCC에서 두드러진다. 이 옵션에 사용할 수 있는 값으로는 `c89`, `c90`, `c99`, `c11`, `c17`, `c18`, `c2x`가 있다. 기본값은 컴파일러의 버전에 따라 다르다. C 언어 버전 옵션을 지정하지 않으면 GCC 10에서의 기본값은 `-std=gun17`로 C 언어에 대한 확장을 제공한다. 이식성을 위해 사용 중인 표준을 지정해야 한다. 새로운 언어 기능을 사용하려면

3 설문조사에 관한 자세한 내용은 JetBrains 웹 사이트(https://www.jetbrains.com/lp/devecosystem-2019/c/)에서 확인할 수 있다.

최신 표준을 지정해야 한다. (2019년을 기준으로) GCC 8 이상에서 좋은 선택은 -std=c17이다.

구현체마다 다양한 동작의 범위를 가지며 이런 동작 중 일부는 정의되지 않았기 때문에 동작을 확인하기 위해 간단한 테스트 프로그램을 작성하는 것만으로는 C 언어를 이해할 수 없다.[4] 코드를 다른 플랫폼에서 다른 구현체로 컴파일했을 때 또는 다른 플래그 집합을 사용해 같은 구현체로 컴파일하거나 다른 C 표준 라이브러리 구현체로 컴파일했을 때 동작이 모두 다를 수 있다. 따라서 C 표준은 모든 구현체가 보장하는 동작과 이런 가변성variability을 고려해야 하는 부분을 설명하는 유일한 문서다. 이는 이식성이 좋은 코드를 개발하고자 할 때 우려되는 사항이지만 코드의 보안성과 안전성에도 영향을 미칠 수 있다.

CERT C 코딩 표준

The CERT® C Coding Standard, Second Edition: 98 Rules for Developing Safe, Reliable, and Secure Systems(Seacord 2014)[5]는 카네기멜론대학교의 소프트웨어 공학 연구소에서 시큐어 코딩 팀을 이끌 때 저술한 참고서다. 이 책에는 일반적인 C 프로그래밍 오류의 예제와 해당 오류를 수정하는 방법이 포함돼 있다. 이 책에서는 이런 규칙 중 일부를 특정 C 언어 프로그래밍 주제에 관한 자세한 정보의 출처로 참조했다.

이 책의 대상 독자

이 책은 C 언어 입문서로 C 프로그래밍을 배우고자 하는 모든 사람이 쉽게 이해할 수 있도록 작성했다. 다시 말해 다른 많은 입문서와 강좌처럼 C 프로그래밍을 지나치게 단순화하지 않았다. 이렇게 지나치게 단순화된 자료는 코드를 컴파일하고 실행하는 방법을 가르쳐주지만, 코드 자체에 문제가 있는 경우에 관해서는 다루지 않는다. 이런 소스로 C 프로

4 이런 시도를 해보려면 Complier Explorer는 좋은 도구가 될 수 있다. https://godbolt.org/를 참조한다.

5 번역서: 『C & C++ 시큐어 코딩』(에이콘출판, 2015)

그래밍을 배운 개발자가 작성한 코드는 대개 수준이 떨어지고 결함이 있고 보안성이 떨어지기 때문에, 결국 얼마 가지 않아 코드를 다시 작성해야 하게 된다. 이런 개발자는 결국 C 프로그래밍에 관한 이런 잘못된 오해를 풀고 전문적인 품질의 C 코드 개발을 시작하기 위해 조직 내 수석 개발자의 도움을 받게 될 것이다. 반면에 여러분이 이 책을 통해 학습하면, 올바르면서도 이식성이 좋고 전문적인 품질의 코드를 개발하는 방법과 보안성과 안전성이 중요한 시스템을 개발하기 위한 기반을 구축하는 방법, 조직 내 고참 개발자들도 모르는 내용 몇 가지를 배울 수 있다.

이 책은 여러분이 바로 프로그램을 작성하고 문제를 해결하고 실제 동작 가능한 시스템을 구축할 수 있도록 필수 C 언어 프로그래밍을 간략하게 소개한다. 코드 예제는 핵심을 잘 담고 있으면서도 간단하다.

이 책에서는 C에서 필수적인 프로그래밍 개념을 배우고 각 주제에 관한 연습에서 고품질 코드 작성을 연습한다. 또한 올바르면서도 보안성이 높은 C 코드 개발을 위한 좋은 소프트웨어 엔지니어링 실천법도 알려준다. 업데이트와 추가 자료를 확인하기 위해서는 이 책의 사이트 https://www.nostarch.com/effective_c/나 http://www.robertseacord.com/에 방문하면 된다. 이 책을 읽고 난 후 C나 C++ 또는 다른 언어에서의 시큐어 코딩에 관해 더 많이 알고자 한다면 NCC Group이 제공하는 훈련 과정(https://www.nccgroup.com/us/training/)을 참고하길 바란다.

이 책의 내용

이 책은 프로그래밍을 처음 접하는 사람들을 위해 충분한 자료를 다루는 입문 장으로 시작한다. 이후 다시 돌아와 C 언어의 기본 구성 요소들을 살펴본다. 이 책은 이런 기본 구성 요소로 실제 시스템을 구성하는 방법과 작성한 코드를 디버깅하고 테스트하며 분석하는 방법을 다루는 두 개의 장으로 마무리된다. 각 장의 내용은 다음과 같다.

1장 C로 시작하기 `main` 함수 사용에 익숙해지도록 간단한 C 프로그램을 작성한다. 또한 편집기와 컴파일러에 대한 몇 가지 옵션을 살펴본다.

2장 개체와 함수, 형식 이 장에서는 변수와 함수를 선언하는 것과 같은 기본적인 내용을 알아본다. 또한 기본 형식을 사용하는 원칙도 살펴본다.

3장 산술 형식 두 종류의 산술 데이터 형식인 정수 형식과 부동 소수점 형식에 관해 알아본다.

4장 식과 연산자 연산자와 다양한 개체 형식에 대한 연산을 수행하기 위해 간단한 식을 작성하는 방법을 알아본다.

5장 흐름 제어 각 문statement이 평가되는 순서를 제어하는 방법을 알아본다. 먼저 수행할 작업을 정의하는 표현문expression statements과 복합문compound statements을 알아본다. 그런 다음 실행할 코드 블록을 결정하는 선택selection과 반복iteration, 점프jump 세 종류의 문을 살펴본다.

6장 동적으로 할당된 메모리 런타임에 힙heap에서 동적으로 할당된 메모리dynamically allocated memory에 관해 알아본다. 동적으로 할당된 메모리는 런타임 전에 프로그램에 대한 정확한 스토리지 요구 사항을 알 수 없는 경우에 유용하다.

7장 문자와 문자 ASCII와 유니코드를 포함한 다양한 문자열 집합을 알아본다. C 표준 라이브러리의 레거시legacy 함수와 경계 확인 인터페이스bounds-checked interfaces, 그리고 POSIX와 Windows API를 사용해 문자열을 표현하고 조작하는 방법을 살펴본다.

8장 입력/출력 터미널 및 파일 시스템filesystem에서 데이터를 읽거나 쓰기 위해 입력/출력입출력, Input/Output I/O 연산을 수행하는 방법을 알아본다. 입출력은 정보가 프로그램에 들어오고 나가는 모든 방법을 포함하며, 입출력을 하지 못하면 프로그램은 쓸모가 없다. C 표준 스트림stream과 POSIX 파일 설명자를 사용하는 방법을 소개한다.

9장 전처리기 전처리기를 사용해 파일을 포함하고, 객체 및 함수와 유사한 매크로를 정의하고, 구현 관련 기능에 기반한 코드를 조건부로 포함하는 방법을 배운다.

10장 프로그램 구조 프로그램을 소스 파일과 포함include 파일로 구성된 여러 변환 단위로 구조화하는 방법을 알아본다. 또한 여러 개체 파일을 함께 연결해 라이브러리와 실행 파일을 만드는 방법도 살펴본다.

11장 디버깅과 테스트, 분석 컴파일 타임과 런타임 어설션assertion, 디버깅, 테스트, 정적 분석, 그리고 동적 분석을 포함해 정확하고 효과적이며 안전하고 보안성을 제공하며 강건한 프로그램을 만드는데 필요한 도구와 기술을 설명한다. 또한 소프트웨어 개발 프로세스의 여러 단계에서 사용할 수 있는 컴파일러 플래그에 대해서도 알아본다.

전문적인 C 개발자가 되기 위한 여정을 이제 시작한다.

문의

한국어판에 관한 질문은 이 책의 옮긴이나 에이콘출판사 편집 팀(editor@acornpub.co.kr)으로 문의할 수 있다.

한국어판의 정오표는 에이콘출판사의 도서정보 페이지(http://www.acornpub.co.kr/book/effective-c)에서 찾아볼 수 있다.

1

C 시작하기

1장에서는 첫번째 C 프로그램 (전통적인 "Hello, world!" 프로그램)으로 시작한다. 이 간단한 프로그램의 다양한 측면과 C 프로그램을 컴파일하고 실행하는 방법을 소개한다. 그런 다음 몇몇 편집기와 컴파일러 옵션을 설명하고 C로 코딩할 때 빠르게 익숙해질 수 있는 일반적인 이식성 문제를 설명한다.

첫 번째 C 프로그램 개발하기

C 프로그래밍을 배우는 가장 좋은 방법은 전통적인 "Hello, world!" 프로그램을 C 언어로 작성해보는 것이다.

이 프로그램을 작성하려면 텍스트 편집기 또는 통합 개발 환경IDE이 필요하다. 많은 선택이 있지만 지금은 자주 찾는 편집기를 사용한다. 1장 뒷부분에서 다른 옵션을 알아본다.

텍스트 편집기에서 코드 1-1의 프로그램을 입력한다.

프로그램 1-1 hello.c 프로그램

```
#include <stdio.h>
#include <stdlib.h>
```

```
❶ int main(void) {
  ❷ puts("Hello, world!");
  ❸ return EXIT_SUCCESS;
❹ }
```

이 프로그램의 각 줄을 자세히 살펴보자. 이 프로그램을 hello.c 파일로 저장한다. 파일 확장자 .c는 파일이 C 언어 소스 코드라는 것을 나타낸다.

참조 eBook을 구입한 경우, 프로그램을 복사해 편집기에 붙여 넣는다. 가능한 만큼 복사해 붙여넣기하면 오타를 줄일 수 있다.

프로그램 컴파일 및 실행

프로그램을 컴파일하고 실행하는 과정은 두 단계로 구성된다. 다양한 C 컴파일러를 선택해 사용할 수 있는데 프로그램을 컴파일하는 명령은 사용하는 컴파일러에 따라 다르다. 리눅스Linux 및 기타 유닉스Unix 운영체제에서는 cc 명령으로 시스템 컴파일러를 호출할 수 있다. 프로그램을 컴파일하려면 명령줄command line에 cc를 입력하고 컴파일할 파일 이름을 입력한다.

```
% cc hello.c
```

참조 이 명령어는 리눅스(기타 유닉스 운영 체제)에서만 사용할 수 있다. 다른 운영체제의 컴파일러는 다르게 호출해야 한다. 해당 컴파일러 문서를 참조한다.

프로그램을 올바르게 입력한 경우, 컴파일 명령은 소스 코드와 동일한 디렉토리에 a.out이라는 새 파일을 생성한다. ls 명령어로 디렉터리directory를 검색하면 다음과 같이 표시된다.

```
% ls
a.out   hello.c
```

a.out 파일은 실행 가능한 프로그램으로 명령줄에서 실행할 수 있다.

```
% ./a.out
Hello, world!
```

모든 것이 제대로 진행되면 프로그램은 Hello, world!를 윈도우 터미널에 출력해야 한다. 그렇지 않은 경우 코드 1-1의 프로그램과 여러분의 프로그램이 같은 지 확인한다.

cc 명령어에는 수많은 플래그flag와 컴파일러 옵션이 있다. 예를 들어, -o 파일 플래그를 사용하면 실행 파일에 a.out 대신 기억 가능한 이름을 지정할 수 있다. 다음 컴파일러 호출은 실행 파일의 이름을 hello로 지정한다.

```
% cc -o hello hello.c
% ./hello
Hello, world!
```

이제 hello.c 프로그램을 한 줄씩 살펴보자.

전처리기 지시문

hello.c 프로그램의 처음 두 줄은 #include 전처리기 지시문preprocessor directive을 사용하는데, 이는 지시문을 지정된 파일의 내용으로 대체한 것처럼 작동한다. <stdio.h>와 <stdlib.h> 헤더header를 포함해 해당 헤더에 선언된 함수를 프로그램에서 호출해 사용할 수 있다. puts 함수는 <stdio.h>에 선언돼 있으며, EXIT_SUCCESS 매크로는 <stdlib.h>에 정의돼 있다. 파일 이름에서 알 수 있듯이 <stdio.h>에는 C 언어 표준 입출력 함수에 대한 선언을 포함하고 있으며, <stdlib.h>에는 일반 유틸리티 함수에 대한 선언을 포함하고 있다. 프로그램에서는 라이브러리library 함수를 선언해야 한다.

main 함수

이전 코드 1-1에 표시된 프로그램의 주요 부분은 ❶로 시작한다.

```
int main(void) {
```

이 줄은 프로그램을 시작할 때 호출하는 main 함수를 정의한다. main 함수는 프로그램이 명령줄 또는 다른 프로그램에서 호출될 때 호스팅된 환경에서 실행되는 프로그램의 기본 진입점을 정의한다. C는 독립환경freestanding과 호스팅hosted이라는 두 가지 가능한 실행환경을 정의한다. 독립환경은 운영체제를 제공하지 않을 수 있으며 일반적으로 임베디드embedded 프로그래밍에 사용된다. 이러한 구현은 최소한의 라이브러리 함수 집합을 제공하며 프로그램 시작 시 호출되는 함수의 이름과 유형은 구현할 때 정의한다. 이 책은 주로 호스팅 환경으로 가정한다.

int(정수)형 값을 반환하도록 main을 정의하고 함수가 인수argument를 사용하지 않는다는 것을 명시하기 위해 괄호 안에 void를 넣는다. int형은 양의 정수와 음의 정수, 0을 모두 나타내기 위해 사용하는 부호 있는 정수형signed integer-type이다. 다른 절차적 언어procedural langueage와 마찬가지로 C 프로그램은 인수를 사용해 값을 반환할 수 있는 절차(함수라고 함)로 구성된다. 각 함수는 프로그램에서 필요한 만큼 자주 호출할 수 있는 재사용 가능한 단위이다. 이 경우 main 함수가 반환하는 값 EXIT_SUCCESS는 프로그램이 성공적으로 종료됐는지를 나타낸다. 이 특정함수 ❷가 실행하는 실제 작업은 Hello, world!를 출력하는 것이다.

```
puts("Hello, world!");
```

puts 함수는 일반적으로 콘솔console 또는 윈도우 터미널을 나타내는 stdout에 문자열 인수를 쓰고 출력에 줄 바꿈 문자를 추가하는 C 표준 라이브러리 함수이다. "Hello, world!" 읽기전용 문자열처럼 작동하는 문자열 문자다. 이 함수를 호출하면 "Hello, world!"를 터미널에 출력한다.

프로그램이 완료되면 종료해야 한다. main 함수에서 return 명령문 ❸을 사용해 프로그램을 종료할 때 정수 값을 호스트 환경에 반환하거나 스크립트script를 불러올 수 있다.

```
return EXIT_SUCCESS;
```

EXIT_SUCCESS는 다음과 같이 전형적으로 정의되며 일반적으로 0으로 정의되는 객체형 매크로이다.

```
#define EXIT_SUCCESS 0
```

EXIT_SUCCESS가 나올 때마다 0으로 대체된 다음 main 함수를 호출한 호스트 환경으로 반환된다. 그런 다음 프로그램을 호출한 스크립트는 호출의 성공 여부를 판별하기 위해 상태를 확인할 수 있다. 초기 호출에서 main 함수를 호출했을 때 main 함수의 반환 값은 main 함수가 반환한 값을 인수로 C 표준 라이브러리의 exit 함수를 호출했을 때의 반환값과 같다.

이 프로그램 ❹의 마지막 줄은 닫는 중괄호 "}"로 구성됐으며 main 함수 선언으로 시작한 코드 블록을 닫는다.

```
Int main(void) {
// ---생략---
}
```

다음과 같이 선언과 같은 줄 또는 다음 줄에 여는 중괄호를 배치할 수 있다.

```
int main(void)
{
 // ---생략---
}
```

공백 문자(줄 바꿈 포함)는 일반적으로 구문상 의미가 없기 때문에 이는 단순히 코딩 스타일에 따라 달라진다. 이 책에서는 더 간결하게 표현하기 위해 일반적으로 함수 선언이 있는 줄에 여는 중괄호를 배치한다.

함수 반환 값 확인

함수는 종종 함수의 계산 결과나 함수가 작업을 성공적으로 완료했는지를 나타내는 값을 반환한다. 예를 들어, "Hello, world!"에서 사용한 puts 함수는 프로그램이 인쇄할 문자열을 입력 받아 int 형 값을 반환한다. puts 함수는 쓰기 오류가 발생하면 정의된 값인 EOF(음의 정수)값을 반환한다. 그렇지 않으면 음이 아닌 정수 값을 반환한다.

이 간단한 프로그램은 puts 함수가 실패해서 EOF를 반환할 가능성은 낮지만 가능할 수도 있다. puts 호출이 실패하고 EOF를 반환할 수 있기 때문에, 처음 작성한 C 프로그램에 버그가 있을 수 있으므로 다음과 같이 개선할 수 있다.

```
#include <stdio.h>
#include <stdlib.h>
int main(void) {
  if (puts("Hello, world!") == EOF) {
    return EXIT_FAILURE;
    // 여기 코드는 실행되지 않는다.
  }
  return EXIT_SUCCESS;
  // 여기코드는 실행되지 않는다.
}
```

"Hello, world!"를 개선한 프로그램은 puts 호출이 쓰기 오류를 나타내는 EOF 값을 반환하는지 확인한다. 함수가 EOF를 반환하면 프로그램은 EXIT_FAILURE 매크로의 값(0이 아닌 값)을 반환한다. 그렇지 않으면 함수가 성공하고 프로그램은 EXIT_SUCCESS(0이어야 함)를 반환한다. 그런 다음 프로그램을 호출하는 스크립트는 상태를 확인해 성공여부를 확인할 수 있다. return 명령문 다음에 오는 코드는 실행되지 않는 죽은 코드dead code다. // 다음에 오는 모든 것은 컴파일러에서 무시한다.

출력 형식

puts 함수는 stdout에 문자열을 쓰는 간단한 함수지만 결국에는 printf 함수를 사용해 형식화된 출력formatted output을 인쇄해야 한다. (문자열 이외의 인수를 인쇄하려면) printf 함수의 출력 형식을 정의하는 형식 문자열format string과 인쇄할 실제 값인 가변 개수의 인수를 사용해야 한다. 예를 들어, printf 함수를 사용해 Hello, world!를 출력하려면 코드를 다음과 같이 작성한다.

```
printf("%s\n", "Hello, world!");
```

첫 번째 인수는 포맷 스트링format string "%s\n"이다. %s는 printf 함수가 두 번째 인수(문자열)를 그대로 stdout에 출력하도록 지시하는 변환 지정자conversion specification다. \n은 그래픽이 아닌 문자를 나타내는데 사용되는 제어문자로 문자열 뒤에 줄 바꿈을 포함하도록 함수에 지시한다. 줄 바꿈 문자열(\n)이 없으면 다음 문자열이 같은 줄에 이어서 출력된다. 이 함수를 호출한 결과는 다음과 같다.

```
Hello, world!
```

사용자가 입력한 데이터를 printf 함수에 대한 첫 번째 인수의 일부로 전달하지 않도록 주의한다. 그렇지 않으면 형식화된 출력 보안 취약점formatted output security vulnerability이 발생할 수 있다(Seacord 2013).

문자열을 출력하는 가장 간단한 방법은 앞에서 설명한 대로 puts 함수를 사용하는 것이다. "Hello, world!"를 수정한 버전에 puts대신 printf를 사용하는 경우 printf 함수는 puts 함수와는 다르게 상태를 반환하기 때문에 더 이상 작동하지 않는다. printf 함수는 성공한 경우 출력한 문자 개수를 반환하고 출력 또는 인코딩 오류가 발생한 경우 음수 값을 반환한다. "Hello, world!" 프로그램을 printf 함수를 사용해 수정할 수 있다.

편집기 및 통합 개발 환경

C 프로그램을 개발하기 위해 다양한 편집기와 통합 개발 환경IDE, Integrated Development Environment을 사용할 수 있다. 그림 1-1은 2018년 JetBrains 설문조사에 따른 가장 사용 빈도가 높은 편집기를 보여준다.

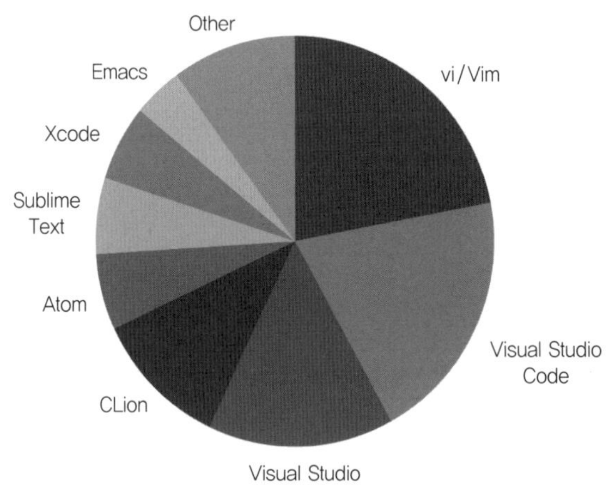

그림 1-1 IDE/편집기 사용 빈도

사용 가능한 도구는 사용 중인 시스템에 따라 다르다. 이 책은 가장 일반적인 개발 플랫폼인 리눅스와 윈도우, 그리고 맥OS에 중점을 둔다.

윈도우의 경우, 마이크로소프트의 Visual Studio IDE(https://visualstudio.microsoft.com/)가 당연한 선택이 된다. Visual Studio는 커뮤니티와 프로페셔널, 그리고 엔터프라이즈의 세 가지 버전으로 제공된다. 커뮤니티 에디션은 무료인 장점이 있는 반면 다른 에디션은 유료 기능이 추가된다. 이 책은 커뮤니티 에디션만 다룬다.

리눅스의 경우 조금 불분명하다. Vim이나 Emacs, Visual Studio Code, 또는 이클립스를 모두 사용할 수 있다. Vim은 많은 개발자와 고급사용자가 선택한 편집기이다. Vim은 1970년대에 빌 조이Bill Joy가 유닉스 버전으로 제작한 텍스트 편집기이다. vi의 키 조합을 그대로 쓰지만 원래 vi에서 누락된 기능과 확장성이 추가됐다. C 프로그래밍의 자동완성 기능을 지원하는 YouCompleteMe(https://github.com/Valloric/YouCompleteMe/)나 deoplete(https://github.com/Shougo/deoplete.nvim/)와 같은 Vim 플러그인plug-ins을 사용할 수 있다.

GNU Emacs는 확장 가능하고 사용자 정의가 가능한 무료 텍스트 편집기이다. 핵심은 텍스트 편집을 지원하는 확장 기능이 있는 Lisp 프로그래밍 공용어인 Emacs Lisp

의 인터프리터다. 이것이 문제되는 것은 아니지만 개발된 모든 C 코드는 Emacs로 작성됐다.

Visual Studio Code (VS Code)는 디버깅[debugging]과 작업 실행[task running], 그리고 (11장에서 설명할) 버전 관리[version control]와 같은 개발 작업을 지원하는 간소화된 코드 편집기이다. 빠른 코딩-빌드-디버그 주기를 위해 개발자에게 필요한 도구만 제공한다. VS Code는 맥 OS와 리눅스, 그리고 윈도우에서 실행할 수 있으며 개인용이나 상업용 모두 무료로 사용할 수 있다. 리눅스나 기타 플랫폼[1]에서의 설치 방법은 https://code.visualstudio.com/docs/setup/linux/에서 확인할 수 있다. 윈도우에서는 마이크로소프트의 Visual Studio를 사용한다. 그림1-2는 우분투에서 코드 1-1 "Hello, world!" 프로그램을 개발하기 위해 사용 중인 Visual Studio Code를 보여준다. 디버그 콘솔에서 프로그램이 예상대로 상태 코드 0으로 종료됐음을 알 수 있다.

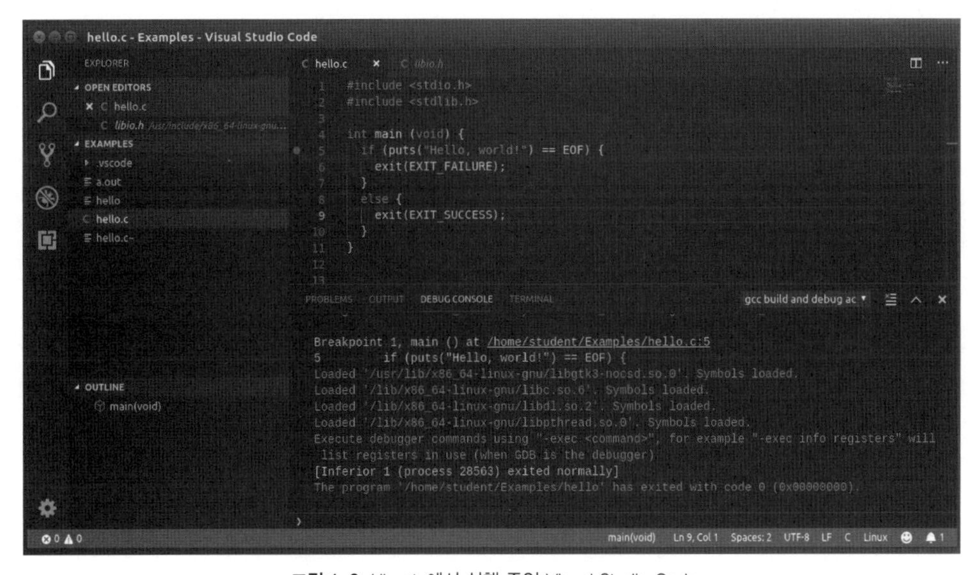

그림 1-2 Ubuntu에서 실행 중인 Visual Studio Code

1 리눅스에서의 설치 방법은 "Visual Studio Code on Linux"(https://code.visualstudio.com/docs/setup/linux/)를 참고하기 바란다.

컴파일러

많은 C 컴파일러를 사용할 수 있으므로 여기서는 모두 설명하지 않는다. 컴파일러마다 다른 버전의 C 표준을 구현한다. 임베디드embedded 시스템의 컴파일러는 C89/C90만 지원한다. 리눅스와 윈도우 용으로 널리 사용되는 컴파일러는 C2x를 포함한 최신 버전의 C 표준을 지원한다.

GNU 컴파일러 모음

GNU 컴파일러 모음GCC, GNU Compiler Collection은 C와 C++, Objective-C, 외에 다른 언어의 프론트엔드frontend를 포함하고 있다 (https://gcc.gnu.org/). GCC 개발은 GCC 운영위원회의 지침 하에 잘 정의된 개발 계획을 따라 진행되고 있다.

GCC는 리눅스 시스템의 표준 컴파일러로 채택됐지만 마이크로소프트 윈도우와 맥OS 그리고 기타 플랫폼에서도 사용할 수 있다. 리눅스에 GCC를 설치하는 것은 쉽다. 예를 들어, 우분투에서 다음 명령어를 사용하면 GCC 8을 설치할 수 있다.

```
% sudo apt-get install gcc-8
```

다음 명령어로 사용 중인 GCC 버전을 확인할 수 있다.

```
% gcc --version
gcc (Ubuntu 8.3.0-6ubuntu1~18.04) 8.3.0
This is free software; see the source for copying conditions. There is NO
Warranty; not even for MERCHANTABILITY or FITNESS FOR A PARTICULAR PURPOSE.
```

Fedora는 Red Hat Enterprise 리눅스 소프트웨어를 개발할 때 가장 좋은 개발 시스템이다. 다음 명령어를 사용해 Fedora에 GCC를 설치할 수 있다.

```
% sudo dnf install gcc
```

Clang

또 다른 인기있는 컴파일러는 Clang(https://clang.llvm.org)이다. 리눅스에 Clang을 설치하는 것도 쉽다. 예를 들어 Ubuntu에서 다음 명령어를 사용해 Clang을 설치할 수 있다.

```
% sudo apt-get install clang
```

다음 명령어로 사용 중인 Clang 버전을 확인할 수 있다.

```
% clang --version
clang version 6.0.0-1ubuntu2 (tags/RELEASE_600/final)
Target: x86_64-pc-linux-gnu
Thread model: posix
InstalledDir: /usr/bin
```

마이크로소프트 Visual Studio

윈도우에서 가장 많이 사용되는 개발 환경은 IDE와 컴파일러가 모두 포함된 마이크로소프트 Visual Studio다. 이 책을 집필할 때 Visual Studio의 최신 버전은 2019였다(https://visualstudio.microsoft.com/downloads/). C와 C++ 컴파일러를 모두 포함하는 Visual C++ 2019는 함께 묶어 제공된다.

프로젝트 속성 페이지에서 Visual Studio에 대한 옵션은 설정할 수 있다. C/C++의 고급 탭에서 C++코드 컴파일(/TP) 옵션이 아닌 C코드 컴파일(/TC) 옵션을 사용해 C 코드로 컴파일해야 한다. 기본적으로 확장자가 .c인 파일의 이름을 지정하면 /TC로 컴파일 된다. 파일 이름이 .cpp, .cxx, 또는 몇 가지 다른 확장자로 지정되면 /TP로 컴파일 된다.

이식성

모든 C 컴파일러는 약간씩 다르게 동작한다. 컴파일러는 지속적으로 발전하는데, 예를 들면 GCC와 같은 컴파일러는 C17을 완벽하게 지원하지만 C2x을 완벽하게 지원하지 않을 수 있다. 이 경우 일부 C2x 기능은 실행되지만 다른 기능은 실행되지 않을 수 있다. 결과적으로 컴파일러는 C 표준 버전(두 버전포함)의 전체 스펙트럼을 지원한다. C 구현에 대한 컴파일러의 전반적인 발전은 느리며 많은 컴파일러가 C 표준의 발전을 따라가지 못하고 있다.

C로 작성된 프로그램은 표준 언어 및 라이브러리의 기능만 사용하는 경우 엄격하게 준수한다고 생각할 수 있다. 이런 프로그램은 최대한 이식할 수 있도록 만들어졌다. 그러나 구현 동작 범위로 인해 실제 C 프로그램은 엄격하게 준수하지 않을 것이다(그리고 그렇게 되지도 않을 것이다). 대신 C 표준을 사용하면 이식 불가능한 언어 및 라이브러리 기능에 따라 적합한 프로그램을 작성할 수 있다.

코드를 배포할 플랫폼에 따라 단일 참조 구현single reference implementation을 위한 코드를 작성하거나 때로는 여러 구현을 하는 것이 일반적이다. C 표준은 이러한 구현이 크게 다르지 않도록 보장하고 매번 새로운 언어를 배우지 않고도 한 번에 여러 대상으로 코드를 작성할 수 있도록 한다.

C 표준 문서의 부록 J에는 5가지 유형의 이식성 문제를 언급하고 있다.

- 구현체에 정의된 동작Implementation-defined behavior
- 미지정 동작Unspecified behavior
- 미정의 동작Undefined behavior
- 로케일[2]별 동작Locale-specific behavior
- 공통 확장Common extensions

C 언어를 배우면서 다섯 가지 유형의 모든 동작의 예를 접하게 되므로 이런 것들이 어떤 것을 의미하는지 정확하게 이해하는 것이 중요하다.

2 현재 시스템에 설정된 국가와 언어, 숫자(화폐 단위 등), 날짜 시간 표시 형식, 시간대등을 포함하는 설정을 의미 – 옮긴이

구현체에 정의된 동작

구현체에 정의된 동작Implementation-defined behavior은 C 표준으로 지정돼 있지 않은 동작을 구현해 원하는 결과를 제공하도록 일관되고 문서화된 프로그램 동작이다. 구현체에 정의된 동작의 예로는 바이트에서의 비트 수다.

구현체에 정의된 동작은 대부분 다른 구현체로 포팅porting할 때 에러를 일으킬 수 있다. 가능하면 구현체에 정의된 동작에 의존하는 코드를 작성하지 않도록 한다. 컴파일하는 데 사용할 수 있는 코드는 C 구현체에 따라 다르다. 구현체에 정의된 동작의 전체 목록은 C 표준의 부록 J.3에 열거돼 있다. 11장에서 설명할 `static_assert` 선언을 사용해 이러한 구현체에 정의된 동작들을 문서화할 수 있다. 이 책 전체에서는 코드가 구현체에 정의된 동작을 가질 때마다 이를 명시한다.

미지정 동작

미지정 동작Unspecified behavior은 표준이 두 개 이상의 옵션을 제공하는 프로그램 동작이다. 이 표준은 어떤 경우에나 선택한 옵션에 대한 요구 사항을 부과하지 않는다. 지정된 표현식의 각 실행은 동일한 표현식의 이전 실행과 다른 결과를 갖거나 다른 값을 생성할 수 있다. 지정되지 않은 동작의 예로는 동일한 프로그램 안에서 함수 호출에 따라 달라질 수 있는 함수 매개 변수 저장 레이아웃이다. C 표준 부록 J.1에 명시된 미지정 동작에 의존하는 코드를 작성하지 않도록 한다.

미정의 동작

미정의 동작Undefined behavior은 C 표준으로 정의되지 않거나 "표준에서 요구하지 않는 동작으로 이식할 수 없거나 오류가 있는 프로그램 구조 또는 잘못된 데이터를 사용할 때 발생하는 동작"이다. 미정의 동작의 예로는 부호 있는 정수 오버플로우와 잘못된 포인터 값 역참조가 있다. 미정의 동작이 있는 코드는 종종 미묘한 차이의 오류가 있다. 표준에서의 미정의 동작은 다음과 같다.

- "해야 한다shall" 또는 "하지 말아야 한다shall not"는 요구 사항을 위반한 경우, 그리고 이 요구 사항이 외부의 제약 조건인 경우
- "미정의 동작"이라는 단어로 동작을 명시적으로 지정한 경우
- 동작에 대한 명시적 정의가 생략된 경우

처음 두 종류의 정의되지 않은 동작은 종종 명시적 미정의 동작explicit undefined behavior이라고 하는 반면에 세 번째는 암시적 미정의 동작implicit undefined behavior이라고 한다. 이 세가지 종류는 큰 차이 없이 모두 미정의 동작을 설명한다. C 표준 부록 J.2, "미정의 동작"에는 C에서 명시적으로 정의하지 않은 동작 목록이 포함돼 있다.

개발자는 미정의 동작을 C 표준에서 오류 또는 누락으로 오해하는 경우가 많지만 동작을 미정의로 분류하는 결정은 의도적으로 고려된 것이다. C 표준 위원회는 다음과 같은 행위를 미정의로 분류한다.

- 구현자에게 진단하기 어려운 프로그램 오류를 포착하지 않을 수 있는 자격을 준다.
- 한 구현 전략을 다른 전략보다 유리하게 만드는 모호한 특별한 사례를 정의하는 것을 피한다.
- 구현자가 공식적으로 미정의 동작에 대한 정의를 제공해 언어 확장이 가능한 언어 영역을 식별한다.

이 세 가지 이유는 매우 다르지만 모두 이식성 문제로 간주된다. 이 책에서 세 가지에 대한 예를 설명한다. 컴파일러(구현체)는 다음과 같은 작업을 실행할 수 있다.

- 예측할 수 없는 결과를 제공하는 미정의 동작을 완전히 무시한다.
- (진단 메시지 제공 여부와 상관없이) 환경 특성에 따라 문서화한 방식으로 동작한다.
- (진단 메시지와 함께) 번역 또는 실행을 종료한다.

위 옵션(특히 첫 번째 옵션)은 모두 좋지 않으므로 구현체에 이런 동작이 언어 확대language augmentation를 호출할 수 있도록 정의됐다고 명시된 경우를 제외하고는 정의되지 않은 동

작은 사용하지 않아야 한다.[3]

로케일별 동작 및 공통 확장

로케일별 동작Locale-specific behavior은 각 구현체에서 문서화하는 국가와, 문화, 그리고 언어에 대한 현지 규칙에 따라 달라진다. 공통 확장Common extensions은 많은 시스템에서 널리 사용되고 있지만 모든 구현체에 이식할 수 있는 것은 아니다.

요약

1장에서는 간단한 C 언어 프로그램을 작성하고 컴파일해 실행하는 방법을 배웠다. 그리고 윈도우와 리눅스, 그리고 맥OS 시스템에서 C 프로그램을 개발하는데 사용할 수 있는 몇 가지 컴파일러와 여러 편집기를 알아봤다. 일반적으로 컴파일러와 다른 도구의 새로운 버전은 C 프로그래밍 언어의 새로운 기능을 지원하고 더 나은 진단과 최적화를 제공하므로 최신 버전을 사용하는 것이 좋다. 기존 코드를 그대로 사용하거나 코드를 배포할 준비가 된 경우에는 이미 테스트된 응용 프로그램에 불필요한 변경 사항이 발생하지 않도록 최신 버전의 컴파일러를 사용하지 않는 것이 좋다. C 언어 프로그램의 이식성에 대한 논의로 1장을 마치며 2장에서는 객체와 함수, 그리고 유형부터 시작해 C 언어 및 라이브러리의 특정 기능을 살펴보도록 한다.

---

3 컴파일러에는 프로그래머에게 이식성 문제를 알려주는 데 도움이 되는 페단틱 모드(pedantic mode)가 있다. pedantic 옵션을 사용하면 컴파일러가 C 언어의 표준 규칙을 더욱 엄격하게 준수하도록 설정되므로 컴파일러가 표준을 준수하지 않거나 애매한 코드에 대해 경고나 에러가 발생할 수 있다.

2

개체와 함수, 형식

2장에서는 개체(object), 함수(function), 형식(type)에 대해 알아본다. 식별자(identifier)가 있는 개체인 변수와 함수를 선언하고, 개체의 주소를 가져오고, 해당 개체 포인터를 역참조(dereference)하는 방법을 살펴본다. C 프로그래머가 사용할 수 있는 몇 가지 형식에 대해서는 이미 보았다. 2장에서 가장 먼저 배울 것은 필자가 마지막으로 배웠던 것 중의 하나로 C의 모든 형식은 개체형(object type)이거나 함수형(function type)이라는 것이다.

개체와 함수, 형식, 그리고 포인터

개체object는 값을 표현할 수 있는 스토리지storage다. 더 정확하게 말하면, C 표준(ISO/IECC 9399:2018)에서는 개체를 "실행 환경에서 해당 내용이 값을 표현할 수 있는 데이터 스토리지의 영역"으로 정의하고 있으며, "참조할 때, 개체는 특정 데이터 형식을 갖는 것으로 해석할 수 있다"고 덧붙였다. 변수는 개체의 예다.

변수variable에는 해당 값이 나타내는 개체의 종류를 알려주도록 형식type을 선언해야 한다. 예를 들어, `int` 형 개체는 정수값을 갖는다. 어떤 유형의 개체를 표현하는 비트의 집합이 다른 유형의 개체로 해석되면 다른 값을 갖기 때문에 데이터 형식이 중요하다. 예를 들어, 숫자 1은 IEEE 754(부동 소수점 연산floating point arithmetic을 위한 IEEE 표준)에서 비트 패턴bit pattern `0x3f800000`(IEEE 754-2008)으로 표시된다. 그러나 같은 비트 패턴을 정수로 해석하면 1이 아니라 1,065,353,216의 값을 얻게 된다.

함수function는 개체가 아니지만, 형식을 갖는다. 함수형function type은 반환형return type뿐만 아니라 함수의 매개변수 개수 및 유형을 갖는다.

또한 C 언어에는 포인터pointer가 있으며, 포인터는 개체나 함수가 저장되는 메모리의 위치를 나타내는 주소address라고 생각할 수 있다. 포인터형pointer type은 참조형referenced type이라고 하는 함수형이나 개체형object type에서 파생된다. 참조형 T에서 파생된 포인터 형식을 T에 대한 포인터pointer to T라고 한다.

개체와 함수는 다르므로 개체 포인터와 함수 포인터도 다르다. 따라서 서로 바꿔서 사용하면 안 된다. 다음 절에서는 개체와 함수, 포인터, 형식을 더 잘 이해할 수 있도록 두 변수의 값을 바꾸는 간단한 프로그램을 작성해본다.

변수 선언

변수를 선언할 때 변수의 형식을 할당하고 변수를 참조할 이름이나 식별자identifier를 지정해야 한다.

프로그램 2-1은 초기값이 있는 두 정수 개체를 선언한다. 또한 이 간단한 프로그램은 두 개의 값을 바꾸는 `swap` 함수를 선언만 하고 정의하지는 않는다.

프로그램 2-1 두 정수의 값을 바꾸는 프로그램

```
#include <stdio.h>

❶ void swap(int, int); // 코드 2-2에서 정의한 함수

int main(void) {
    int a = 21;
    int b = 17;
```

```
❷ swap(a, b);
    printf("main: a = %d, b = %d\n", a, b);
    return 0;
}
```

이 예제 프로그램은 { } 문자 안에 단일 코드 블록이 들어있는 main 함수를 보여준다. 이런 종류의 코드 블록을 복합문compound statement이라고 한다. main 함수 안에 두 개의 변수 a와 b를 선언한다. 변수는 int 형으로 선언하고, 각각 21과 17로 초기화한다. 각 변수는 선언돼야 한다. 그런 다음 main 함수는 swap 함수 ❷를 호출해 두 정수의 값을 교환한다. 이 프로그램 ❶에서 swap 함수를 선언한 것이지 정의한 것이 아니다. 이 절의 뒷부분에서 이 함수를 구현하는 다른 몇 가지 방법을 살펴본다.

다중 변수 선언하기

단일 선언에서 여러 변수를 선언할 수 있지만 변수가 포인터나 배열(array)인지에 따라 또는 변수가 다른 형식일 때 혼란을 줄 수 있다. 예를 들어, 다음과 같은 선언은 모두 옳다.

```
char *src, c;
int x, y[5];
int m[12], n[15][3], o[21];
```

위 코드 첫 번째 줄에서는 두 개의 변수 src와 c를 선언하는데, 두 변수는 형식이 다르다. src 변수는 char * 형식이며, c 변수는 char 형이다. 두 번째 줄에서도 다른 형식의 두 변수 x와 y를 선언한다. 변수 x는 int 형이며, 변수 y는 int 형식의 5개 요소로 된 배열이다. 세 번째 줄에서는 다른 차원과 다른 요소의 개수를 가진 세 개의 배열 m, n, o를 선언했다.

이런 선언은 줄마다 선언하면 이해하기 쉽다.

```
char *src;    // src의 형식은 char *다.
char c;       // c의 형식은 char다.
int x;        // x의 형식은 int다.
int y[5];     // y의 형식은 int 형식의 5개 요소로 구성된 배열이다.
```

```
int m[12];     // m의 형식은 int 형식의 12개 요소로 구성된 배열이다.
int n[15][3]; // n의 형식은 int 형식의 3개 요소로 구성된 배열 15개로 구성된 배열이다.
int o[21];     // o의 형식은 int 형식의 21개 요소로 구성된 배열이다.
```

읽고 이해하기 쉬운 코드는 결함이 생길 가능성이 작다.

값 바꾸기 (첫 번째 시도)

각 개체는 수명lifetime을 결정하는 스토리지 기간storage duration을 갖는데, 이는 프로그램 실행 중에 개체가 존재하는 동안 스토리지를 갖고 일정한 주소를 가지며 마지막으로 저장된 값을 유지하는 기간이다. 개체는 수명을 벗어나 참조해서는 안 된다.

프로그램 2-1에서 a와 b 같은 지역 변수local variable는 자동 스토리지 기간automatic storage duration을 갖는데, 이는 실행이 변수가 정의된 블록을 떠날 때까지 변수가 존재한다는 것을 의미한다. 우리는 이 두 변수에 저장된 값을 바꾼다.

프로그램 2-2는 swap 함수를 구현하는 첫 번째 시도다.

프로그램 2-2 swap 함수

```
void swap(int a, int b) {
    int t = a;
    a = b;
    b = t;
    printf("swap: a = %d, b = %d\n", a, b);
}
```

swap 함수는 이 함수에 인수argument를 전달하는 데 사용되는 두 개의 매개변수 a와 b를 선언한다. C는 매개변수와 인수를 구별한다. 매개변수는 함수에 입력할 때 값을 얻어오기 위해 함수 선언의 일부로 선언된 개체이고, 인수는 여러분이 함수를 호출할 때 함수 호출식에 포함하는 쉼표로 구분된 식을 말한다. 또한 swap 함수에서 int 형식의 임시 변수 t를 선언하고 해당 변수를 a의 값으로 초기화한다. 임시 변수는 값을 바꾸는 동안에 a에 저장된 값이 사라지지 않도록 a에 저장된 값을 임시로 저장하는 데 사용된다.

이제 생성된 실행 파일을 실행해 전체 프로그램을 컴파일하고 테스트할 수 있다.

```
% ./a.out
swap: a = 17, b = 21
main: a = 21, b = 17
```

위 결과는 여러분의 예상과 다를 수 있다. 변수 a와 b는 각각 21과 17로 초기화됐다. swap 함수에서 printf의 첫 번째 호출 결과는 바뀐 두 값을 보여주지만, main 함수에서 두 번째 printf 호출 결과는 바뀌지 않은 원래의 값을 보여준다. 무슨 일이 일어났는지 살펴보자.

C는 값에 의한 호출call-by-value 또는 pass-by-value 언어로, 함수에 인수를 제공할 때 해당 인수의 값이 함수 내부에서 사용하기 위해 다른 변수에 복사된다는 것을 의미한다. swap 함수는 전달한 개체의 값을 인수로 할당한다. 함수 매개변수의 값이 바뀌면 호출자caller의 값은 다른 개체이므로 영향을 받지 않는다. 결과적으로, 변수 a와 b는 printf의 두 번째 호출 시 main 함수에서 원래의 값을 유지한다. 프로그램의 목적은 이 두 개체의 값을 교환하는 것이다. 프로그램을 테스트해보니 버그나 결함이 있다는 것을 발견했다.

값 바꾸기 (두 번째 시도)

이 버그를 수정하기 위해 포인터를 사용하는 swap 함수를 다시 작성한다. 프로그램 2-3과 같이 간접참조 연산자indirection operator *를 사용해 포인터를 선언하고 역참조할 수 있다.

프로그램 2-3 포인터를 사용해 수정한 swap 함수

```
void swap(int *pa, int *pb) {
    int t = *pa;
    *pa = *pb;
    *pb = t;
    return;
}
```

함수 선언이나 정의에서 간접참조 연산자를 사용하는 경우 *는 매개변수가 특정 형식의 개체나 함수에 대한 포인터라는 것을 나타내는 포인터 연산의 일부로 작동한다. 다시 작성한 swap 함수에서는 두 개의 매개변수 pa와 pb를 지정했으며, 두 개 모두 int 형 포인터로 선언했다.

함수 안에 있는 식에서 *를 단항 연산자unary operator로 사용하면 단항 연산자는 개체에 대한 포인터를 역참조한다. 예를 들어, 다음과 같은 할당을 생각해 보자.

```
pa = pb;
```

위 연산은 포인터 pa의 값을 포인터 pb의 값으로 바꾼다.

이제 swap 함수에서 실제 할당을 생각해 보자.

```
*pa = *pb;
```

위 연산은 포인터 pb를 역참조하고, 참조한 값을 읽고, 포인터 pa를 역참조한 다음, pa가 참조하고 있는 위치의 값을 pb가 참조하고 있는 값으로 덮어쓴다.

main에서 swap 함수를 호출할 때는 각 변수의 이름 앞에 앰퍼샌드ampersand 문자 &를 넣어야 한다.

```
swap(&a, &b);
```

단항 연산자 &는 주소 연산자address-of operator로 피연산자operand[1]에 대한 포인터를 생성한다. 이제 swap 함수는 단순히 int 형식의 값 대신에 int 형 개체에 대한 포인터를 매개변수로 받기 때문에 이렇게 변경해야 한다.

---

1 일반적으로 컴퓨터 처리의 대상이라는 뜻인데, 산술 연산의 대상이거나 어떤 기계어 명령의 연산 부호가 지정하는 처리의 대상이 되는 것. 오퍼랜드, 연산수(演算數), 연산 대상 등 다양한 이름으로 불린다. 피연산자는 데이터일 수도 있고, 데이터가 저장된 메모리 내의 위치 또는 디스크 상의 위치(주소)일 수도 있다. 예를 들면, 2+3이라는 산술 연산에서 2와 3은 산술 연산의 피연산자이다. 그러나 'A로 B로부터 이전하라'라는 명령에서 A와 B는 이전하라는 연산 부호의 피연산자인데, 이때 A와 B는 B 위치에서 A 위치로 이송할 데이터를 기억하고 있는 메모리 위치를 나타낼 수 있다. – 출처: 정보통신용어사전

프로그램 2-4는 이 코드를 실행하는 동안 생성된 개체와 개체의 값에 중점을 둔 전체 swap 프로그램이다.

프로그램 2-4 참조에 의한 호출 예제 코드

```
#include <stdio.h>

void swap(int *pa, int *pb) { // pa → a: 21 pb → b: 17
    int t = *pa;              // t: 21
    *pa = *pb;                // pa → a: 17 pb → b: 17
    *pb = t;                  // pa → a: 17 pb → b: 21
}

int main(void) {
    int a = 21;               // a: 21
    int b = 17;               // b: 17
    swap(&a, &b);
    printf("a = %d, b = %d\n", a, b); // a: 17 b: 21
    return 0;
}
```

main 블록으로 들어가면 변수 a와 b가 각각 21과 17로 초기화된다. 그런 다음 코드는 이 개체의 주소를 가져와 swap 함수에 인수로 전달한다.

swap 함수에서 매개변수 pa와 pb는 이제 모두 int 형 포인터를 가지며 호출하는 함수(이 경우는 main)에서 swap 함수로 전달된 인수의 복사본copy을 포함하도록 선언했다. 이 주소 복사본은 여전히 정확하게 같은 개체를 참조하므로 swap 함수에서 주소의 복사본이 참조하는 개체의 값이 바뀌면 main에서 선언한 원래 개체의 내용에 접근해 값을 바꾼다. 이런 접근 방식은 개체 주소를 생성하고, 주소를 값으로 전달한 다음, 원래 개체에 접근하기 위해 복사한 주소를 역참조하는 참조에 의한 호출call-by-reference을 시뮬레이션한다.

범위

개체와 함수, 매크로 및 다른 C 언어 식별자에는 접근access할 수 있는 인접 영역contiguous region을 구분하는 범위scope가 있다. C에는 파일, 블록, 함수 프로토타입function prototype, 함수의 네 가지 유형의 범위가 있다.

개체나 함수 식별자의 범위는 선언된 위치에 따라 결정된다. 선언이 어떤 블록이나 매개변수 목록list 밖에 있는 경우 식별자의 범위는 파일 범위file scope로 해당 식별자가 존재하는 텍스트 파일 전체이다. 추가로 해당 식별자가 선언된 지점 이후에 해당 텍스트 파일에 포함된 다른 모든 파일도 범위에 포함된다.

선언이 블록 내부나 매개변수 목록 안에 있는 경우 식별자의 범위는 블록 범위block scope이며 선언한 식별자는 블록 안에서만 접근할 수 있다. 프로그램 2-4의 `a`와 `b`에 대한 식별자는 블록 범위를 가지며 정의된 `main` 함수의 코드 블록 안에서만 이 변수를 참조하는 데 사용할 수 있다.

선언이 (함수 정의의 일부가 아닌) 함수 프로토타입의 매개변수 선언 목록 안에 있으면 식별자의 범위는 함수 프로토타입 범위function prototype scope로 함수 선언자function declarator의 마지막 부분에서 끝난다. 함수 범위function scope는 함수 정의가 시작되는 {와 정의가 끝나는 } 사이의 영역이다. 레이블label 이름은 함수 범위를 갖는 유일한 종류의 식별자다. 레이블label은 쌍점colon이 뒤에 있는 식별자이며, 함수에서 제어권control을 넘겨야 하는 경우에 제어권이 넘어가는 문statement을 식별하기 위해 사용된다.

범위는 내부inner와 외부outer 범위로 중첩nest될 수 있다. 예를 들어, 다른 블록 범위 안에 또 다른 블록 범위를 만들 수 있으며, 모든 블록 범위는 파일 범위 안에서 정의돼야 한다. 내부 범위는 외부 범위에 접근할 수 있지만 외부 범위에서 내부 범위로 접근할 수는 없다. 이름에서 알 수 있듯이 모든 내부 범위는 해당 범위를 포함하는 외부 범위 안에 완벽히 포함돼 있어야 한다.

동일한 식별자를 내부 범위와 외부 범위 모두에 선언하면 내부 범위 안에 있는 식별자가 외부 범위에서 선언한 식별자를 숨기며hide 내부 식별자가 우선한다. 이 경우 식별자의 이름을 지정하면 내부 범위 안에 있는 개체를 참조한다. 외부 범위에 있는 개체는 숨겨지므로 이름으로 참조할 수 없다. 이런 문제를 막는 가장 쉬운 방법은 다른 이름을 사용하는 것이다.

프로그램 2-5는 다양한 범위를 사용하는 방법과 내부 범위에서 선언한 식별자가 외부 범위에서 선언한 식별자를 숨기는 방법을 보여준다.

프로그램 2-5 범위

```
int j;  // j의 파일 범위 시작

void f(int i) {              // i의 블록 범위 시작
    int j = 1;               // j의 블록 범위 시작; j의 파일 범위를 숨긴다.
    i++;                     // i는 함수의 매개변수를 참조한다.
    for (int i = 0; i < 2; i++) {
                             // i의 로컬 루프(loop-local) 블록 범위 시작
        int j = 2;           // j의 내부 블록 범위 시작; 외부 j를 숨긴다.
        printf("%d\n", j);   // 내부의 j가 범위에 있어, 2가 출력된다.
    }                        // i와 j의 내부 블록 범위 종료
    printf("%d\n", j);       // 외부의 j가 범위에 있어, 1이 출력된다.
}                            // i와 j의 내부 블록 범위 종료

void g(int j);  // j의 범위는 함수 프로토타입이다. j의 파일 범위를 숨긴다.
```

주석이 여러분의 생각과 일치한다면 이 코드에는 아무런 문제가 없다. 버그로 이어지는 혼란을 피하기 위한 모범 사례best practice는 다른 식별자에는 다른 이름을 사용하는 것이다. 작은 범위의 식별자에는 i와 j같이 짧은 이름을 사용하는 것이 좋다. 큰 범위의 식별자에는 중첩된 범위에서 숨겨질 가능성이 없도록 더 길고 묘사적인 이름을 사용해야 한다. 일부 컴파일러는 숨겨진 식별자에 대해 경고하기도 한다.

스토리지 기간

개체에는 자신의 수명을 결정하는 스토리지 기간storage duration이 있다. 자동auto, 정적static, 스레드thread, 할당allocated 총 네 개의 스토리지 기간을 사용할 수 있다. 블록 내부나 함수 매

개변수로 선언된 개체가 자동 스토리지 기간을 갖는 것을 이미 살펴봤다. 이런 개체의 수명은 선언한 블록이 실행을 시작할 때 시작해서 블록의 실행이 종료되면 수명도 끝난다. 블록이 재귀적 상태로 들어가면 매번 새 개체가 생성되며 각 개체는 자체 스토리지를 가진다.

참조 범위와 수명은 완전히 다른 개념이다. 범위는 식별자에 적용되지만, 수명은 개체에 적용된다. 식별자의 범위는 식별자가 가리키는 개체가 해당 이름으로 접근할 수 있는 코드 영역이다. 개체의 수명은 개체가 존재하는 기간이다.

파일 범위에서 선언된 개체는 정적static 스토리지 기간을 가진다. 이 개체의 수명은 프로그램의 전체 실행 기간으로 저장된 값은 프로그램이 시작하기 전에 초기화된다. 또한 프로그램 2-6의 계수 예제와 같이 블록 범위에서 스토리지 클래스 지정자storage-class specifier static을 사용해 정적 스토리지 기간을 갖는 변수를 선언할 수 있다. 이런 개체는 함수를 벗어난 다음에도 계속 유지된다.

프로그램 2-6 계수 예제

```
void increment(void) {
    static unsigned int counter = 0;
    counter++;
    printf("%d ", counter);
}

int main(void) {
    for (int i = 0; i < 5; i++) {
        increment();
    }
    return 0;
}
```

위 프로그램은 1 2 3 4 5를 출력한다. 프로그램이 시작될 때 정적 변수 counter를 0으로 한 번 초기화하고, increment 함수를 호출할 때마다 값이 증가한다. counter의 수명은 프로그램이 실행되는 동안이며 수명이 유지되는 동안 마지막으로 저장된 값이 유지된다.

파일 범위로 counter를 선언해도 같은 동작을 한다. 그러나 가능하면 개체의 범위를 제한하는 것이 좋은 소프트웨어 엔지니어링 실천법이다.

정적 개체는 변수가 아닌 상수constant value로 초기화해야 한다.

```
int *func(int i) {
    const int j = i;  // 좋음
    static int k = j; // 에러
    return &k;
}
```

상수는 리터럴[2] 상수lieteral constant(예: 1이나 'a', 0xFF)와 enum 멤버member, 그리고 alignof나 sizeof와 같은 연산자의 결과를 나타내며 const-한정자qualifier 개체가 아니다.

스레드thread 스토리지 기간은 동시 프로그래밍concurrent programming에 사용되며 이 책에서는 다루지 않는다. 할당allocated 스토리지 기간은 동적으로 할당된 메모리dynamically allocated memory를 다루며 6장에서 설명한다.

맞춤

개체 형식object type에는 해당 형식의 개체를 할당할 수 있는 주소에 제한을 두는 맞춤 요구 사항alignment requirement이 있다. 맞춤alignment은 주어진 개체에 할당할 수 있는 연속된 주소 사이에 있는 바이트의 수를 나타낸다. CPU는 맞춰진 데이터aligned data(예: 데이터 주소는 데이터 크기의 배수에 맞춰진다)와 맞춰지지 않은 데이터에 액세스할 때 다른 동작을 할 수 있다.

일부 기계 명령어machine instruction는 워드가 아닌 경계non-word boundary에 다중 바이트multibyte로 액세스할 수 있지만 성능 저하가 있을 수 있다. 워드는 명령어 집합이나 프로세서의 하드웨어가 처리하는 고정된 크기의 데이터 단위다. 일부 플랫폼은 맞춰지지 않은 메모리에

2 프로그래밍 언어에서 직접 값을 나타내는 자구 단위. 예를 들면, 14는 실정수 14를 나타내고, 'APRIL'은 문자열 APRIL을 나타내며, 3.0005E2는 수 300.05를 나타낸다. – 출처: 정보통신용어사전

액세스할 수 없다. 맞춤 요구 사항은 CPU 워드 크기(일반적으로, 16비트, 32비트, 64비트)에 따라 달라질 수 있다.

일반적으로 컴파일러가 다양한 데이터 형식에 적합한 맞춤을 선택하므로 C 프로그래머는 맞춤 요구 사항을 크게 신경 쓰지 않아도 된다. malloc에서 동적으로 할당한 메모리는 배열array과 구조체structure를 포함한 모든 표준 데이터 형식에 대해 충분히 맞춰져야 한다. 그러나 2의 거듭제곱 값을 갖는 주소의 경계에서 시작해야 하는 메모리 캐시 라인cache line의 경계에 데이터를 맞추거나 다른 시스템 전용system-specific 요구 사항을 만족해야 하는 경우처럼 드물게 컴파일러의 기본 선택 사항을 재정의override해야 할 수도 있다. 전통적으로 링커 명령어linker command나 malloc으로 메모리를 전체적으로 할당한 다음, 사용자 주소를 위쪽으로 반올림하거나 다른 비표준 기능과 관련된 유사 연산을 통해 이런 요구 사항을 만족시켰다.

C11은 맞춤을 지정하기 위한 간단한 신기술 호환forward-compatible 메커니즘을 도입했다. 맞춤은 size_t 형식의 값으로 표시된다. 유효한 모든 맞춤 값alignment value은 음이 아닌 2의 거듭제곱 형태(2^n)의 값이다. 개체 형식은 해당 형식의 모든 개체에 대해 기본 맞춤 요구 사항을 적용한다. 맞춤 지정자alignment specifier(_Alignas)를 사용해 더 엄격한 맞춤(더 큰 2의 거듭제곱)을 요구할 수도 있다. 선언의 선언 지정자declaration specifier에 맞춤 지정자를 포함할 수 있다. 프로그램 2-7은 맞춤 지정자를 사용해 good_buff가 올바르게 맞춰지도록 한다(bad_buff는 멤버 접근 식에 대해 잘못 맞춰질 수 있다).

프로그램 2-7 _Alignas 키워드 사용 예

```
struct S {
int i; double d; char c;
};

int main(void) {
    unsigned char bad_buff[sizeof(struct S)];
    _Alignas(struct S) unsigned char good_buff[sizeof(struct S)];

    struct S *bad_s_ptr = (struct S *)bad_buff;   // 잘못된 포인터 맞춤
    struct S *good_s_ptr = (struct S *)good_buff; // 올바른 포인터 맞춤
```

```
}
```

맞춤은 약한 쪽에서 강한 쪽으로 맞춰진다(강한 맞춤을 더 엄격한 맞춤이라고 한다). 강한 맞춤은 더 큰 맞춤 값을 갖는다. 맞춤 요구사항을 충족하는 주소는 해당 맞춤 요구사항보다 약한(덜 엄격한) 맞춤 요구사항은 모두 충족한다.

개체 형식

이 절에서는 C의 개체 형식을 소개한다. 구체적으로 부울 형식Boolean type과 문자 형식character type, 그리고 (정수와 부동 소수점 형식을 포함한) 숫자 형식numerical type을 다룬다.

부울 형식

_Bool로 선언한 개체는 0과 1만 저장할 수 있다. 이 부울 형식Boolean type은 C99에서 도입됐으며, 이미 bool이나 boolean이라는 이름의 자체 식별자를 선언한 기존 프로그램에서 이를 구별하기 위해 밑줄underscore로 시작한다. 밑줄로 시작해 대문자로 이어지거나 두 개의 밑줄로 시작하는 식별자는 항상 예약돼 있다. C 표준위원회는 여러분이 예약된 식별자를 사용하지 않을 것으로 생각하고 _Bool과 같은 새 키워드를 만들 수 있다. 만약 여러분이 C 표준위원회의 표준을 따르지 않았다면 표준을 주의 깊게 읽지 않은 여러분의 잘못이다.

헤더 <stdbool.h>를 포함하면 이런 형식을 bool로 지정하고 값을 (정수 상수 1로 확장되는) true와 (정수 상수 0으로 확장되는) false로 할당할 수 있다. 여기서는 부울 형식의 두 가지 이름인 bool과 _Bool을 모두 사용하여 두 개의 부울 변수를 선언한다.

```
#include <stdbool.h>

_Bool flag1 = 0;
bool flag2 = false;
```

두 방법 모두 동작하지만 bool을 사용하는 것이 C 언어의 장기적인 지향점이므로 bool을 사용하는 것이 좋다.

문자 형식

C 언어는 char, signed char, unsigned char 세 가지 문자 형식character type을 정의한다. 각 컴파일러 구현체는 char를 signed char나 unsigned char와 같은 맞춤, 크기, 범위, 표현representation, 그리고 동작을 갖도록 정의한다. 이러한 컴파일러의 선택과 상관없이 char는 다른 두 형식과는 다른 형식이며 두 형식 모두와 호환되지 않는다.

char 형식은 일반적으로 C 언어 프로그램에서 문자 데이터character data를 나타내기 위해 사용된다. 특히 char 형식 개체는 대문자와 소문자, 10개의 십진수 숫자, 공백 문자, 다양한 구두점punctuation과 제어control 문자를 포함해 실행 환경에서 필요한 최소한의 문자 집합(기본 실행 문자 집합basic execution character set이라고도 함)을 나타낼 수 있어야 한다. char 형식은 정수 데이터에 적합하지 않다. 부호 있는 작은 정수를 나타내려면 signed char를, 부호 없는 값을 나타내려면 unsigned char를 사용하는 것이 더 안전하다.

기본 실행 문자 집합은 많은 기존 데이터 처리 응용 프로그램의 요구에 적합하지만, 영어 이외의 문자가 부족하므로 국제 사용자international user를 수용하는 데 장애가 된다. 이런 요구를 해결하기 위해 C 표준위원회는 큰 문자 집합을 허용하는 새 와이드 형식wide type을 지정했다. 일반적으로 기본 문자보다 더 많은 공간을 차지하는 wchar_t 형식을 사용해 큰 문자 집합의 문자를 표현범위가 넓은 문자wide character로 표현할 수 있다. 일반적으로 구현체는 표현범위가 넓은 문자를 표현하기 위해 16비트나 32비트를 선택한다. C 표준 라이브러리는 표현범위가 좁은 문자narrow character와 표현범위가 넓은 문자를 모두 지원하는 함수를 제공한다.

숫자 형식

C는 정수와 열거자enumerator, 부동 소수점 값을 나타낼 수 있는 몇 가지 숫자 형식numerical type을 제공한다. 이 중 몇 가지는 3장에서 더 자세히 설명하겠지만 여기서는 간략하게

소개한다.

정수 형식

부호 있는 정수 형식signed integer type은 음수와 양수, 그리고 0을 나타내는 데 사용한다. 부호 있는 정수 형식에는 signed char와 short int, int, long int, long long int가 있다.

이런 데이터 형식을 선언할 때는 int 자체를 제외하고는 int 키워드는 생략할 수 있다. 예를 들어, long long int 대신 long long으로 선언할 수 있다.

부호 있는 각 정수 형식에 해당하는 부호 없는 정수 형식unsigned integer type unsigned char, unsigned short int, unsigned int, unsigned long int, unsigned long long int가 있으며 같은 크기의 기억 공간을 사용한다. 부호 없는 데이터 형식은 양수와 0만 나타내는 데 사용한다.

부호 있는 정수 형식과 부호 없는 정수 형식은 다양한 크기의 정수를 나타내기 위해 사용된다. (현재 또는 과거의) 각 플랫폼은 일부 제약 조건이 주어지면 이런 각 형식의 크기를 결정한다. 각 형식에는 나타낼 수 있는 최소 범위가 있다. 데이터 형식은 너비width에 따라 정렬된다. 표현범위가 더 넓은wider 데이터 형식은 표현범위가 더 좁은narrower 데이터 형식보다 더 넓어서 long long int 형 개체는 long int 형 개체가 나타낼 수 있는 모든 값을 표현할 수 있으며, 마찬가지로 long int 형 개체는 int 형 개체가 나타낼 수 있는 모든 값을 표현할 수 있다. 다양한 정수 형식의 실제 크기는 <limits.h> 헤더 파일에 지정된 다양한 정수 형식의 실제 최소값과 최대값을 통해 추론할 수 있다.

int 형식은 일반적으로 실행 환경의 아키텍처architecture에서 제안하는 크기를 가지므로 16비트 아키텍처에서는 16비트 너비의 크기를, 32비트 아키텍처에서는 32비트 너비의 크기를 갖는다. <stdint.h>와 <inttypes.h> 헤더에서 uint32_t와 같은 형식 정의를 사용해 정수의 실제 너비를 지정할 수 있다. 또한 이 헤더는 가장 넓은 정수 형식인 uintmax_t와 intmax_t에 대한 형식 정의도 제공한다.

3장에서 정수 형식을 자세히 설명한다.

열거형

열거형enumeration 또는 enum 형식은 열거할 수 있는 상수 집합의 값을 갖는 경우 정수값에 이름(열거자)을 할당하는 데이터 형식을 정의할 수 있게 한다. 열거형의 예는 다음과 같다.

```
enum day { sun, mon, tue, wed, thu, fri, sat };
enum cardinal_points { north = 0, east = 90, south = 180, west = 270 };
enum months { jan = 1, feb, mar, apr, may, jun, jul, aug, sep, oct, nov, dec };
```

첫 번째 열거자에 = 연산자를 사용해 값을 지정하지 않으면 해당 열거 상수enumeration constant의 값은 0이 되며, = 연산자가 없이 뒤에 나오는 열거 상수는 이전 열거 상수의 값에 1이 더해진 값이 된다. 따라서 day 열거형에서 sun의 값은 0이며 mon은 1, tue은 2가 된다.

또한 cardinal_points 열거형처럼 특정 값을 각 열거자에 할당할 수 있다. 열거자에 =를 사용하면 중복된 값을 갖는 열거 상수가 만들어질 수 있으며, 이는 모든 값이 고유한 값을 갖는다고 가정할 때 문제가 될 수 있다. months 열거형은 첫 번째 열거자에 1을 설정했으며, 열거자에 특별한 값을 설정하지 않는다면 뒤에 나오는 열거자의 값은 1씩 증가한다.

열거형 상수의 실제 값은 int로 표현할 수 있어야 하지만 열거형 상수의 형식은 구현체에 정의돼 있다. 예를 들어, Visual C++은 signed int를 사용하며 GCC는 unsigned int를 사용한다.

부동 소수점 형식

C 언어는 float과 double, long double의 세 가지 부동 소수점형을 지원한다. 부동 소수점 산술floating-point arithmetic은 실수 산술arithmetic of real number과 비슷해 대개 실수 산술을 나타내기 위한 대용으로 사용된다. C 언어는 대부분 시스템에서 부동 소수점 산술 IEEE 표준(IEEE 754-2008)을 포함해 다양한 부동 소수점 표현을 지원한다. 부동 소수점 표현의 선택은 구현체에 따라 다르며 3장에서 부동 소수점 형식을 자세히 설명한다.

void 형식

void 형식은 조금 색다른 데이터 형식이다. 키워드 void는 (그 차제로) "어떤 값도 가질 수 없다"는 것을 의미한다. 예를 들어, void 형식은 함수가 값을 반환하지 않는다는 것을 나타내거나 함수가 인수를 사용하지 않는다는 것을 나타내기 위해 함수의 유일한 매개변수로 사용할 수 있다. 반면 파생된 형식derived type void *는 포인터가 모든 개체를 참조할 수 있다는 것을 의미한다. 파생 데이터 형식은 2장 뒷부분에서 설명한다.

함수 형식

함수 형식function type은 파생된 형식이다. 이 경우 형식은 반환 형식return type과 함수 매개변수의 개수와 형식을 따른다. 함수의 반환 형식은 배열 형식이 될 수는 없다.

함수를 선언할 때 함수 선언자function declarator를 사용해 함수의 이름과 반환 형식을 지정할 수 있다. 선언자가 매개변수의 형식 리스트list와 정의를 포함하는 경우 각 매개변수의 선언에는 식별자가 필요하지 않은 void 형식의 단일 매개변수만 있는 매개변수 리스트를 제외하고는 반드시 식별자가 포함돼야 한다.

다음은 몇 가지 함수 형식의 선언 예다.

```
int f(void);
int *fip();

void g(int i, int j);
void h(int, int);
```

먼저 매개변수 없이 int 형식을 반환하는 함수 f를 정의했다. 다음으로 매개변수를 지정하지 않고 int 형식 포인터를 반환하는 함수 fip를 선언했다. 마지막으로 int 형식의 두 매개변수를 받아 void를 반환하는 두 개의 함수 g와 h를 선언했다.

식별자가 매크로macro일 때 식별자로 매개변수를 지정하는 것(여기서는 g)이 문제가 될 수 있다. 그러나 매개변수에 이름을 부여하는 것이 자체 문서화 코드self-documenting code를 위한 좋은 실천법이므로 일반적으로 식별자를 생략하는 것(여기서는 h)은 좋지 않다.

함수 선언에서 매개변수를 지정하는 것은 선택 사항이다. 그러나 매개변수를 지정하지 않으면 종종 문제가 될 수 있다. C++에서 fip 함수 선언 코드를 작성하면 인수를 허용하지 않고 int *를 반환하는 함수를 선언하게 된다. 그렇다고 해서 C에서 fip는 임의 개수의 임의 형식 인수를 받는 함수를 선언하는 것이다. C에서 빈 매개변수 리스트가 있는 함수를 선언해서는 안 된다. 첫째, 이는 앞으로 제거될 수 있어 언어에서 더 이상 사용하지 않는 기능deprecated feature이다. 둘째, 코드는 C++로 이식될 수 있으므로 명시적으로 매개변수의 형식을 나열하고 매개변수가 없으면 void를 사용해야 한다.

매개변수 형식 리스트가 있는 함수형을 함수 프로토타입function prototype이라고 한다. 함수 프로토타입은 함수가 받아들일 수 있는 매개변수의 개수와 형식을 컴파일러에 알려준다. 컴파일러는 이 정보를 사용해 함수 정의function definition와 함수 호출에서 정확한 개수와 형식의 매개변수가 사용되는지 확인한다.

함수 정의는 함수의 실제 구현을 제공한다. 아래 함수 정의를 살펴보자.

```
int max(int a, int b)
{ return a > b ? a : b; }
```

반환 형식 지정자는 int, 함수 선언자는 max(int a, int b), 그리고 함수의 본문body은 { return a > b ? a : b; }다. 함수 형식의 명세specification에 임의의 형식 한정자qualifier가 들어가서는 안 된다(78쪽 형식 한정자 참조). 함수 본문 자체는 조건 연산자(? :)를 사용하고 있는데, 이는 4장에서 자세히 설명한다. 이 식은 a가 b보다 더 크면 a를 반환하고, 그렇지 않으면 b를 반환한다는 것을 의미한다.

파생된 형식

파생된 형식derived type은 다른 데이터 형식으로 구성된 데이터 형식이다. 여기에는 포인터와 배열, 형식 정의type definition, 구조체, 공용체union가 포함되며 여기서 모두 설명한다.

포인터 형식

포인터 형식pointer type은 참조된 형식referenced type이라고 하는 포인터가 가리키는 함수나 개체 형식에서 파생된 것이다. 포인터는 참조된 형식의 엔티티entity에 대한 참조reference를 제공한다.

아래 세 개의 선언은 int 형식에 대한 포인터와 char 형식에 대한 포인터, void 형식에 대한 포인터를 선언한다.

```
int *ip;
char *cp;
void *vp;
```

2장의 앞부분에서 주소 연산자 &와 간접참조 연산자 *를 소개했다. & 연산자를 사용해 개체나 함수의 주소를 가져올 수 있다. 예를 들어, 개체가 int 형식이면 & 연산자의 결과도 int 형식이다.

```
int i = 17;
int *ip = &i;
```

위에서 int 형식에 대한 포인터로 변수 ip를 선언하고 i의 주소를 할당했다. * 연산자의 결과에 & 연산자를 사용할 수도 있다.

```
ip = &*ip;
```

간접참조 연산자를 사용해 ip를 역참조하면 실제 개체 i로 해석된다. & 연산자를 사용해 *ip의 주소를 가져오면 포인터를 참조하므로 두 연산은 서로 상쇄된다.

단항 연산자 *는 형식에 대한 포인터를 해당 형식의 값으로 변환한다. 이는 간접참조indirection를 의미하며 포인터에 대해서만 작동한다. 피연산자가 함수를 가리키면 * 연산자를 사용한 결과는 함수 지정자function designator가 되며, 개체를 가리키면 그 결과는 지정된 개체designated object의 값이 된다. 예를 들어, 피연산자가 int 형식에 대한 포인터라면 간접참조 연산자의 결과도 int 형이 된다. 포인터가 유효한 개체나 함수를 가리키지 않는다면 나쁜 결과가 나올 수 있다.

배열

배열array은 연속해서 모두 같은 요소 형식element type으로 할당된 개체의 시퀀스sequence다. 배열 형식array type은 요소 형식과 배열의 요소 개수를 특징으로 한다. 아래에서 ia로 식별된 int 형식 요소 11개가 있는 배열과 afp로 식별된 float 형 요소 17개를 갖는 배열을 선언했다.

```
int ia[11];
float *afp[17];
```

대괄호([ ])를 사용해 배열의 요소를 식별한다. 예를 들어, 아래 코드 스니펫code snippet은 문자열string "0123456789"를 만들어 배열의 요소에 각 숫자를 할당하는 방법을 보여준다.

```
char str[11];

for (unsigned int i = 0; i < 10; ++i) {
  ❶ str[i] = '0' + i;
}

str[10] = '\0';
```

위 코드의 첫 번째 줄에서 11개의 경계를 갖는 char 형 배열을 선언했다. 이렇게 하면 10개의 문자와 null 문자가 있는 문자열을 만들기에 충분한 스토리지가 할당된다. for 루프loop는 10번 반복하며 i의 값은 0부터 9까지 변한다. 각 반복iteration에서 식 '0' + i의 결과가 str[i]에 할당된다. 루프가 끝나면 null 문자가 배열 str[10]의 마지막 요소에 복사된다.

❶에서 str은 자동으로 배열의 첫 번째 멤버member(char 형식의 개체)에 대한 포인터로 변환되며 i는 부호 없는 정수 형식이다. 첨자subscript연산자 []와 덧셈 연산자 +는 str[i]와 *(str + i)가 같아지도록 정의됐다. (위의 코드와 같이) str이 배열 개체일 때 식 번호는 0부터 시작하므로 str[i]는 배열의 i+1번째 요소를 지정한다. 배열은 0부터 시작하도록 인덱싱되므로 배열 char str[11]은 0부터 10까지 인덱스가 매겨지며, 이 예제의 마지막 줄에서 참조하는 것처럼 10은 가장 마지막 요소이다.

단항 연산자 &의 피연산자가 [] 연산자의 결과인 경우, 결과는 & 연산자를 제거하고 [] 연산자가 + 연산자로 변경된 것과 같다. 예를 들어, &str[10]은 str + 10과 같다.

다차원 배열multidimensional array을 선언할 수도 있다. 프로그램 2-8은 main 함수에서 arr을 int 형식의 2차원 5×3 배열로 선언한다. 이런 배열을 행렬matrix이라고 한다.

프로그램 2-8 행렬 연산

```
void func(int arr[5]);
int main(void) {
    unsigned int i = 0;
    unsigned int j = 0;
 ❶ int arr[3][5];
 ❷ func(arr[i]);
    int x = arr[i][j];
    return 0;
}
```

더 정확하게 arr은 3개의 요소로 구성된 배열이며 각 요소는 다시 5개의 int 형식 요소로 구성된 배열이다. ❶에서 식 arr[i](*(arr+i)와 같다)을 사용하면 다음과 같이 된다.

1. arr은 arr[i]에서 시작하는 5개의 int 형식 요소로 구성된 초기 배열initial array에 대한 포인터로 변환된다.
2. i는 5개의 int 객체로 구성된 배열 크기에 i를 곱한 arr 형식으로 확장된다.
3. 1단계와 2단계의 결과가 추가된다.
4. 결과를 간접 참조해 5개의 int 형식 요소 배열을 생성한다.

❷에서 식 arr[i][j]를 사용하면 해당 배열은 int 형식 첫 번째 요소에 대한 포인터로 변환되므로 arr[i][j]는 int 형식 개체를 만든다.

형식 정의

typedef를 사용해 기존 형식에 대한 별칭(alias)을 선언할 수 있다. 이 별칭은 새 형식을 만드는 것이 아니다. 예를 들어, 아래 선언 각각은 새 형식의 별칭을 만든다.

```
typedef unsigned int uint_type;
typedef signed char schar_type, *schar_p, (*fp)(void);
```

첫 번째 줄에서 unsigned int 형식에 대한 별칭으로 uint_type을 선언했다. 두 번째 줄에서는 signed char에 대한 별칭으로 schar_type을, signed char *에 대한 별칭으로 schar_p를, signed char(*)에 대한 별칭으로 fp를 선언했다. 표준 헤더에서 _t로 끝나는 식별자는 형식 정의(기존 형식에 대한 별칭)다. 일반적으로 C 표준에서 int[0-9a-z_]*_t와 uint[0-9a-z_]*_t 패턴과 일치하는 식별자는 예약 식별자이기 때문에 여러분의 코드에서는 이런 패턴의 식별자를 사용해서는 안 된다. POSIX(Portable Operating System Interface, 이식할 수 있는 운영체제 인터페이스)는 _t로 끝나는 모든 식별자를 예약하고 있다. 이런 이름을 사용하는 식별자를 정의하면 구현체에서 사용하는 이름과 충돌할 수 있으므로 디버깅이 어려워질 수 있다.

구조체

구조체structure type struct에는 순차적으로 할당된 멤버 개체member object가 있다. 각 개체는 각자의 이름을 가지며 다른 형식을 가질 수 있다. 반면 배열의 모든 요소의 형식은 같아야 한다. 구조체는 다른 프로그래밍 언어에서 볼 수 있는 레코드형record type과 비슷하다. 프로그램 2-9는 sigline로 식별되는 struct sigrecord 형식의 개체와 sigline_p로 식별되는 sigline 개체에 대한 포인터를 선언했다.

프로그램 2-9 struct sigrecord

```
struct sigrecord {
    int signum;
    char signame[20];
    char sigdesc[100];
} sigline, *sigline_p;
```

구조체에는 세 개의 멤버 개체가 있다. signum은 int 형식 개체이며, signame는 20개의 char 형식 요소로 구성된 배열이고, sigdesc는 100개의 char 형식 요소로 구성된 배열이다.

구조체는 관련 개체의 집합을 선언하는 데 유용하며 날짜나 고객 또는 인사 기록과 같은 것을 나타내는 데 사용할 수 있다. 구조체는 특히 함수에 인수로 함께 전달되는 개체를 그룹화하는 데 특히 유용하므로 개별 개체를 분리해 반복적으로 전달할 필요가 없다.

구조체를 정의하고 나면 구조체의 멤버를 참조해야 한다. 구조체 개체의 멤버는 구조체 멤버 연산자 (.)를 사용해 참조할 수 있다. 구조체에 대한 포인터가 있는 경우에는 구조체 포인터 연산자 ->를 사용해 구조체의 멤버를 참조할 수 있다. 프로그램 2-10은 각 연산자의 사용법을 보여준다.

프로그램 2-10 구조체 멤버 참조

```
sigline.signum = 5;
strcpy(sigline.signame, "SIGINT");
strcpy(sigline.sigdesc, "Interrupt from keyboard");

❶ sigline_p = &sigline;

sigline_p->signum = 5;
strcpy(sigline_p->signame, "SIGINT");
strcpy(sigline_p->sigdesc, "Interrupt from keyboard");
```

프로그램 2-10의 처음 세 줄에서는 . 연산자를 사용해 sigline 개체의 멤버에 직접 접근한다. ❶에서 sigline 개체의 주소를 포인터 sigline_p에 할당했다. 프로그램의 마지막 세 줄에서는 -> 연산자를 사용해 sigline_p 포인터로 sigline 개체의 멤버에 간접적으로 접근한다.

공용체

공용체union type는 멤버 개체가 사용하는 메모리가 겹친다는 점을 제외하고는 구조체와 비슷하다. 공용체는 한 번에 한 형식의 멤버 개체와 다른 형식의 멤버 개체를 가질 수 있지만 동시에 같은 형식의 두 개체를 가질 수는 없다. 공용체는 주로 메모리를 절약하기 위해 사용된다. 프로그램 2-11은 세 개의 구조체 n, ni, nf가 포함된 공용체 u를 보여준다. 이 공용체를 사용하기 적합한 예로, 일부 노드는 정수 값을 갖고 (ni), 일부 노드는 부동 소수점 값을 갖는 (nf) 트리나 그래프, 기타 자료 구조가 있다.

프로그램 2-11 공용체

```
union {
    struct {
        int type;
    } n;

    struct {
        int type;
        int intnode;
    } ni;

    struct {
        int type;
        double doublenode;
    } nf;
} u;

u.nf.type = 1;
u.nf.doublenode = 3.14;
```

구조체와 마찬가지로 . 연산자를 사용해 공용체 멤버에 접근할 수 있다. 공용체에 대한 포인터를 사용하면 -> 연산자로 공용체 멤버를 참조할 수 있다. 프로그램 2-11에서 공용체의 nf 구조체 멤버 type은 u.nf.type로 참조하며 멤버 doublenode는 u.nf.doublenode로 참조한다. 이 공용체를 사용하는 코드는 주로 u.n.type에 저장된 값을 조사한 다음, 데이터 형식에 따라 intnode나 doublenode struct에 액세스해 노드의 데이터 형식을 확인한다. 이 공용체를 구조체로 구현하면 각 노드는 각 멤버 intnode와 doublenode에 대한 스토리지를 각각 갖는다. 공용체를 사용하면 두 멤버는 같은 스토리지를 사용한다.

태그

태그tag는 구조체와 공용체, 열거형에 이름을 부여하는 특별한 메커니즘이다. 예를 들어, 아래 구조체의 식별자 s가 태그다.

```
struct s {
    //--- 생략 ---
};
```

태그 자체는 형식의 이름이 아니며 변수를 선언하는 데 사용할 수 없다(Saks 2002). 대신 다음과 같이 이 형식에 대한 변수를 선언해야 한다.

```
struct s v;  // 구조체 s의 인스턴스
struct s *p; // 구조체 s에 대한 포인터
```

공용체와 열거형의 이름도 형식이 아닌 태그이며 변수 선언하는 데 단독으로 사용할 수 없다. 예를 들면 다음과 같다.

```
day today; // 에러
enum day tomorrow; // 좋음
```

구조체와 공용체, 열거형의 태그는 일반 식별자와 다른 네임스페이스namespace에 정의된다. 이를 통해 C 프로그램은 같은 범위 안에서 같은 철자를 가진 태그와 다른 식별자를 모두 가질 수 있다.

```
enum status { ok, fail }; // 열거형
enum status status(void); // 함수
```

구조체 s의 개체 s를 선언할 수도 있다.

```
struct s s;
```

위의 코드는 좋은 방법이라고 할 수는 없지만, C에서는 유효하다. struct 태그를 형식의 이름으로 생각하고 typedef를 사용해 태그에 대한 별칭을 정의할 수 있다. 다음 예를 살펴보자.

```
typedef struct s { int x; } t;
```

이제 구조체 s 대신 t 형식의 변수를 선언할 수 있다. struct와 union, enum에서 태그 이름은 선택 사항이므로 태그 이름을 전부 생략할 수도 있다.

```
typedef struct { int x; } t;
```

위 코드는 자신에 대한 포인터를 포함하는 자기참조 구조체self-referential structure인 경우를 제외하고는 잘 동작한다.

```
struct tnode {
    int count;
    struct tnode *left;
    struct tnode *right;
};
```

위 코드 첫 번째 줄의 태그를 생략하면 3번째와 4번째 줄에서 참조되는 구조체가 아직 선언되지 않았거나 전체 구조체가 어디서도 사용되지 않았으므로 컴파일러가 경고할 수 있다. 따라서 구조체에 대한 태그를 선언해야 하지만 `typedef`를 선언해도 된다.

```
typedef struct tnode {
    int count;
    struct tnode *left;
    struct tnode *right;
} tnode;
```

C 프로그래머 대부분은 태그와 `typedef`에 대해 다른 이름을 사용하지만 같은 이름을 사용해도 잘 동작한다. 또한 위와 같이 `typedef`를 구조체 앞에 정의하면 `tnode` 형식의 다른 개체를 참조하는 `left` 멤버와 `right` 멤버를 선언하는 데 사용할 수 있다.

```
typedef struct tnode tnode;
struct tnode {
    int count;
    tnode *left
    tnode *right;
} tnode;
```

형식 정의는 구조체와 함께 사용하는 것 이상으로 코드 가독성을 높일 수 있다. 예를 들어, 아래 세 개의 모든 `signal` 함수 선언은 같은 형식을 지정한다.

```
typedef void fv(int), (*pfv)(int);
void (*signal(int, void (*)(int)))(int);
fv *signal(int, fv *);
pfv signal(int, pfv);
```

형식 한정자

지금까지 살펴본 모든 형식은 한정되지 않은 형식unqualified type이다. 형식은 하나 이상의 한정자(const, volatile, restrict)를 사용하면 한정될qualified 수 있다. 이런 각 한정자는 해당 한정자의 개체에 접근할 때 동작을 바꾼다.

한정된 형식과 한정되지 않은 형식은 함수에 대한 인수와 함수의 반환 값, 그리고 공용체의 멤버로 서로 바꿔 사용할 수 있다.

참조 C11부터 사용할 수 있는 _Atomic 형식 한정자는 동시 프로그램(concurrent program)을 지원한다.

const

const 한정자로 선언한 개체(const로 한정된 형식)는 수정할 수 없다. 특히, 이 개체는 할당될 수는 없지만, 특히 할당할 수 없지만 상수 이니셜라이저를 사용해 초기화할 수 있다. 다시 말해 컴파일러가 const로 한정된 형식의 개체를 읽기 전용 메모리read-only memory에 위치시킬 수 있으며 이 개체에 쓰기를 시도하면 런타임 오류runtime error가 발생한다.

```
const int i = 1; // const로 한정된 int
i = 2;           // 에러: i는 const로 한정돼 있다.
```

의도치 않게 컴파일러가 const로 한정된 개체를 변경하도록 허용하게끔 할 수도 있다. 아래 예제에서 const로 한정된 개체 i의 주소를 가져온 다음, 이 주소가 실제로 int에 대한 포인터라는 것을 알려준다.

```
const int i = 1; // const로 한정된 형식의 개체
int *ip = (int *)&i;
*ip = 2;         // 정의되지 않은 동작
```

C는 원래의 값이 const로 한정된 개체인 경우 캐스팅을 통해 const를 제거할 수 없다. 이 코드는 작동하는 것처럼 보일 수 있지만 결함이 있으며 나중에 동작하지 않을 수 있다.

예를 들어, 컴파일러는 const로 한정된 개체를 읽기 전용 메모리에 위치시켜 런타임 시 개체에 값을 저장하려고 할 때 메모리 오류memory fault를 일으킬 수 있다.

C에서 원래 개체가 const로 선언되지 않은 경우 const를 제거해 const로 한정된 포인터가 가리키는 개체를 수정할 수 있다.

```
int i = 12;
const int j = 12;
const int *ip = &i;
const int *jp = &j;
*(int *)ip = 42; // 좋음
*(int *)jp = 42; // 정의되지 않은 동작
```

volatile

voatile로 한정된 형식의 개체는 특별한 목적으로 사용된다. 정적static volatile로 한정된 개체는 메모리로 매핑된memory-mapped 입력/출력(입출력) 포트를 모델링하는 데 사용되며 정적 상수static constant volatile로 한정된 개체는 실시간 클록real-time clock과 같은 메모리로 매핑된 입력 포트를 모델링한다.

이런 개체에 저장된 값은 컴파일러가 모르게 변경될 수 있다. 예를 들어, 실시간 클록의 값을 읽을 때마다 C 프로그램이 값을 기록하지 않더라도 값이 바뀔 수 있다. volatile로 한정된 형식을 사용하면 컴파일러는 값이 변경될 수 있다는 것을 알 수 있으며 실시간 클록에 대한 모든 접근이 가능하도록 보장할 수 있다(그렇지 않으면 실시간 클록에 대한 액세스가 최적화되거나 이전에 읽어 캐시된 값으로 대체될 수 있다). 예를 들어, 아래 코드에서 컴파일러는 port에서 값을 읽고, 이 값을 다시 port에 쓰는 명령어instruction를 생성해야 한다.

```
volatile int port;
port = port;
```

volatile 한정qualification이 없는 경우 컴파일러는 이를 no-op(아무것도 하지 않는 프로그

래밍 문)으로 보고 잠재적으로 읽기와 쓰기를 모두 제거한다.

또한, volatile로 한정된 형식은 signal 핸들러handler 및 setjmp/longjmp(signal 핸들러와 setjmp/longjmp에 대한 정보는 C 표준 참조)와의 통신에 사용된다. Java 및 다른 프로그래밍 언어와는 달리 C에서는 volatile로 한정된 형식은 스레드 간 동기화에 사용해서는 안 된다.

restrict

restrict로 제한된 포인터는 최적화를 촉진한다. 포인터를 통해 간접적으로 접근되는 개체는 완전히 최적화될 수 없는데 그 이유는 둘 이상의 포인터가 같은 개체를 참조할 때 발생하는 잠재적인 앨리어싱aliasing 때문이다. 예를 들어, 컴파일러는 관련이 없는 다른 개체가 수정될 때 개체의 일부가 값을 변경할 수 있는지 여부를 알 수 없으므로 앨리어싱은 최적화를 방해할 수 있다.

아래 함수는 q가 참조하는 스토리지에서 p가 참조하는 스토리지로 n 바이트를 복사한다. 함수의 매개변수 p와 q는 모두 restrict로 한정된 포인터다.

```
void f(unsigned int n, int * restrict p, int * restrict q) {
    while (n-- > 0) {
        *p++ = *q++;
    }
}
```

p와 q 모두 restrict로 한정된 포인터이므로 컴파일러는 포인터 매개변수 중 하나를 통해 접근된 개체가 다른 포인터 매개변수를 통해 접근되지 않는다고 가정할 수 있다. 컴파일러는 함수 본문을 분석하지 않고 매개변수 선언만을 기반으로 위 코드를 평가할 수 있다. restrict로 한정된 포인터를 사용하면 더 효율적인 코드를 만들 수 있지만 포인터가 겹치는 메모리를 참조하지 않도록 해야 정의되지 않은 동작을 막을 수 있다.

연습 문제

아래 연습 문제를 직접 코드로 작성한다.

1. 프로그램 2-6의 계수 예제에 `retrieve` 함수를 추가해 현재의 `counter` 값을 읽는다.
2. 함수에 대한 3개의 포인터 배열을 선언하고 인수로 전달된 인덱스 값에 따라 적절한 함수를 호출한다.

요약

2장에서는 개체와 함수에 대해 알아보고 이 둘이 어떻게 다른지도 살펴봤다. 변수와 함수를 선언하고, 개체의 주소를 가져오고, 이런 개체의 포인터를 역참조하는 방법을 배웠다. 또한 C 프로그래머가 사용할 수 있는 개체 형식 대부분과 파생된 형식에 대해서도 알아봤다.

이후의 장에서 여러분의 설계를 구현하는 데 있어 이런 형식을 가장 잘 사용할 수 있는 방법을 자세히 알아보도록 한다. 3장에서는 두 종류의 산술 형식인 정수와 부동 소수점에 대해 자세히 설명한다.

3

산술 형식

3장에서는 두 종류의 산술 형식인 정수 형식과 부동 소수점 형식에 관해 알아본다. C의 연산자 대부분은 산술 형식으로 동작한다. C는 시스템 수준의 언어(system-level language)이므로 산술 연산을 정확하게 수행하는 것이 어려울 수 있다. 이로 인해 결함이 자주 발생한다. 이는 부분적으로 범위와 정밀도(precision)가 제한된 디지털 시스템의 산술 연산이 일반 수학 연산처럼 항상 같은 결과를 만들어 내지는 않기 때문이다. C에서 기본 산술을 정확하게 수행하는 능력은 전문 C 프로그래머가 되기 위한 필수적인 능력이다.

이런 기본 개념을 확실히 이해할 수 있도록 C 언어에서의 산술 방법을 자세히 알아보도록 한다. 또한 어떤 산술 형식을 다른 산술 형식으로 변환하는 방법도 살펴본다. 이러한 변환은 혼합 형식mixed type의 연산을 수행하는 데 필요하다.

정수

2장에서 언급했듯이 각 정수 형식은 유한 범위의 정수를 표현한다. 부호 있는 정수 형식은 음의 정수나 0 또는 양의 정수를 표현할 수 있으며, 부호 없는 정수는 0과 양의 정수만 표현할 수 있다. 각 정수 형식이 표현할 수 있는 범위는 구현체에 따라 달라진다.

정수 개체의 값value은 개체에 저장된 일반 수학적인 값이다. 정수 개체 값은 개체에 할당된 스토리지의 비트에 있는 값을 특정 인코딩으로 표현representation한 것이다. 뒤에서 표현 방식을 더 자세히 살펴본다.

패딩과 정밀도

char와 signed char, unsigned char를 제외한 모든 정수 형식에는 사용되지 않는 비트인 패딩padding 비트가 포함될 수 있다. 패딩으로 인해 구현체는 다중 워드multiple-word 표현의 중간에 있는 부호 비트를 건너뛰는 것과 같은 하드웨어 쿼크hardware quirk[1]를 수용하거나 대상 아키텍처target architecture에 최적으로 맞출 수 있다. 주어진 형식의 값을 표현하기 위해 사용되는 비트의 수를 너비width라고 하며 보통 N으로 표현한다. 너비는 패딩은 제외하고 부호는 포함한다. 정밀도precision는 부호와 패딩 비트 모두를 제외한 값을 표현하기 위해 사용되는 비트 수다.

<limits.h> 헤더 파일

<limits.h> 헤더 파일에는 다양한 정수 형식에 대해 표현할 수 있는 최대값과 최소값이 지정돼 있다. 표현할 수 있는 값representable value은 특정 형식의 개체에 사용할 수 있는 비트 수로 표현할 수 있는 값이다. 표현할 수 없는 값은 컴파일러가 진단하거나 표현할 수 있는 (정확하지 않은) 다른 값으로 변환된다. 컴파일러 작성자compiler writer는 자신의 구현체에 정확한 최소값과 최대값, 너비를 제공한다. 이식할 수 있는 코드를 작성하려면 +2147483647와 같이 특정 한계를 나타내는 정수 리터럴보다는 상수를 사용해야 하며 다른 구현체로 포팅할 경우 이 값이 변경될 수 있다.

C 표준은 정수에 대해 세 가지 크기로 제한을 두었다. 첫째, 모든 데이터 형식에 대한 스토리지는 (패딩을 포함할 수 있는) 인접한adjacent unsigned char 개체의 정수의 수integral

1 특정 하드웨어 플랫폼에서 발생하는 동작이나 동작 제약을 의미한다. C 언어는 하드웨어와 밀접한 관련이 있기 때문에 특정 하드웨어 아키텍처에서 발생하는 동작의 차이나 특이한 동작을 다룰 때 하드웨어 쿼크를 고려해야 한다.
예를 들어, 특정 하드웨어 아키텍처에서는 정수 연산이 부동 소수점 연산보다 효율적일 수 있으며, 메모리 정렬 요구사항이 있을 수 있다. 이러한 쿼크는 C 언어 코드의 최적화, 성능 향상 또는 호환성 보장을 위해 고려돼야 한다. – 옮긴이

number만큼 차지한다. 둘째, 각 정수 형식은 모든 구현체에 이식할 수 있도록 값의 최소 범위를 지원해야 한다. 셋째, 작은 형식은 더 큰 형식보다 더 넓어서는 안 된다. 예를 들어, USHRT_MAX는 UINT_MAX보다 클 수는 없지만 너비는 같을 수 있다.

정수 선언하기

정수 형식을 unsigned로 정확하게 선언하지 않는 한, 정수 형식은 부호가 있는 정수로 간주한다(구현체가 부호가 있거나 부호가 없는 정수 형식으로 정의할 수도 있는 char는 제외). 아래는 모두 부호가 없는 정수에 대한 유효한 선언이다.

```
unsigned int ui; // unsigned가 필요하다.
unsigned u; // int는 생략할 수 있다.
unsigned long long ull2; // int는 생략할 수 있다.
unsigned char uc; // unsigned가 필요하다.
```

부호가 있는 정수 형식을 선언할 때는 signed 키워드를 생략할 수 있으며, 일반 char와 signed char를 구별하기 위해 signed 키워드가 필요한 signed char는 예외다. 키워드만 있는 경우가 아니라면 int도 생략할 수 있다. 예를 들어, signed long long int 형식의 변수를 선언하는 대신 long long만 선언하고 타이핑을 줄이는 것이 일반적이다. 아래는 모두 부호가 있는 정수에 대한 유효한 선언이다.

```
int i; // signed는 생략할 수 있다.
long long int sll; // signed는 생략할 수 있다.
long long sll2; // signed와 int는 생략할 수 있다.
signed char sc; //signed가 필요하다.
```

부호가 없는 정수

부호가 없는 정수unsigned integer의 범위는 0부터 시작하며 상계upper bound는 부호가 있는 정수 형식에 해당하는 상계보다 크다. 부호가 없는 정수는 수량이 음수가 아닌 항목들을 세는 데 자주 사용된다.

표현

부호가 없는 정수 형식은 부호가 있는 정수 형식보다 이해하기 쉽고 사용하기 쉽다. 부호가 없는 정수 형식은 오프셋offset이 없는 순수 이진법binary system을 사용해 값을 표현하는데, 최하위비트LSB, Least Significant Bit의 가중값은 2^0이며 그다음 하위비트의 가중값은 2^1이다. 이진수의 값은 설정된 비트들(0이 아닌 1인 비트들)의 가중 값을 전부 합친 값이다. 표 3-1은 패딩되지 않은 8비트 표현을 사용해 부호가 없는 값의 몇 가지 예를 보여준다.

표 3-1 부호가 없는 8비트 값 표현

10진수	2진수	16진수
0	0000 0000	0x00
1	0000 0001	0x01
17	0001 0001	0x11
255	1111 1111	0xFF

부호가 없는 정수 형식은 부호를 표현할 필요가 없으므로 일반적으로 부호가 있는 정수 형식보다 1비트 더 높은 정밀도를 제공한다. 부호가 없는 정수의 범위는 0부터 형식의 너비에 따라 달라지는 최대값까지다. 최대값은 2^N-1로 여기서 N은 너비다. 예를 들어, x86 아키텍처 대부분은 패딩 비트 없이 32비트 정수를 사용하므로 `unsigned int` 형식 개체의 범위는 0부터 $2^{32}-1$(4,294,967,295)까지다. `<limits.h>`의 상수 표현 `UINT_MAX`는 이 형식에 대해 구현체에 정의된 상한 범위를 지정한다. 표 3-2는 부호가 없는 각 형식에 대한 `<limits.h>`의 상수 표현과 표준에서 요구하는 최소 범위, 최신 x86 구현체에서의 실제 범위를 나타낸다.

표 3-2 부호가 없는 정수의 범위

상수 표현	최소 크기	x86	해당 형식의 개체 최대값
UCHAR_MAX	255 // $2^8 - 1$	255	unsigned char
USHRT_MAX	65,535 // $2^{16} - 1$	65,535	unsigned short int
UINT_MAX	65,535 // $2^{16} - 1$	4,294,967,295	unsigned int

상수 표현	최소 크기	x86	해당 형식의 개체 최대값
ULONG_MAX	4,294,967,295 // $2^{32} - 1$	4,294,967,295	unsigned long int
ULLONG_MAX	18,446,744,073,709,551,615 // $2^{64} - 1$	18,446,744,073,709,551,615	unsigned long long int

랩어라운드

랩어라운드wraparound는 부호가 없는 특정 정수 형식으로 표현하기에 너무 작거나(0보다 작음) 너무 큰(2^N-1보다 큼) 값이 산술 연산의 결과로 나올 때 발생한다. 이 경우 값은 결과 형식으로 표현할 수 있는 가장 큰 값보다 1이 더 큰 숫자를 법으로 하는 나머지 연산의 결과 값이다. 랩어라운드는 C 언어에서 잘 정의된 동작이다. 코드상에서의 결함 여부는 문맥context에 따라 다르다. 어떤 것을 세고 있을 때 값이 최소값보다 작아지거나 최대값보다 커지면 오류일 가능성이 크다. 그러나 어떤 암호 알고리듬encryption algorithm은 랩어라운드를 의도적으로 사용하기도 한다.

예를 들어, 프로그램 3-1의 코드는 ui를 최대값으로 초기화한 다음 1씩 증가시킨다. 결과값을 unsigned int로 표현할 수 없으므로 0으로 랩된다. 이 값이 1씩 줄어들면 다시 범위를 벗어나므로 이번에는 UNIT_MAX로 랩wrap된다.

프로그램 3-1 부호가 없는 정수의 랩어라운드

```
unsigned int ui = UINT_MAX; //x86에서 4,294,967,295다.
ui++;
printf("ui = %u\n", ui); // ui는 0이다.
ui--;
printf("ui = %u\n", ui); // ui는 4,294,967,295다.
```

랩어라운드 때문에 부호가 없는 정수 표현은 절대로 0보다 작을 수 없다. 이를 모르고 항상 참이거나 항상 거짓인 비교를 구현하기 쉽다. 예를 들어, 아래 for 루프에서 i는 음수가 될 수 없으므로 이 루프는 절대 끝나지 않는다.

```
for (unsigned int i = n; i >= 0; --i)
```

이런 동작은 몇 가지 주목할 만한 실제 버그를 초래했다. 예를 들어, 보잉 787기의 6개의 모든 발전 시스템은 해당 발전기 제어 장치가 관리한다. 미국 연방항공청FAA, Federal Aviation Administration에 따르면 보잉 연구소의 실험 결과 발전기 제어 장치의 내부 소프트웨어 카운터가 248일 동안 계속 작동한 다음 랩어라운드된 것으로 밝혀졌다.[2] 이 결함으로 인해 엔진에 장착된 발전기의 6개의 발전기 제어 장치가 동시가 자동안전fail-safe 모드로 진입하게 된다.

(비행기가 하늘에서 떨어지는 것처럼) 계획되지 않은 동작을 막으려면 `<limits.h>`의 제한값을 사용해 랩어라운드를 검사하는 것이 중요하다. 이런 검사를 구현할 때는 실수하기 쉬우므로 주의해야 한다. 예를 들어, 아래 코드는 `sum + ui`가 `UNIT_MAX`보다 클 수 없으므로 셋째 줄에 결함이 있다.

```
extern unsigned int ui, sum;
// ui와 sum에 값 할당하기
if (sum + ui > UINT_MAX)
    too_big();
else
    sum = sum + ui;
```

위 코드에서 `sum + ui`의 결과가 `UNIT_MAX`보다 크면 `UINT_MAX + 1`을 법으로 하는 연산을 해 값이 작아진다. 따라서 이 전체 테스트는 사용할 수 없으며 생성된 코드는 무조건 합을 계산한다. 좋은 컴파일러는 이를 지적하는 경고를 할 수 있지만 모든 컴파일러가 경고하지는 않는다. 이를 해결하기 위해서는 아래 코드처럼 부등식의 양변에서 `sum`을 빼야 효과적으로 테스트할 수 있다.

```
extern unsigned int ui, sum;
// ui와 sum에 값 할당하기
```

2 Airworthiness Directives; The Boeing Company Airplanes, https://www.federalregister.gov/d/2015-10066/ 참조

```
if (ui > UINT_MAX - sum)
    too_big();
else
    sum = sum + ui;
```

UINT_MAX는 unsigned int로 표현할 수 있는 가장 큰 값이므로 sum은 0과 UINT_MAX 사이의 값이다. sum이 UINT_MAX이면 뺄셈의 결과는 0이며, sum이 0이면 뺄셈의 결과는 UINT_MAX가 된다. 이 연산의 결과는 항상 0과 UINT_MAX 사이에 있으므로 절대로 랩이 발생하지 않는다.

부호가 없는 최소값인 0에 대한 산술 연산의 결과를 검사할 때도 같은 문제가 발생한다.

```
extern unsigned int i, j;
// ui와 sum에 값 할당하기
if (i - j < 0) // 발생하지 않는다
    negative();
else
    i = i - j;
```

위 코드에서 부호가 없는 정수는 절대 음수가 될 수 없으므로 무조건 뺄셈을 수행한다. 좋은 컴파일러는 이런 실수에 대해 경고할 수 있다. 이런 쓸모없는 테스트 대신 아래 코드처럼 j가 i보다 큰지를 테스트하는 방식으로 랩어라운드 여부를 검사할 수 있다.

```
if (j > i) // 옳음
    negative();
else
    i = i - j;
```

j > i인 경우, 결과가 랩어라운드되므로 랩어라운드 가능성을 명확하게 탐지할 수 있다. 테스트에서 뺄셈 연산을 제거하면 테스트하는 동안 랩어라운드가 발생할 가능성을 없앨 수 있다.

경고 랩어라운드가 발생할 때 사용되는 너비는 구현체에 따라 다르며, 이는 다른 플랫폼에서는 다른 결과를 얻을 수 있다는 것을 의미한다. 이 점을 고려하지 않으면 여러분의 코드는 이식할 수 없다.

부호가 있는 정수

(_Bool을 제외한) 부호가 없는 각 정수 형식의 경우, 동일한 크기의 스토리지를 차지하는 부호가 있는 정수 형식이 존재한다. 부호가 있는 정수를 사용해 음수와 0, 양수를 표현할 수 있으며, 범위는 형식과 표현에 할당된 비트 수에 따라 다르다.

표현

부호가 있는 정수 형식을 표현하는 것은 부호가 없는 정수를 표현하는 것보다 더 복잡하다. 역사적으로 C 언어는 세 종류의 부호가 있는 정수 형식을 지원한다.

부호와 크기 최상위 비트는 부호를 나타내며 나머지 비트가 순수 이진 표기법으로 값의 크기를 나타낸다.

1의 보수 부호 비트에는 가중값 $-(2^{N-1}-1)$이 부여되며 다른 값의 비트는 부호가 없는 정수와 같은 가중값을 갖는다.

2의 보수 부호 비트에는 가중값 $-(2^{N-1})$이 부여되며 다른 값의 비트는 부호가 없는 정수와 같은 가중값을 갖는다.

어떤 표현 방식을 사용할지 선택할 수는 없으며 다양한 시스템의 C 구현체에 따라 결정된다. 세 가지 방식 모두 사용되고 있지만 2의 보수complement가 가장 널리 사용되고 있어 C 표준위원회는 C2x부터 2의 보수 표현 방식을 채택하려고 한다. 이 책의 나머지 부분에서는 2의 보수 표현 방식을 전제로 한다.

너비가 N인 부호가 있는 정수 형식은 -2^{N-1}부터 $2^{N-1}-1$ 사이의 모든 정수를 표현할 수 있다. 예를 들어, `signed char` 형식의 8비트 값의 범위는 -128부터 127까지다. 2의 보수는 추가로 최소 음수most negative를 표현할 수 있다. 8비트 `signed char`의 최소 음수는

-128이고, 절대값 |-128|=128은 이 형식으로 표현할 수 없다. 이에 따라 몇 가지 극단적인 사례를 고려해야 하는데 3장 뒷 부분과 4장에서 살펴보도록 한다.

표 3-3은 부호가 있는 각 형식에 대해 <limits.h>에 정의된 상수 표현과 표준에서 요구하는 최소 범위, 최신 x86 구현체에서의 실제 범위를 보여준다.

표 3-3 부호가 있는 정수 범위

상수 표현	최소 크기	x86	개체 형식에 대한 최대값
UCHAR_MIN	−127 // $-(2^{7}-1)$	−128	signed char
USHRT_MAX	+127 // $2^{7}-1$	+127	signed char
SHORT_MIN	−32,767 // $-(2^{15}-1)$	−32,768	short int
SHRT_MAX	+32,767 // $2^{15}-1$	+32,767	short int
INT_MIN	−32,767 // $-(2^{15}-1)$	−2,147,483,648	int
INT_MAX	+32,767 // $2^{15}-1$	+2,147,483,647	int
LONG_MIN	−2,147,483,647 // $-(2^{31}-1)$	−2,147,483,648	long int
LONG_MAX	+2,147,483,647 // $2^{31}-1$	+2,147,483,647	long int
LLONG_MIN	−9,223,372,036,854,775,807 // $-(2^{63}-1)$	−9,223,372,036,854,775,808	long long int
LLONG_MAX	+9,223,372,036,854,775,807 // $2^{63}-1$	+9,223,372,036,854,775,807	long long int

부호가 있는 음수에 대한 2의 보수 표현은 부호 비트와 다른 값의 비트로 구성된다. 부호 비트에는 가중값 $-(2^{N-1})$이 부여된다. 2의 보수 표현에서 값을 음수로 바꾸려면 그림 3-1과 같이 패딩되지 않은nonpadding 각 비트를 반전한 다음 1을 더하면 된다(필요한 경우 받아올림carry 포함).

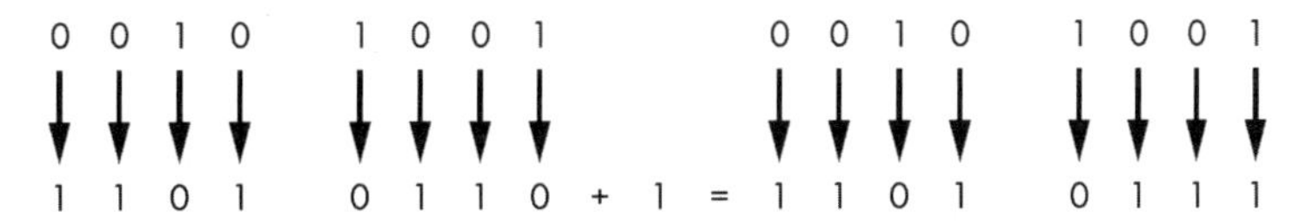

그림 3-1 2의 보수 표현에서 8비트 값의 음수로 바꾸는 과정

표 3-4는 패딩이 없는 부호가 있는 8비트 정수 형식(N=8)의 2의 보수에 대한 이진수와 십진수 표현을 보여준다. 필수 지식은 아니지만, C 프로그래머에게는 추후에 유용하게 사용할 수 있는 정보이다.

표 3-4 8비트 2의 보수 값

2진수	10진수	가중값을 부여한 표현식 또는 이진법의 전개식	상수
`0000 0000`	0	0	
`0000 0001`	1	2^0	
`0111 1110`	126	$2^6 + 2^5 + 2^4 + 2^3 + 2^2 + 21$	
`0111 1111`	127	$2^{N-1} - 1$	`SCHAR_MAX`
`1000 0000`	−128	$-(2^{N-1}) + 0$	`SCHAR_MIN`
`1000 0001`	−127	$-(2^{N-1}) + 1$	
`1111 1110`	−2	$-(2^{N-1}) + 126$	
`1111 1111`	−1	$-(2^{N-1}) + 127$	

오버플로우

오버플로우overflow는 부호가 있는 정수 연산 결과가 결과 형식resulting type으로 표현할 수 없을 때 발생한다. 예를 들어, 아래 정수의 절대값을 반환하는 함수와 유사한 매크로function-like macro 구현은 오버플로우를 발생할 수 있다.

```
// 최소 음수에 대해 정의가 되지 않았거나 틀렸다.
#define Abs(i) ((i) < 0 ? -(i) : (i))
```

매크로에 대해서는 9장에서 자세히 설명한다. 일단 함수와 유사한 매크로를 제네릭 형식generic type에서 작동하는 함수라고 생각하면 된다. 표면적으로 이 매크로는 값의 부호와는 상관없이 `i`의 음수가 아닌 값을 반환하는 절대값 함수를 제대로 구현한 것처럼 보인다. (4장에서 자세히 설명할) 조건부 연산자conditional operator `?:`를 사용해 `i`의 값이 음수인지를 확인한다. 음수이면 i는 -(i)로 음수가 되고, 음수가 아니면 수정되지 않은 값 (i)을 평가한다.

Abs를 함수와 유사한 매크로로 구현했으므로 모든 형식의 인수를 입력 받을 수 있다. 부호가 없는 정수는 음수가 될 수 없어 매크로는 인수의 값을 그대로 출력하므로 부호가 없는 정수로 이 매크로를 호출하는 것은 의미가 없다. 그러나 아래 코드처럼 다양한 부호가 있는 정수와 부동 소수점 형식으로 함수를 호출할 수 있다.

```
signed int si = -25;
signed int abs_si = Abs(si);
printf("%d\n", abs_si); // 25를 출력한다.
```

위 예에서는 매크로에 값이 -25인 signed int 형식의 개체를 인수로 전달한다. 이 호출은 아래 코드처럼 확장할 수 있다.

```
signed int si = -25;
signed int abs_si = ((si) < 0 ? -(si) : (si));
printf("%d\n", abs_si); // 25를 출력한다.
```

매크로는 -25의 절대값을 정확하게 반환한다. 지금까지는 괜찮다. 문제는 주어진 형식에서 2의 보수로 표현한 최소 음수에 음의 부호를 붙인 값을 해당 형식으로 표현할 수 없다는 것이다. 따라서 Abs 함수를 사용하면 부호가 있는 정수에 오버플로우가 발생한다. 결과적으로 Abs에 대한 이런 구현은 결함이 있으며 예기치 않은 상황을 포함해 어떤 일이 발생할지 아무도 모른다.

```
signed int si = INT_MIN;
signed int abs_si = Abs(si); // 정의되지 않은 동작
printf("%d\n", abs_si);
```

이런 문제를 해결하기 위해 Abs(INT_MIN)는 어떤 값을 반환해야 할까? 부호가 있는 정수 오버플로우는 C에서 정의되지 않은 동작으로 구현체는 자동으로 래핑(가장 일반적인 동

작) 또는 트랩trap[3]하거나 둘 다 적용한다. 트랩trap은 프로그램의 실행을 인터럽트interrupt해 다시는 동작하지 않도록 한다. x86과 같은 일반적인 아키텍처는 두 가지를 조합한다. 동작이 정의되지 않았으므로 이 문제에 관한 일반적인 해결책은 없지만 적어도 이런 일이 발생하기 전에 정의되지 않은 동작의 가능성을 테스트하고 적절한 조처를 할 수는 있다.

다양한 형식에 유용한 절대값 매크로를 만들려면 매크로에 형식 종속type-dependent flag 인수를 추가해야 한다. 플래그flag는 첫 번째 인수의 형식이 일치하는 *_MIN 매크로를 나타낸다. 문제가 있을 때 이 값이 반환된다.

```
#define AbsM(i, flag) ((i) >= 0 ? (i) : ((i)==(flag) ? (flag) : -(i)))

signed int si = -25; // 문제 상황을 유발하기 위해 INT_MIN을 사용한다.
signed int abs_si = AbsM(si, INT_MIN);

if (abs_si == INT_MIN)
    goto recover; // 특별한 경우
else
    printf("%d\n", abs_si); // 25를 출력한다.
```

AbsM 매크로는 최소 음수를 테스트하고 음의 기호를 붙여 정의되지 않은 동작을 발생시키는 대신 최소 음수가 발견되면 그 값을 그대로 반환한다.

일부 시스템의 C 표준 라이브러리에는 abs 함수에 INT_MIN이 인수로 전달될 때 오버플로우를 방지하기 위해 다음과 같이 int형만을 대상으로 하는 절대값 함수가 구현돼 있다.

```
int abs(int i) {
    return (i >= 0) ? i : -(unsigned)i; // 오버플로우 방지
}
```

이 경우 i는 unsigned int로 변환된 다음 음의 부호를 붙인다. 3장 뒷부분에서 이 부분

3 특정 상황이 발생했을 때 프로그램의 실행을 중단시키는 것을 의미한다. 트랩은 주로 디버깅이나 오류 검출을 위해 사용되는 개념이다. – 옮긴이

을 더 자세히 설명한다.

단항 빼기minus 연산자 -가 부호가 없는 정수 형식에 대해 정의됐다는 것은 놀라울 수도 있다. 이 연산의 결과값인 부호가 없는 정수는 결과 형식으로 표현할 수 있는 가장 큰 값보다 1이 더 큰 숫자를 법으로 하는 나머지 연산의 결과 값이다. 마지막으로 i는 return 문이 요구하는 대로 signed int 형식으로 다시 변환된다. -INT_MIN은 signed int로 표현할 수 없으므로 결과는 구현체에 정의된 값이다. 이런 이유로 이 구현은 일부 시스템에서만 사용되며 , 이러한 일부 시스템에서조차 abs 함수는 잘못된 값을 반환한다.

Abs와 AbsM 구현은 매개변수를 두 번 이상 검증하기 위해 매크로와 비슷한 함수를 사용한다. 이는 인수로 인해 프로그램 상태가 변경되는 경우 놀라운 결과가 발생할 수 있다. 이런 것을 파생 작업side effect이라고 하며 4장에서 자세히 설명한다. 반면에 함수 호출은 각 인수를 한 번만 평가한다.

부호가 없는 정수는 랩어라운드 동작이 잘 정의돼 있다. 부호가 없는 정수 오버플로우나 그럴 가능성은 항상 결함으로 간주해야 한다.

정수 상수

정수 상수integer constant 또는 정수 리터럴integer literal은 프로그램에 특정 정수값을 적용하기 위해 사용하는 상수다. 예를 들어, 카운터counter를 0으로 초기화하기 위해 선언이나 할당에서 정수 상수를 사용할 수 있다. C에서는 다른 수 체계를 사용하는 세 종류(십진수와 8진수, 16진수)의 정수 상수를 사용한다.

10진수 상수decimal constant는 항상 0이 아닌 숫자로 시작한다. 예를 들어, 아래 코드는 두 개의 10진수 상수를 사용한다.

```
unsigned int ui = 71;
int si;
si = -12;
```

위 예제 코드에서 ui를 10진수 상수 71로 초기화하고 si에는 10진수 상수 -12를 할당했다. 일반적인 정수값을 코드에서 사용할 때 10진수 상수를 사용한다.

상수가 0으로 시작하며 선택적으로 0부터 7 사이의 숫자가 뒤에 오는 경우는 8진수 상수octal constant다. 아래 예를 살펴보자.

```
int agent = 007;
int permissions = 0777;
```

위 예제 코드에서 8진수 007은 십진수 7과 같으며 8진수 상수 0777은 십진수 511과 같다. 8진수 상수는 3비트 필드field를 처리하는 경우 8진수 상수가 편리하다.

또한 10진수와 a(또는 A)부터 f(또는 F) 문자로 된 시퀀스의 앞에 접두사로 0x나 0X를 붙이면 16진수 상수hexdadecimal constant를 만들 수 있다. 예를 들면, 아래와 같다.

```
int burger = 0xDEADBEEF;
```

상수가 특정 값보다는 주소처럼 비트 패턴으로 표현하기 위해 상수를 사용하는 경우 16진수 상수를 사용한다. 관용적으로 16진수 상수 대부분은 일반적인 16진수 덤프hex dump와 비슷하므로 0xDEADBEEF와 같은 형태로 사용된다. 여러분이 사용하는 모든 16진수 상수는 이와 같은 형태로 쓰는 것이 좋다.

또한 상수에 접미사를 붙여 상수의 형식을 지정할 수도 있다. 접미사가 없는 경우 10진수 상수는 해당 형식으로 값을 표현할 수 있으면 int 형식이 된다. int로 표현할 수 없으면 long int나 long long int로 표현된다. 접미사 U는 unsigned를 L은 signed long을, 그리고 LL은 long long을 의미한다. 이런 접미사를 조합해 사용할 수 있다. 예를 들어, ULL 접미사는 unsigned long long 형식이다. 아래는 몇 가지 예다.

```
unsigned int ui = 71U;
signed long int sli = 9223372036854775807L;
unsigned long long int ui = 18446744073709551615ULL;
```

접미사를 사용하지 않고 정수 상수가 필요한 타입과 일치하지 않는다면 암시적으로 변환된다. (103쪽의 산술 변환에서 암시적 변환implicit conversion을 설명한다) 이에 따라 예상치 못한 변환이나 컴파일러 진단이 발생할 수 있으므로 원하는 정수 상수 형식으로 정확하게 지정하는 것이 가장 좋다. 정수 상수에 관한 자세한 정보는 C 표준의 6.4.4.1절에서 확인할 수 있다.

부동 소수점

부동 소수점floating-point은 컴퓨터에서 실수를 표현하는 가장 일반적인 방식이다. 부동 소수점 표현은 과학적 표기법을 사용해 숫자를 밑수base number와 지수exponent로 인코딩하는 기술이다. 예를 들어, 십진수 `123.456`은 1.23456×10^2로 표현할 수 있으며, 이진수 `0b10100.110`는 1.0100110×2^4로 표현할 수 있다.

여러 가지 방법으로 부동 소수점 표현을 만들 수 있다. C 표준은 구현체가 특정 모델을 사용해야 한다고 요구하지 않지만, 이식성을 보장하기 위해 모든 구현체가 지원해야 하는 모델을 명시하고 있다. 간단하게 하도록 부록 F(가장 일반적인 부동 소수점 형식)의 규칙conformance을 준수한다고 가정한다. 새 컴파일러에서 `__STDC_IEC_559__`나 `__STDC_IEC_60559_BFP__` `macros`의 값을 테스트해 구현이 부록 F를 준수하는지를 확인할 수 있다.

이 절에서는 부동 소수점 형식과 산술, 값, 상수에 대해 설명하므로 실수 연산을 위해 위해 이를 사용해야 하는 때와 방식, 사용하면 안 되는 경우를 알 수 있다.

부동 소수점 형식

C에는 `float`과 `double`, `long double` 세 종류의 부동 소수점 형식이 있다. `float` 형식은 결과를 단정밀도single-precision로 적절하게 표현할 수 있는 부동 소수점 계산에 사용할 수 있다. 일반적인 IEC 60559 `float` 형식은 1개의 부호 비트와 8개의 지수 비트, 그리고 23개의 유효 비트significand bit(ISO/IEC/IEEE 60559:2011)를 사용해 값을 인코딩한다.

`double` 형식은 더 높은 정밀도를 제공하지만, 추가 스토리지가 필요하다. 이 형식은

1개의 부호 비트와 11개의 지수 비트, 그리고 52개의 유효 비트를 사용해 값을 인코딩한다. 그림 3-2는 `float`과 `double` 형식을 보여준다.

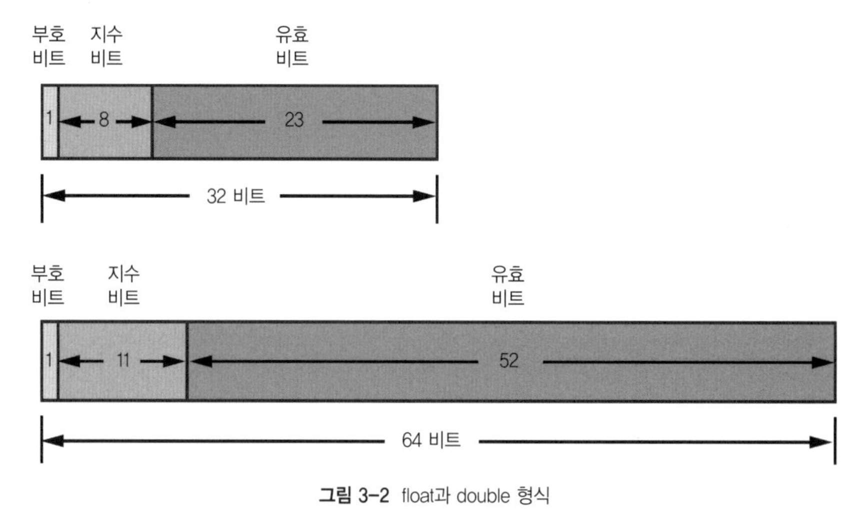

그림 3-2 float과 double 형식

각 구현체는 `long double` 형식을 다음 형식 중 하나로 할당한다.

- IEC 60559 4배정밀도 (또는 binary128)[4]
- IEC 60559 binary64-확장
- 비 IEC 60559 확장
- IEC 60559 double (또는 binary64)

컴파일러 구현자에게 권장하는 방식은 `long double` 형식을 IEC 60559 binary128이나 IEC 60559 binary64-확장에 맞추는 것이다. IEC 60559 binary64-확장은 일반적인 80비트 IEC 60559을 포함한다.

더 큰 형식은 더 높은 정밀도를 갖지만 더 많은 스토리지가 필요하다. `float`으로 표현할 수 있는 모든 값은 `double`로도 표현할 수 있으며, `double`로 표현할 수 있는 모든 값도

4 IEC 60559는 2011년 개정판에서 기본 형식에 binary128을 추가했다.

`long double`로 표현할 수 있다. 향후 버전의 표준에는 `long double`보다 큰 범위와 정밀도 또는 둘 모두를 포함하는 부동 소수점 형식이나 16비트 부동 소수점 형식과 같이 더 작은 범위와 정밀도를 갖는 부동 소수점 형식이 추가될 수 있다.

부호와 지수, 유효 비트

정수와 마찬가지로 부호 비트는 숫자가 양수나 음수인지를 나타낸다. 부호 비트가 0이면 양수이며 1이면 음수다. 지수 필드는 양수 지수와 음수 지수 모두를 나타낼 수 있어야 한다. 지수를 부호가 있는 숫자로 저장하지 않도록 저장된(stored) 지수를 얻기 위해 실제 지수에 편차(bias)가 암시적으로 추가된다. float 형식에서 편차는 127이다. 결과적으로 0의 지수를 표현하기 위해 지수 필드에 127을 저장해야 한다. 저장된 값이 200이라면 지수는 200–127 또는 73이다. (모든 지수 비트가 0인) –127과 (모든 지수 비트가 1인) +128의 지수는 특수값(special number)을 위해 예약돼 있다. 마찬가지로 배정밀도(double-precision) 숫자의 편차는 1023이다. 이는 저장된 값의 범위는 float이면 0부터 255까지이며, double이면 0부터 2047까지이다.[3]

유효 비트는 숫자의 정밀도 비트를 나타낸다. 예를 들어, 1.01000110×2^4의 값을 부동 소수점 값으로 표현하려는 경우 유효 비트는 정밀도 비트 1.0100110를 나타내며 지수는 2의 거듭제곱(power)을 나타내며, 이 예에서는 4다(Hollasch 2019).

부동 소수점 산술

부동 소수점 산술floating-point arithmetic은 실수의 산술과 비슷하며 실수의 산술을 나타내는 데 사용된다. 그러나 몇 가지 고려해야 할 점이 있다. 특히 실수 산술과는 달리 부동 소수점 숫자는 크기가 유계bounded이며 유한 정밀도finite precision를 갖는다. 덧셈과 곱셈 연산은 결합성이 성립하지 않으며, 분배법칙도 적용되지 않는다.

부동 소수점 형식은 십진수의 작은 숫자를 표현할 수 있는 경우에도 모든 실수를 정확

---

5 마이크로소프트 문서 IEEE 부동 소수점 표시(https://docs.microsoft.com/ko-kr/cpp/build/ieee-floating-point-representation?view=msvc-170) 참조 – 옮긴이

하게 표현할 수 없다. 예를 들어, 0.1과 같은 일반적인 십진수 상수는 이진 부동 소수점 숫자로 정확하게 표현할 수 없다. 부동 소수점 형식은 루프 카운터나 재무 계산 연산과 같이 다양한 응용 프로그램에 필요한 정밀도를 만족하지 않을 수 있다. 자세한 내용은 CERT C 규칙 FLP30-C(부동 소수점 변수를 루프 카운터로 사용하면 안 된다)를 참조한다.

부동 소수점 값

일반적으로 부동 소수점 형식의 모든 유효 비트는 값의 일부로 간주할 수 있지만 암시적으로 생략된 맨 앞의 1 외에도 유효 비트significant 숫자를 표현한다. 특별한 경우로 0을 나타내기 위해 지수와 유효 비트는 모두 0이어야 한다. 0은 부호 비트에 따라 +0과 -0이 되므로 양의 0과 음의 0이 있어 부동 소수점 0 값이 두 개 존재한다.

정상적인 부동 소수점 형식에서 유효 비트에는 선행leading 0이 없다. 선행 0은 지수를 조정해 제거된다. 따라서 (IEC 60559 형식의 4배정밀도 128비트를 가정했을 경우) `float`은 24개의 유효 비트significant bit 정밀도를, `double`은 53개의 유효 비트 정밀도를, `long double`은 113개의 유효 비트 정밀도를 갖는다. 이들은 정규화된normalized 숫자로 유효 비트의 전체 정밀도를 유지한다.

비정규화된 숫자nonnormalized number 또는 준정규 숫자subnormal number는 표현할 수 있는 가장 작은 값보다 작은 지수를 나타내는 매우 작은 양수와 음수로 0은 아니다. 그림 3-3은 0 주위의 준정규 값의 범위를 보여주는 수직선이다. 최소 지수로 표현되는 0이 아닌 숫자(즉, 암시적 1비트는 0으로 채워진다)는 명시적 유효 비트가 모두 1이더라도 준정규 숫자다. 비정규화된 부동 소수점 값의 정밀도는 정규화된 부동 소수점 값의 정밀도보다 낮다.

그림 3-3 준정규 숫자의 영역

부동 소수점 형식은 음의 무한대와 양의 무한대, 부동 소수점 숫자가 아닌NaN, not-anumber 값을 표현하는 데도 사용할 수 있다. NaN은 실수가 아닌 값이다. 무한대를 특수한 값으로 사용할 수 있게 되면 위의 오버플로우 상황에서도 연산을 계속할 수 있어 특별한 조치를 하지 않고도 원하는 결과를 얻을 수 있다. 예를 들어, 0이 아닌 양수나 음수를 +0이나 -0으로 나누면 양의 무한대나 음의 무한대가 된다.[6] 무한대 값의 연산은 IEEE 부동 소수점 표준에 잘 정의돼 있다.

자동quiet NaN(QNAN)은 거의 모든 산술 연산에 대해 부동 소수점 예외exception를 발생하지 않고 일반적으로 선택한 일련의 연산을 수행한 다음에 테스트한다. 신호signaling NaN(SNAN)은 산술 피연산자로 사용될 때 즉시 부동 소수점 예외floating-point exception가 발생한다. 부동 소수점 예외는 여기서 다루지 않는 고급 주제로 자세한 내용은 C 표준 부록 F를 참조한다.

`<math.h>`의 `NAN` 및 `INFINITY` 매크로와 `nan` 함수는 IEC 60559 자동 NaN과 무한대를 지정designation한다. `<math.h>`에 정의된 `SNAF`와 `SNAN`, 그리고 `SNANL` 매크로(ISO/IEC TS 18661-1:2014, ISO/IEC TS 18661-3:2015)는 IEC 60559 신호 NaN을 위한 지정을 제공한다. C 표준은 신호 NaN에 대해 완전한 지원을 요구하지 않는다.

현재 다루고 있는 부동 소수점 값의 종류를 확인하는 한 가지 방법은 `fpclassify` 함수와 비슷한 매크로를 사용하는 것이다. 이 매크로는 인수 값을 NaN이나 무한대, 정규, 비정규 또는 0으로 분류한다.

```
#include <math.h>
int fpclassify(real-floating x);
```

프로그램 3-2에서 `show_classification` 함수의 `fpclassify` 매크로를 사용해 `double` 형의 부동 소수점 값이 정규 값이나 비정규 값, 0, 무한대 또는 NaN인지를 결정한다.

프로그램 3-2 fpclassify 매크로

```
const char *show_classification(double x) {
```

6 −0과 +0은 다르지만 같은 값으로 처리된다.

```
    switch(fpclassify(x)) {
        case FP_INFINITE:  return "Inf";
        case FP_NAN:       return "NaN";
        case FP_NORMAL:    return "normal";
        case FP_SUBNORMAL: return "subnormal";
        case FP_ZERO:      return "zero";
        default:           return "unknown";
    }
}
```

함수의 인수 x(이 예에서는 double)를 결과에 따라 변환하는 fpclassify 매크로에 전달된다. 함수는 x에 저장된 값의 클래스에 해당하는 문자열을 반환한다.

부동 소수점 상수

부동 소수점 상수floating-point constant는 부호가 있는 실수를 표현하는 십진수나 16진수다. 부동 소수점 상수는 변경할 수 없는 부동 소수점 값을 표현하는 데 사용해야 한다. 아래는 부동 소수점 상수의 몇 가지 예다.

```
15.75
1.575E1   /* 15.75 */
1575e-2   /* 15.75 */
-2.5e-3   /* -0.0025 */
25E-4     /* 0.0025 */
```

모든 부동 소수점 상수는 형식을 갖는다. 형식은 아래 예와 같이 접미사가 없으면 double이고, f나 F 문자가 접미사로 붙으면 float, l이나 L의 문자가 접미사로 붙으면 long double이다.

```
10.0    /* double 형식 */
10.0F   /* float 형식 */
10.0L   /* long double 형식 */
```

산술 변환

간혹 어떤 형식(예: float)으로 표현된 값을 다른 형식(예: int)으로 표현해야 하는 경우가 있다. 예를 들어, float 형식의 개체를 int 형식의 개체만 허용하는 함수에 인수로 전달해야 할 때가 있다. 이런 변환을 형 변환cast이라고 하며, 형 변환이 필요한 경우에는 값을 새 형식으로 표현할 수 있는지를 항상 확인해야 한다. 이 문제는 109쪽의 "안전한 변환"에서 더 자세히 설명한다.

값은 암시적으로 또는 명시적으로 어떤 산술 형식에서 다른 산술 형식으로 변환될 수 있다. 형 변환 연산자를 사용해 명시적으로 변환할 수 있다. 프로그램 3-3은 형 변환 연산자의 두 가지 예를 보여준다.

프로그램 3-3 캐스트 연산자

```
int si = 5;
short ss = 8;
long sl = (long)si; ❶
unsigned short us = (unsigned short)(ss + sl); ❷
```

형 변환을 하려면 식 바로 앞에 변환하려는 형식의 이름을 괄호 안에 쓰면 된다. 형 변환은 괄호 안에 있는 형식의 이름을 한정되지 않은 형식unqualified version으로 변환한다. 위 코드에서는 si의 값을 long 형식으로 형 변환을 했다 ❶. si의 형식이 int이므로 값은 항상 더 큰 형식으로 표현할 수 있으므로 (같은 부호의 작은 정수 형식에서 더 큰 정수 형식으로의) 이 형 변환은 안전하다는 것을 보장할 수 있다.

위 코드에서 두 번째 형 변환은 ❷는 식 ss + si의 결과를 unsigned short 형으로 형 변환한다. 값이 정밀도가 낮은 부호가 없는 형식unsigned short으로 변환되므로 변환 결과는 원래의 값과 다를 수도 있다. (일부 컴파일러는 이런 형 변환에 경고를 할 수도 있다.) 위 예에서 식의 결과 13은 결과 형식으로 정확하게 표현될 수 있다.

강제 변환coercion이라고도 하는 암시적 변환implicit conversion은 필요에 따라 식에서 자동으로 이루어진다. 예를 들어, 여러 형식으로 연산하는 경우 이런 변환이 발생한다. 프로그램 3-3에서 ss를 si의 형식으로 변환하는 데 암시적 변환이 사용됐으며 공통 형식에서 덧셈 ss + si을 수행할 수 있다. 어떤 값이 어떤 형식으로 암시적 변환이 이루어지는지에 관한 규칙은 다소 복잡하며, 정수 변환 순위와 정수 확장, 일반적인 산술 변환 세 종류의 개념을 포함하고 있다. 다음 절에서 세 가지 개념을 살펴본다.

정수 변환 순위

정수 변환 순위integer conversion rank는 계산을 위한 공통 형식을 결정하는 데 사용되는 정수 형식에 대한 표준 순위 순서다. 모든 정수 형식에는 암시적으로 변환이 수행되는 시기와 방법을 결정하는 정수 변환 순위가 있다.

C 표준 6.3.1.1절의 단락 1(ISO/IEC 9899:2018)에서는 다음과 같은 경우에 모든 정수 형식이 정수 변환 순위를 갖는다고 명시하고 있다.

- 부호가 있는 두 개의 정수 형식의 표현이 같더라도 순위는 같지 않다.
- 부호가 있는 정수 형식의 순위는 더 낮은 정밀도를 갖는 부호가 있는 정수 형식보다 높다.
- long long int의 순위는 long int보다 높으며 long int의 순위는 int보다 높고 int의 순위는 signed char보다 높다.
- 부호가 없는 정수 형식의 순위는 부호가 있는 정수 형식의 순위와 같다.
- char의 순위는 signed char와 unsigned char의 순위와 같다.
- _Bool의 순위는 다른 모든 표준 정수 형식의 순위보다 낮다.
- 열거형의 순위는 호환되는 정수 형식의 순위와 같다. 각 열거형은 char나 부호가 있는 정수 형식 또는 부호가 없는 정수 형식과 호환된다.
- 같은 정밀도를 가지며 부호가 있는 확장 정수 형식의 변환 순위는 구현체에 정의돼 있지만 정수 변환 순위는 다른 규칙의 영향을 받는다.

정수 확장

작은 형식small type은 int나 unsigned int보다 낮은 변환 순위를 갖는 정수다. 정수 확장integer promotion은 작은 형식의 값을 int나 unsigned int로 변환하는 과정이다. 정수 확장을 사용하면 int나 unsigned int를 사용할 수 있는 모든 식을 작은 형식으로 표현할 수 있다. 예를 들어, 일반적으로 낮은 순위의 정수 형식 char나 short를 할당의 오른쪽에 사용하거나 함수의 인수로 사용할 수 있다.

정수 확장은 두 가지 주된 목적을 수행한다. 첫째, 아키텍처에 맞는 크기(int)로 연산하도록 권장해 성능을 높인다. 둘째, 아래 코드 예제에서 볼 수 있는 것처럼 중간값의 오버플로우로 산술 오류를 방지한다.

```
signed char cresult, c1, c2, c3;
c1 = 100; c2 = 3; c3 = 4;
cresult = c1 * c2 / c3;
```

위 코드에서 정수 확장이 없으면 c1 * c2는 unsigned char를 8비트 2의 보수 값으로 표현하는 플랫폼에서 signed char 형식의 오버플로우가 발생한다. 그 이유는 300이 이 형식의 개체를 표현할 수 있는 값의 범위인 -128부터 127 사이 안에 있지 않기 때문이다. 그러나 정수 확장으로 인해 c1, c2, c3는 암시적으로 signed int 형식의 개체로 변환되고 이 크기에서 곱셈과 나눗셈 연산을 수행한다. signed int 개체의 범위는 -2^{N-1}부터 $2^{N-1}-1$이므로 결과값을 항상 표현할 수 있어 이런 연산을 수행하는 동안 오버플로우가 발생할 가능성은 없다. 이런 특수한 예에서 전체식의 결과는 signed int 형식의 범위 안에 있는 75이므로 cresult에 저장될 때 값이 유지된다.

첫 번째 C 표준 이전의 컴파일러는 정수 확장에 부호가 없는 형식 유지와 값 유지 두 가지 접근방식 중 하나를 사용했다. 부호가 없는 형식 유지 접근방식unsigned preserving approach에서 컴파일러는 부호가 없는 작은 형식을 unsigned int로 확장한다. 값 유지 접근방식value preserving approach에서 원래 형식의 모든 값을 int로 표현할 수 있는 경우 작은 형식의 원래 값은 int로 변환된다. 원래 형식의 모든 값을 int로 표현할 수 없는 경우에는 원래 값은 unsigned int로 변환된다. 표준의 원래 버전(C89)을 개발할 때 C 표준위원회는 부호가 없는 형식 유지 접근방식보다 덜 부정확한 결과를 내는 값 유지 규칙을 결정했다. 필요한 경우 프로그램 3-3과 같이 명시적 형변환을 사용해 이 동작을 재정의할 수 있다.

부호가 없는 작은 형식의 확장 결과는 정수 형식의 정밀도에 따라 달라진다. 예를 들어, x86 아키텍처에는 8비트 char 형식과 16비트 short 형식, 32비트 int 형식이 있다. 이 아키텍처를 대상으로 구현하는 경우 더 작은 형식으로 표현할 수 있는 모든 값을 signed int로 표현할 수 있으므로 unsigned char와 unsigned short의 값은 모두 signed int로 확장된다. 그러나 인텔 8086/8088과 IBM Series/1과 같은 16비트 아키텍처에는 8비트 char 형식과 16비트 short 형식, 그리고 16비트 int 형식이 있다. 이런 아키텍처를 대상으로 구현하는 경우 unsigned char 형식의 값은 signed int로 확장되지만, unsigned short 형식의 값은 unsigned int로 확장된다. 이는 8비트 unsigned char 형식으로 표현할 수 있는 모든 값은 16비트 signed int로 표현할 수 있지만 16비트 unsigned short로 표현할 수 있는 일부 값은 16비트 signed int로 표현할 수 없기 때문이다.

일반 산술 변환

일반 산술 변환usual arithmetic conversion은 이항 연산자의 두 피연산자를 공통 형식으로 균형을 맞추거나 조건부 연산자 ? :의 두 번째와 세 번째 인수를 공통 형식으로 균형을 맞춰 공통 형식으로 산출하는 규칙이다.

균형을 맞추는balancing 변환은 다른 형식의 피연산자 중 하나 또는 두 피연산자를 모두 같은 형식으로 변경한다. *, /, %, +, -, <, >, <=, >=, ==, !=, &, ^, |, ? :를 포함해 정수 피연산자를 허용하는 많은 연산자는 일반 산술 변환을 사용해 변환을 수행한다. 일반 산술 변환은 확장된 피연산자에 적용된다.

일반 산술 변환은 먼저 균형을 맞추는 변환의 피연산자 중 하나가 부동 소수점 형식인지를 확인한다. 부동 소수점 형식이면 다음과 같은 규칙을 적용한다.

1. 피연산자 중 하나가 long double이면 다른 피연산자는 long double로 변환된다.
2. 그렇지 않고 피연산자 중 하나가 double이면 다른 피연산자는 double로 변환된다.

3. 그렇지 않고 피연산자 중 하나가 float이면 다른 피연산자는 float로 변환된다.
4. 그렇지 않으면 두 피연산자 모두에 정수 확장을 수행한다.

예를 들어, 한 피연산자가 double이고 다른 피연산자가 int라면 int 형식의 피연산자는 double 형식의 개체로 변환된다. 한 피연산자가 float이고 다른 피연산자가 double이라면 float 형식의 피연산자는 double 형식의 개체로 변환된다.

두 피연산자 모두 부동 소수점 형식이 아니면 확장된 정수 피연산자에 다음과 같은 일반 산술 변환 규칙을 적용한다.

1. 두 피연산자 모두 같은 형식이면 더 이상 변환할 필요가 없다.
2. 그렇지 않고 두 피연산자 모두 부호가 있는 정수 형식이거나 부호가 없는 정수 형식이면 더 낮은 정수 변환 순위 형식의 피연산자가 더 높은 순위 형식의 피연산자 형식으로 변환된다. 예를 들어, 한 피연산자가 int이고 다른 피연산자가 long이면 int 형식의 피연산자가 long 형식의 개체로 변환된다.
3. 그렇지 않고 부호가 없는 정수 형식의 피연산자 순위가 다른 피연산자의 형식보다 높거나 같으면 부호가 있는 형식의 피연산자가 부호가 없는 정수 형식의 피연산자 형식으로 변환된다. 예를 들어, 한 피연산자의 형식이 signed int이고 다른 피연산자가 unsigned int이면 signed int 형식의 피연산자가 unsigned int 형식의 개체로 변환된다.
4. 그렇지 않고 부호가 있는 정수 형식의 피연산자 형식이 부호가 없는 정수 형식의 피연산자 형식의 모든 값을 표현할 수 있으면 부호가 없는 정수 형식의 피연산자가 부호가 있는 형식의 피연산자 형식으로 변환된다. 예를 들어, 한 피연산자가 unsigned int이고 다른 피연산자가 signed long long이면 unsigned int 형식의 피연산자가 signed long long 형식의 개체로 변환된다. 이는 x86-32와 x86-64와 같이 32비트 int 형식과 64비트 long long 형식으로 구현한 상황에 해당한다.
5. 그렇지 않으면 두 피연산자 모두 부호가 있는 정수 형식의 피연산자 형식에 해당하는 부호가 없는 정수 형식으로 변환된다.

초기 C에 새 형식이 추가되면서 발전한 이런 변환 규칙에 익숙해지려면 다소 시간이 걸린다. 이런 패턴의 불규칙성은 기존 프로그램의 동작을 변경하지 않으려는 욕구와 결합한 다양한 아키텍처의 속성(특히, PDP-11에서 char를 int로의 자동 확장)과 (이런 제약 조건에 따른) 통일성uniformity에 대한 욕구로 인해 만들어졌다. 의심스러운 경우 형식 캐스트를 사용해 여러분이 원하는 변환을 명시적으로 수행해야 한다. 즉 캐스트는 중요한 진단을 비활성화할 수 있으므로 명시적 변환을 너무 많이 사용하지 않도록 한다.

암시적 변환의 예

아래 예제 코드는 정수 변환 순위와 정수 확장, 일반 산술 변환의 사용을 보여준다. 이 코드는 signed char 값 c와 unsigned int 값 ui의 상등equality을 비교한다. 이 코드는 x86 아키텍처에서 컴파일된다고 가정한다.

```
unsigned int ui = UINT_MAX;
signed char c = -1;

if (c == ui) {
    puts("-1은 4,294,967,295와 같다.");
}
```

변수 c의 형식은 signed char다. signed char의 정수 변환 순위는 int나 unsigned int보다 낮으므로 c에 저장된 값은 비교에 사용될 때 signed int 형식의 개체로 확장된다. 즉, 원래의 값 0xFF을 부호 확장sign-extending해 0xFFFFFFFF로 변환한다. 부호 확장은 부호가 있는 값을 더 큰 너비의 개체로 변환할 때 사용된다. 부호 비트는 확장된 개체의 각 비트 위치에 복사된다. 이 연산은 부호가 있는 작은 정수 형식의 값을 부호가 있는 큰 정수 형식으로 변환할 때 부호와 크기를 유지한다.

다음으로 코드 3번째 줄 if (c == ui) {에서 일반 산술 변환이 적용된다. 등가 연산자equal operator ==의 피연산자 c와 ui는 하나는 signed이고 다른 하나는 unsigned로 부호가 다르고 순위가 같으므로 부호가 있는 정수 형식의 피연산자는 부호가 없는 정수 형식의 피연산자 형식으로 변환된다. 그런 다음 비교가 부호가 없는 32비트 연산으로 수행된다. UINT_MAX는 c를 확장하고 변환한 값과 같은 값을 가지므로 비교 결과는 1이며 위의 예제는 다음을 출력한다.

```
-1은 4,294,967,295와 같다.
```

안전한 변환

(형 변환 연산의 결과인) 암시적 변환과 명시적 변환 모두 결과 형식으로 표현할 수 없는 값을 만들 수 있다. 변환을 피하기 위해 동일한 형식의 개체에 대해 연산을 하는 것이 좋다. 그러나 함수가 다른 형식의 개체를 반환하거나 입력 받을 때는 변환은 피할 수 없다. 이런 경우 변환이 정확하게 이루어졌는지 반드시 확인해야 한다.

정수 변환

정수 변환integer conversion은 정수 형식의 값이 다른 정수 형식으로 변환될 때 발생한다. 같은 부호의 더 큰 형식으로 변환하는 것은 항상 안전하며 확인할 필요가 없다. 결과값을 결과 형식으로 표현할 수 없다면 대부분의 다른 변환은 예기치 않은 결과가 나올 수 있다. 이런 변환을 올바르게 수행하려면 원래 정수 형식에 저장된 값이 결과 정수 형식으로 표현할 수 있는 값의 범위 안에 있는지 확인해야 한다. 예를 들어, 프로그램 3-4의 do_stuff 함수는 signed long 형식의 인수 값을 입력 받아 signed char 형식에 할당하므로, 인수 값이 signed char 범위 내에 있는 경우만 받아들인다. 함수 인수를 signed char 형식에 할당할 때 일어나는 변환을 안전하게 수행하기 위해 함수는 value가 [SCHAR_MIN, SCHAR_MAX] 범위 안에 있는 signed char로 표현할 수 있는지 확인하고 범위 밖에 있으면 오류를 반환한다.

프로그램 3-4 안전한 변환

```
#include <errno.h>
#include <limits.h>
```

```
errno_t do_stuff(signed long value) {
    if ((value < SCHAR_MIN) || (value > SCHAR_MAX)) {
        return ERANGE;
    }
signed char sc = (signed char)value; // 자동 캐스팅 경고
//--- 생략 ---
}
```

특정 범위 테스트는 변환에 따라 달라진다. 더 자세한 내용은 CERT C 규칙 INT31-C(정수 변환으로 인해 데이터가 손실되거나 잘못 해석되지 않도록 한다)를 참조한다.

정수를 부동 소수점으로 변환

정수 형식의 값을 부동 소수점 형식으로 변환할 때 정수 형식의 값을 부동 소수점 형식에서도 정확하게 표현할 수 있다면 값이 변경되지 않는다. 변환되는 값이 표현할 수 있는 값의 범위에 있지만 정확하지 않으면 결과는 구현체에 따라 표현할 수 있는 값에서 가장 가까운 큰 값이나 작은 값으로 표현할 수 있는 값으로 반올림된다. 변환되는 값이 표현할 수 있는 값의 범위를 벗어나면 변환 동작은 정의돼 있지 않다. 이 변환에 대한 자세한 내용과 예는 CERT C 규칙 FLP36-C(정수 계열 값을 부동 소수점 형식으로 변환할 때 정밀도를 유지한다)를 참조한다.

부동 소수점을 정수로 변환

부동 소수점 값을 더 큰 부동 소수점 형식으로 변환하는 것은 항상 안전하다. 부동 소수점 값을 강등demoting하는 것(즉, 더 작은 부동 소수점 형식으로의 변환)은 정수값을 부동 소수점 형식으로 변환하는 것과 비슷하다. 부록 F를 준수하는 부동 소수점 형식은 부호가 있는 무한대를 지원한다. 이런 구현에서 부동 소수점 형식의 값을 강등하는 것은 모든 값이 범위 안에 있으므로 항상 성공한다. 부동 소수점 변환에 관한 더 자세한 내용은 CERT C 규칙 FLP34-C(부동 소수점 변환 결과가 새 형식의 범위 안에 있는지 확인)를 참조한다.

요약

3장에서는 정수와 부동 소수점 형식을 살펴봤다. 또한 암시적 변환과 명시적 변환, 정수 변환 순위, 정수 확장, 일반 산술 변환에 대해서도 알아봤다. 4장에서는 다양한 개체 형식에 대해 연산을 수행하기 위해 연산자와 간단한 식을 작성하는 방법을 알아본다.

4

식과 연산자

4장에서는 연산자와 다양한 개체 형식에 대한 연산을 수행하기 위해 간단한 식을 작성하는 방법을 알아본다. 연산자(operator)는 연산하는 데 사용되는 키워드나 하나 이상의 문장 부호(punctuation) 문자다. 연산자가 하나 이상의 피연산자에 적용되면 연산자는 값을 계산하거나 파생 작업이 발생하는 식이 될 수 있다. 식(expression)은 값을 계산하거나 다른 목적을 달성하는 연산자와 피연산자의 시퀀스다. 피연산자는 식별자와 상수, 문자 리터럴, 다른 식이 될 수 있다.

4장에서는 식의 메커니즘(연산자와 피연산자, 값 계산, 파생 작업, 우선순위, 평가 순서)을 설명하기 위해 단순 할당부터 설명한다. 그런 다음 산술과 비트 단위bitwise, 형 변환, 조건부, 맞춤, 관계, 복합 할당, 쉼표 연산자를 포함한 특정 연산자를 살펴본다. 앞에서 이런 연산자와 식을 많이 소개했으므로 여기서는 연산자의 동작과 사용 방법을 알아본다. 마지막으로 포인터 산술에 관해 설명한다.

단순 할당

단순 할당simple assignment은 왼쪽 피연산자로 지정한 개체의 값을 오른쪽 피연산자의 값으로 대체한다. 오른쪽 피연산자의 값은 할당식의 형식으로 변환된다. 단순 할당은 아래 예와 같이 왼쪽 피연산자와 할당 연산자(=), 오른쪽 피연산자 세 가지로 구성된다.

```
int i = 21; // 이니셜라이저로 선언
int j = 7;  // 이니셜라이저로 선언
i = j;      // 단순 할당
```

위 코드의 처음 두 줄은 값이 21인 i와 값이 7인 j를 정의하고 초기화하는 선언이다. 이니셜라이저initializer는 식을 사용하지만, 그 자체가 할당식assignment expression은 아니다.

세 번째 줄에 단순 할당이 있다. 코드를 컴파일하기 위해 단순 할당과 같은 식에 있는 모든 식별자를 정의하거나 선언해야 한다.

단순 할당에서 r-value는 l-value 값의 형식으로 변환된 다음 l-value로 지정된 개체에 저장된다. 할당 i = j에서 j의 값을 읽은 다음 i에 쓴다. i와 j 모두 같은 int 형식이므로 변환은 필요치 않다. 할당 식은 할당 결과의 값과 왼쪽 값의 형식을 갖는다.

단순 할당에서 왼쪽 피연산자를 l-value라고 한다. l-value에서 l은 원래 왼쪽 피연산자에서 비롯된 것이지만 개체를 지정해야 하므로 로케이터 값locator value을 나타낸다고 생각하는 것이 더 바람직하다. 위 예에서 두 개체 i와 j에 대한 식별자는 모두 l-value다. l-value는 메모리의 개체를 참조하는 경우 *(p+4)와 같은 식이 될 수 있다.

오른쪽 피연산자도 식이 될 수 있지만 단순히 값이 될 수 있으며 개체를 식별할 필요가 없다. 이 값을 r-value(오른쪽 피연산자)나 식 값expression value이라고 한다. 위 예제 코드의 형식과 값을 사용하는 아래 문에서 볼 수 있듯이 r-value는 개체를 참조할 필요가 없다.

```
j = i + 12; // j의 값은 이제 19다.
```

식 i + 12는 결과를 저장하는 기본 개체가 없으므로 l-value가 아니다. 대신 i 자체는 덧셈 연산의 피연산자로 사용되는 r-value로 자동 변환되는 l-value다. 덧셈 연산의 결과값(이와 관련된 메모리 위치가 없음)도 r-value다. C는 l-value와 r-value가 나타날 수 있는 위치를 제한한다. 아래 코드는 l-value와 r-value의 올바른 사용과 잘못된 사용을 보여준다.

```
int i;
i = 5; // i는 l-value, 5는 r-value
int j = i; // l-value는 할당의 오른쪽에 있을 수 있다.
7 = i; // 에러: r-value는 할당의 왼쪽에 있으면 안 된다.
```

r-value는 항상 연산자의 오른쪽에 있어야 하므로 위에서 할당 `7 = i`는 동작하지 않는다. 아래 예에서 오른쪽 피연산자는 할당 식과 다른 형식을 가지므로 `i`의 값은 먼저 `signed char`로 변환된다. 그런 다음 괄호 안에 있는 식의 값은 `long int`로 변환된다.

```
signed char c;
int i = INT_MAX;
long k;
k = (c = i);
```

할당은 실제 제약 조건을 처리할 수 있어야 한다. 특히 값이 너비가 좁은 형식으로 변환되는 경우 단순 할당으로 인해 값을 잘라낼^truncation^ 수 있다. 3장에서 설명한 것처럼 각 개체는 고정 바이트 크기의 스토리지를 필요로 한다. `i`의 값은 항상 (같은 부호에서 더 큰 형식인) `k`로 표현할 수 있다. 그러나 위 예에서 `i`의 값은 (할당 식 `c = i`의 형식인) `signed char`로 변환된다. 그런 다음 괄호 안 식의 값은 외부 할당 식의 형식인 `long int`로 변환된다. `c`의 비트 수가 `i`에 저장된 값을 표현하기에 적은 경우 `SCHAR_MAX`보다 큰 값은 잘리므로 `k`에 저장된 최종값은 잘리게^truncated^ 된다. 값이 잘리지 않도록 하려면 발생할 수 있는 모든 값을 표현할 수 있도록 충분히 넓은 너비의 형식을 선택하거나 오버플로우를 확인해야 한다.

평가

이제 단순 할당을 살펴봤으므로 잠시 뒤로 물러나 식이 실제로 평가되는 방식을 알아보자. 평가^evaluation^는 주로 식을 단일 값으로 단순화하는 것을 의미한다. 그러나 식 평가는 값 계산^computation^과 파생 작업의 시작^initiation^을 모두 포함할 수 있다.

값 계산value computation은 식 평가의 결과값을 계산하는 것이다. 최종값 계산은 개체의 정체성identity 결정이나 이전에 개체에 할당된 값 읽기를 포함할 수 있다. 예를 들어, 아래 식은 i, a, a[i]의 정체성을 결정하기 위해 몇 가지 값 계산이 포함돼 있다.

```
a[i] + f() + 9
```

위에서 f는 개체가 아니라 함수이므로 식 f()는 f의 정체성을 결정하는 것을 포함하지 않는다. 피연산자의 값 계산은 연산자의 결과값 계산 전에 이루어져야 한다. 이 예에서 개별 값 계산은 a[i]의 값을 읽고 함수 f를 호출하고 그 결과로 반환되는 값을 결정한다. 그런 다음 세 번째 계산은 이 값들을 더해 전체 식에 대해 반환되는 값을 얻는다. a[i]가 int의 배열이고 f()가 int를 반환하면 식의 결과는 int 형식이 된다.

파생 작업은 실행 환경의 상태에 대한 변경이다. 파생 작업에는 개체에 쓰기나 volatile-한정 형식의 개체qualified object에 대한 접근(읽기와 쓰기), 입출력, 할당, 또는 이런 작업을 모두 수행하는 함수 호출이 있다. 위 예를 약간 수정해 할당을 추가한다. j에 저장된 값을 업데이트하는 것은 할당의 파생 작업이다.

```
int j;
j = a[i] + f() + 9;
```

j에 할당하는 것은 실행 환경의 상태를 바꾸는 파생 작업이다. 함수 f의 정의에 따라 f를 호출하는 것도 파생 작업이 될 수 있다.

함수 호출

함수 지정자function designator는 함수 형식을 갖고 함수를 호출하는 데 사용되는 식이다. 아래 함수 호출에서 max는 함수 지정자다.

```
int x = 11;
```

```
int y = 21;
int max_of_x_and_y = max(x, y);
```

max 함수는 두 개의 인수 중 더 큰 값을 반환한다. 식에서 함수 지정자는 컴파일 시 함수 반환 형식에 대한 포인터pointer-to-function returning type로 변환된다. 각 인수의 값은 해당 매개변수의 (비정규화된 버전의) 형식의 개체에 할당할 수 있는 형식이어야 한다. 인수의 개수와 형식은 함수에서 받아들이는 매개변수의 개수 및 형식과 일치해야 한다. 여기서는 두 개의 정수 인수를 의미한다. 또한 C는 가변 개수의 인수를 허용하는 가변 인수 함수variadic function를 지원한다. printf 함수가 가변 인수 함수의 예다.

프로그램 4-1에서 볼 수 있듯이 한 함수를 다른 함수로 전달할 수도 있다.

프로그램 4-1 한 함수를 다른 함수로 전달

```
int f(void) {
    // --- 생략 ---
    return 0;
}

void g(int (*func)(void)) {
    // --- 생략 ---
    if (func() != 0)
        printf("g failed\n";
    // --- 생략 ---
}
// --- 생략 ---

g(f); //  함수-포인터 인수로 g를 호출한다.
// --- 생략 ---
```

위 코드는 f로 지정된 함수 주소를 다른 함수 g로 전달한다. 함수 g는 인수를 허용하지 않고 int를 반환하는 함수에 대한 함수 포인터를 허용한다. 인수로 전달된 함수는 암시적으로 함수 포인터로 변환된다. 이 내용을 함수 g에서 명확하게 정의할 수 있는데, 이에 해당하는 선언은 void g(int func(void))다.

증가 및 감소 연산자

증가^{increment} 연산자 ++와 감소decrement 연산자 --는 수정할 수 있는 l-value를 각각 증가시키거나 감소시킨다. 피연산자가 하나이므로 두 개 모두 단항 연산자다.

이런 연산자는 피연산자 앞에 오는 접두사 연산자prefix operator나 피연산자 뒤에 오는 접미사 연산자postfix operator로 사용할 수 있다. 접두사와 접미사 연산자는 다르게 동작하기 때문에 퀴즈와 인터뷰에서 교묘한 질문으로 사용된다. 접두사 증가prefix increment는 값을 반환하기 전에 값이 증가하지만, 접미사 증가postfix increment는 값을 반환한 다음 값이 증가한다. 프로그램 4-2는 접두사 또는 접미사 증가(또는 감소) 연산을 수행하고 결과를 e에 할당하는 이런 동작의 예를 보여준다.

프로그램 4-2 접두사 및 접미사 증감 연산자

```
int i = 5;
int e; //표현식 결과
e = i++; // 접미사 증가: i의 값은 6; e의 값은 5
e = i--; // 접미사 감소: i의 값은 5; e의 값은 6
e = ++i; // 접두사 증가: i의 값은 6; e의 값은 6
e = --i; // 접두사 감소: i의 값은 5; e의 값은 5
```

위 예에서 i++ 연산은 바뀌지 않은 값 5를 반환한 다음 e에 할당한다. 그런 다음 연산의 파생 작업으로 i의 값이 증가한다.

접두사 증가 연산자는 피연산자의 값을 증가시키고 식은 값이 증가한 피연산자의 새 값을 반환한다. 결과적으로 식 i++는 i를 한 번만 평가한다는 점을 제외하고 i = i + 1와 같다. 위 예에서 ++i 연산은 증가한 값 6을 반환한 다음 e에 할당한다.

연산자 우선순위 및 결합성

수학 및 컴퓨터 프로그래밍에서 연산 순서order of operation 또는 연산 우선순위operator precedence는 주어진 식에서 수행해야 하는 연산의 순위를 지시하는 규칙의 모음이다. 예를 들어, 곱셈은 일반적으로 덧셈보다 우선순위가 높다. 따라서 식 2 + 3×4는 (2 + 3)×4 = 20이 아니라 2 + (3×4) = 14로 해석한다.

결합성associativity은 명시적인 괄호를 사용하지 않을 때 우선순위가 같은 연산을 그룹화하는 방법을 결정한다. 인접한 연산자adjacent operator의 우선순위가 같다면 결합성에 따라 먼저 적용할 연산이 결정된다.

왼쪽 결합성left-associativity 연산자는 연산을 왼쪽에서 오른쪽으로 그룹화하지만, 오른쪽 결합성right-associativity 연산자는 연산을 오른쪽에서 왼쪽으로 그룹화한다. 그룹화grouping는 암시적으로 괄호를 사용한다고 생각할 수 있다. 예를 들어, 덧셈 연산자 +는 왼쪽 결합성을 가지므로 `a + b + c`는 `((a + b) + c)`라고 해석한다. 할당 연산자는 오른쪽 결합성을 가지므로 식 `a = b = c`는 `(a = (b = c))`로 해석한다.

표 4-1은 언어 구문에 명시된 C 연산자의 우선순위와 결합성을 보여준다[1]. 표 4-1은 연산자를 우선순위 내림차순으로 정렬한 것이다.

표 10-1 관찰값에 대한 실제 값과의 차이 그리고 빈도 수

우선순위	연산자	설명	결합성
0	(...)	강제 그룹화	왼쪽에서 오른쪽
1	== -- () [] . -> (type){list}	접미사 증가와 감소 함수 호출 배열 첨자 구조체와 공용 구조체 멤버 접근 포인터를 통한 구조체와 공용 구조체 멤버 접근 복합 리터럴	왼쪽에서 오른쪽
2	++ -- + - ! ~ (type) * & sizeof _Alignof	접두사 증가와 감소 단항 양의 부호와 음의 부호 논리 연산자 NOT과 비트 NOT 연산자 형 변환 간접참조(역참조) 주소 크기 맞춤 요구 사항	오른쪽에서 왼쪽

1 이 표는 C++ 참조 웹사이트(https://en.cppreference.com/w/c/language/operator_precedence.)의 C 연산자 우선순위에서 가져온 것이다.

<table>
<tr><th>우선순위</th><th>연산자</th><th>설명</th><th>결합성</th></tr>
<tr><td>3</td><td>* / %</td><td>곱하기, 나누기, 나머지</td><td>왼쪽에서 오른쪽</td></tr>
<tr><td>4</td><td>+ -</td><td>더하기와 빼기</td><td></td></tr>
<tr><td>5</td><td><< >></td><td>비트 왼쪽 시프트와 오른쪽 시프트</td><td></td></tr>
<tr><td>6</td><td>< <=
> >=</td><td>관계형 연산자 <와 ≤
관계형 연산자 >와 ≥</td><td></td></tr>
<tr><td>7</td><td>== !=</td><td>같거나 같지 않음</td><td></td></tr>
<tr><td>8</td><td>&</td><td>비트 AND</td><td></td></tr>
<tr><td>9</td><td>^</td><td>비트 XOR (배타적 비트 OR)</td><td></td></tr>
<tr><td>10</td><td>|</td><td>비트 OR (포괄적 비트 OR)</td><td></td></tr>
<tr><td>11</td><td>&&</td><td>논리 AND</td><td></td></tr>
<tr><td>12</td><td>||</td><td>논리 OR</td><td></td></tr>
<tr><td>13</td><td>?:</td><td>조건부 연산자</td><td>오른쪽에서 왼쪽</td></tr>
<tr><td>14</td><td>=
+= -=
*= /= %=
<<= >>=
&= ^= |=</td><td>단순 할당
합과 차에 의한 할당
곱, 몫, 나머지에 의한 할당
비트 왼쪽 시프트와 오른쪽 시프트에 의한 할당
비트 AND, XOR, OR에 의한 할당</td><td></td></tr>
<tr><td>15</td><td>,</td><td>순차적 계산 식</td><td>왼쪽에서 오른쪽</td></tr>
</table>

때로는 연산자 우선순위가 직관적일 수 있지만 때로는 오해의 소지가 있을 수 있다. 예를 들어, 접미사 연산자 ++와 --는 접두사 연산자 ++와 --보다 우선순위가 더 높으며 단항 연산자 *와는 우선순위가 같다. 더욱이 p가 포인터라면 *p++는 *(p++)와 같으며 접두사 연산자 ++와 단항 연산자 *는 오른쪽 결합성을 가지므로 ++*p는 ++(*p)와 같다. 두 연산자의 우선순위와 결합성이 같다면 왼쪽에서 오른쪽으로 평가한다. 프로그램 4-3은 이런 연산자 간의 우선순위 규칙을 보여준다.

프로그램 4-3 연산자 우선순위

```
char abc[] = "abc";
char xyz[] = "xyz";

char *p = abc;
```

```
printf("%c", ++*p);

p = xyz;
printf("%c", *p++);
```

위 식에서 포인터 ++*p는 먼저 역참조돼 'a'가 된다. 그런 다음 이 값이 증가해 'b'가 된다. 반면에 포인터 *p++는 먼저 값이 증가해 'y'를 참조한다. 그러나 접미사 증가 연산자의 결과는 피연산자의 값이므로 원래 포인터 값을 역참조해 'x'가 된다. 결과적으로 위 코드는 문자 bx를 출력한다. 괄호를 사용해 연산 순서를 바꾸거나 명확히 할 수 있다.

평가 순서

모든 하위식subexpression의 평가 순서order of evaluation를 포함해 모든 C 연산자의 피연산자에 대한 평가 순서는 일반적으로 지정돼 있지 않다. 컴파일러는 임의의 순서로 평가하고 같은 식을 다시 평가할 때 다른 순서를 선택할 수도 있다. 이런 자유재량latitude을 통해 컴파일러는 가장 효율적인 순서를 선택해 더 빠른 코드를 만들어 낼 수 있다. 평가 순서는 연산자 우선순위와 결합성의 제한을 받는다.

프로그램 4-4는 함수 인수에 대한 평가 순서를 보여준다. 앞에서 정의한 max 함수를 두 개의 인수로 호출하며, 이는 각각 함수 f와 g를 호출한 결과다. max에 전달된 식의 평가 순서는 지정되지 않았으므로 f와 g가 다른 순서로 호출될 수 있다.

프로그램 4-4 함수 인수에 대한 평가 순서

```
int glob; // 0으로 초기화된 정적 스토리지
int f(void) {
    return glob + 10;
}

int g(void) {
    glob = 42;
    return glob;
}
```

```
int main(void) {
    int max_value = max(f(), g());
    // --- 생략 ---

}
```

전역 변수global variable glob은 f와 g 두 함수가 모두 접근하므로 공유 상태shared state에 의존한다. 함수의 반환 값을 계산할 때 인수로 max에 전달된 값은 컴파일러마다 다를 수 있다. f를 먼저 호출하면 10을 반환하지만, 나중에 호출하면 52가 반환된다. 함수 g는 평가 순서에 상관없이 항상 42를 반환한다. 따라서 (두 값 중 큰 값을 반환하는) max 함수는 인수의 평가 순서에 따라 42나 52를 반환한다. 위 코드가 제공하는 유일한 순차적 평가 보증은 f와 g가 모두 max 이전에 호출되며 f와 g의 실행이 인터리브interleave[2]하지 않다는 것이다.

위 코드를 항상 예측할 수 있고 이식할 수 있는 방식으로 동작하도록 아래와 같이 다시 작성할 수 있다.

```
int f_val = f();
int g_val = g();
int max_value = max(f_val, g_val);
```

위와 같이 수정한 프로그램은 변수 f_val을 초기화하기 위해 f를 호출한다. 이는 변수 g_val을 초기화하기 위한 후속 선언에서 호출되는 함수 g를 실행하기 전에 순차적으로 계산되는 것을 보장한다. 다른 평가 전에 다른 평가가 순차적으로 이뤄지면 첫 번째 평가는 반드시 두 번째 평가가 시작되기 전에 끝나야 한다. 예를 들어, 시퀀스 위치sequence point를 사용해 개체가 별도의 평가 일부로 읽히기 전에 기록되도록 보장할 수 있다. 하나의 완전한 식과 다음 완전한 식 평가 간에 시퀀스 위치가 존재하므로 g가 실행되기 전에 f가 먼저 실행된다는 것이 보장된다. 시퀀스 위치는 다음 절에서 자세히 설명한다.

2 다중 프로그래밍에서와 같이 한 프로그램의 부분을 다른 프로그램에 끼워서 결과적으로는 2개의 프로그램이 동시에 수행되도록 하는 방법. 프로그램뿐만 아니라 데이터를 위해 기억 장치에 효과적으로 접근하기 위해 연속적으로 필요한 데이터를 다른 기억 장치에 번갈아 기억시키는 방법도 인터리브라고 한다. – 출처: 정보통신용어사전

비순차적 평가와 규정되지 않은 순차적 평가

비순차적 평가를 실행하는 것은 인터리브할 수도 있는데, 이는 실행이 순차적이고 일관성이 있다면sequentially consistent, 즉 프로그램에서 지정한 순서대로 읽기와 쓰기를 수행한다면 명령어를 어떤 순서로든 실행할 수 있다는 것을 의미한다(Lamport 1979).

일부 평가는 규정되지 않은 순서를 따르며indeterminately sequenced, 이는 인터리브할 수는 없지만, 여전히 어떤 순서로든 실행할 수 있다는 것을 의미한다. 예를 들어, 아래 코드는 몇 가지 값 계산과 파생 작업이 포함돼 있다.

```
printf("%d\n", ++i + ++j * --k);
```

i, j, k의 값은 해당 값들이 증가하거나 감소하기 전에 읽어야 한다. 이는 예를 들어, 증가 파생 작업 전에 i의 값을 읽어야 한다는 것을 의미한다. 마찬가지로 곱셈 연산자의 피연산자에 대한 모든 파생 작업은 곱셈하기 전에 끝나야 한다. 마지막으로 연산자 우선순위 규칙으로 인해 덧셈하기 전에 곱셈이 끝나야 하며, 덧셈을 하기 전에 덧셈 연산자의 피연산자에 대한 모든 파생 작업이 끝나야 한다. 예를 들어, k가 감소하기 전에 j가 증가할 필요가 없으므로, 이런 제약 조건은 이런 연산 간에 부분 순서partial ordering를 정한다. 이 식의 비순차적 평가unsequenced evaluation는 어떤 순서로든 수행할 수 있다. 이렇게 하면 컴파일러는 레지스터register에서 연산과 캐시 값cache value을 재정렬해reordering 전체 실행 속도를 높일 수 있다. 반면에 함수 실행은 규정되지 않은 순서를 따르며 서로 인터리브하지 않는다.

시퀀스 포인트

시퀀스 포인트sequence point는 모든 파생 작업이 끝나는 분기점juncture이다. 파생 작업은 언어에서 암시적으로 정의하고 있지만 여러분 프로그램의 논리를 지정하는 방식으로 파생 작업이 발생하는 위치를 제어할 수 있다.

시퀀스 포인트는 C 표준의 부록 C에 열거돼 있다. 시퀀스 포인트는 하나의 전체 식full expression(다른 식이나 선언의 일부가 아닌 식)과 평가할 다음 전체 식 간에 발생한다. 시퀀스 포인트는 호출된 함수로 들어가거나 빠져나올 때도 발생한다.

같은 스칼라에 대한 다른 파생 작업이나 같은 스칼라 개체의 값을 사용하는 값 계산과 관련해 파생 작업이 비순차적이라면 코드는 정의되지 않은 동작을 한다. 스칼라 형식scalar type은 산술 형식이거나 포인터 형식이다. 아래 코드에서 식 `i++ * i++`는 `i`에 대해 두 가지 비순차적 연산을 수행한다.

```
int i = 5;
printf("Result = %d\n", i++ * i++);
```

위의 코드가 값 30을 출력한다고 생각할 수도 있지만, 위의 코드가 정의되지 않은 동작을 하므로 이 결과는 보장되지 않는다. 결과적으로 전체 식에 모든 파생 작업 연산을 배치해 값을 읽기 전에 파생 작업이 끝나도록 보장할 수 있다. 정의되지 않은 동작을 제거하기 위해 위의 코드를 다음과 같이 다시 작성할 수 있다.

```
int i = 5;
int j = i++;
int k = i++;
printf("Result = %d\n", j * k);
```

이제 위의 코드는 모든 파생 작업 연산 간의 시퀀스 포인트를 포함한다. 그러나 원래 코드에는 정의된 의미가 없으므로 이렇게 다시 작성한 코드가 프로그래머의 원래 의도를 나타내는지는 알 수가 없다. 시퀀스 포인트를 생략하기로 했다면 파생 작업의 순서를 완벽히 이해하고 있어야 한다. 위의 코드는 동작을 변경하지 않고 아래 코드로 다시 작성할 수도 있다.

```
int i = 5;
int j = i++;
printf("Result = %d\n", j * i++);
```

이제 식의 메커니즘을 설명했으므로 `sizeof` 연산자부터 시작해 특정 연산자를 설명할 것이다.

sizeof 연산자

sizeof 연산자를 사용해 피연산자의 바이트 크기를 알아낼 수 있다. 구체적으로 sizeof 연산자는 크기를 나타내는 size_t 형식의 부호가 없는 정수를 반환한다. 스토리지 할당과 복사를 포함한 대부분의 메모리 연산을 위해 피연산자의 정확한 크기를 알아야 한다. size_t 형식은 <stddef.h>와 다른 헤더 파일에 정의돼 있다. size_t를 참조하는 코드를 컴파일하려면 이런 헤더 파일 중 하나를 포함해야 한다.

아래와 같이 완전한 개체 형식의 평가되지 않은 식이나 이런 형식의 이름을 괄호 안에 넣어 sizeof 연산자에 전달할 수 있다.

```
int i;
size_t i_size = sizeof i; // 개체 i의 크기
size_t int_size = sizeof(int); // int 형식의 크기
```

식을 괄호로 묶어도 피연산자의 크기를 계산하는 방식이 바뀌지 않으므로 sizeof의 피연산자를 괄호로 묶는 것이 항상 안전하다. 피연산자가 가변 길이의 배열이 아니라면 sizeof 연산자를 호출한 결과는 상수 식constant expression이다. sizeof의 피연산자는 평가되지 않는다.

사용할 수 있는 스토리지의 비트 수를 결정해야 하는 경우 바이트에 포함된 비트 수를 제공하는 CHAR_BIT에 개체의 크기를 곱하면 된다. 예를 들어, 식 CHAR_BIT * sizeof(int)는 int 형식 개체의 비트 수를 계산한다.

문자 형식 이외의 개체 형식은 값 표현 비트뿐만 아니라 패딩을 포함할 수 있다. 서로 다른 대상 플랫폼은 엔디언endianness[3]이라고 하는 다른 방식으로 바이트를 여러 바이트 워드multiple-byte words로 묶을 수 있다. 이런 모든 변형은 호스트간 통신을 위해 외부 형식에 대한 표준을 채택하고 형식 변환 함수를 사용해 외부 데이터의 배열을 여러 바이트의 네이

3 이 용어는 Jonathan Swift의 1726년 풍자 소설인 걸리버 여행기에서 유래됐다. 걸리버 여행기에서는 삶은 달걀을 깰 때 두꺼운 쪽을 깰 것인지 얇은 쪽을 깰 것인지를 놓고 내전을 한다.

티브 개체native object로 마샬링marshalling[4]해야 한다.

산술 연산자

산술 형식에 대해 산술 연산을 수행하는 여러 연산자는 다음 절에서 자세히 소개한다. 이런 연산자 중 일부는 비산술 피연산자와 함께 사용할 수도 있다.

단항 연산자 +와 -

단항 연산자 +와 -는 산술 형식의 단일 피연산자에 대해 연산한다. - 연산자는 피연산자의 음수값을 반환한다(즉, 피연산자에 -1을 곱한 것처럼 동작한다). 단항 연산자 +는 단순히 값을 반환한다. 이런 연산자는 주로 양수와 음수를 표현하기 위해 존재한다.

피연산자가 작은 정수 형식이면 피연산자는 확장되며(3장 참조) 연산 결과는 확장된 형식promoted type이다. C에는 음의 정수 상수가 없다. -25와 같은 값은 실제로 단항 연산자 -가 25 앞에 있는 `int` 형식의 `r-value`다.

논리 부정 연산자

단항 논리 부정 연산자 !의 결과는 다음과 같다.

- 피연산자의 값이 0이 아니면 결과는 0이다.
- 피연산자의 값이 0이면 결과는 1이다.

피연산자는 스칼라 형식이다. 결과는 역사적인 이유로 인해 `int` 형식이 된다. 식 `!E`는 `(0 == E)`와 같다. 논리 부정 연산자는 주로 `null` 포인터를 확인하는 데 자주 사용된다. 예를 들어, `!p`는 `(NULL == p)`와 같다.

4 컴포넌트가 데이터를 전달하기 위해 함수의 변수와 반환 값까지 변환해 보내는 전송 기술이다. – 출처: 정보통신용어사전

곱하기 연산자

이항 곱하기 연산자multiplicative operator에는 곱셈(*)과 나눗셈(/), 나머지(%)가 있다. 일반 산술 변환은 공통 형식을 찾기 위해 곱하기 피연산자에 대해 암시적으로 수행된다. 부동 소수점과 정수 피연산자를 모두 곱하고 나눌 수 있지만 나머지는 정수 피연산자에 대해서만 동작한다.

다양한 프로그래밍 언어는 유클리드Euclidean, 하한flooring, 자르기truncating를 포함해 다양한 종류의 정수 나눗셈 연산을 구현한다. 유클리드 나눗셈Euclidean division에서 나머지는 항상 음수가 아니다(Boute 1992). 하한 나눗셈flooring division에서 몫은 음의 무한대 방향으로 반올림된다(Knuth 19997). 잘라내기 나눗셈truncating division에서 / 연산자의 결과는 분수 부분fractional part이 삭제된 대수적 몫algebraic quotient이다. 이를 흔히 0의 방향으로 잘라내기 truncation toward zero라고 한다.

C 프로그래밍 언어는 잘라내기 나눗셈을 구현한다. 즉 표 4-2와 같이 나머지는 항상 나뉠 수(피제수)dividend와 같은 부호를 갖는다.

표 4-2 자르기 나눗셈

/	몫	%	나머지
10 / 3	3	10 % 3	1
10 / -3	-3	10 % -3	1
-10 / 3	-3	-10 % 3	-1
-10 / -3	3	-10 % -3	-1

일반화하기 위해 a / b의 몫을 표현할 수 있다면 식 (a / b) * b + a % b는 a와 같다. 그렇지 않으면 약수divisor의 값이 0과 같거나 a / b가 오버플로우되면 a / b와 a % b는 모두 정의되지 않은 동작을 한다.

% 연산자의 동작을 이해하는 데 시간을 들일 필요가 있다. 예를 들어, 아래 코드는 정수가 홀수인지를 테스트하는 is_odd라는 잘못된 함수를 정의한다.

```
bool is_odd(int n) {
    return n % 2 == 1;
}
```

나머지 연산 결과는 항상 나뉠 수 n의 부호와 같으므로 n이 음수이고 홀수면 n % 2는 -1을 반환하고 함수는 false를 반환한다.

올바른 대안 솔루션은 (0의 나머지는 나뉠 수의 부호에 상관없이 같으므로) 나머지가 0인지를 확인하는 것이다.

```
bool is_odd(int n) {
    return n % 2 != 0;
}
```

많은 CPU는 나머지를 나눗셈 연산자의 일부로 구현한다. 나눗셈 연산자는 나뉠 수가 부호가 있는 정수 형식의 최소 음수 값과 같고 약수가 -1과 같으면 오버플로우될 수 있다. 이런 나머지 연산의 수학적 결과가 0인 경우에도 이런 일이 발생한다.

C 표준 라이브러리는 fmod를 포함해 부동 소수점 나머지와 잘라내기[truncation], 반올림 함수를 제공한다.

더하기 연산자

이항 더하기 연산자[additive operator]에는 덧셈(+)과 뺄셈(-)이 있다. 덧셈과 뺄셈은 산술 형식의 두 피연산자에 적용될 수 있지만, 이 연산자를 사용해 크기를 조정한 포인터 산술[scaled pointer arithmetic]을 수행할 수도 있다. 여기서는 산술 형식에 대한 연산만 설명하고 4장의 뒷부분에서 포인터 산술을 자세히 설명한다.

이항 연산자 +는 두 피연산자를 합한다. 이항 연산자 -는 왼쪽 피연산자에서 오른쪽 피연산자를 뺀다. 일반적인 산술 변환은 두 연산 모두에 대해 산술 형식의 피연산자를 대상으로 이루어진다.

비트 연산자

비트 연산자bitwise operator를 사용해 개체의 비트나 정수의 표현을 조작할 수 있다. 일반적으로 비트 연산자는 비트맵bitmap을 표현하는 개체에 사용된다. 각 비트는 무언가가 '켜짐on'이나 '꺼짐off', '활성화됨enabled'이나 '비활성화됨disabled', 또는 다른 두 개의 쌍을 나타낸다.

이런 비트로 표현되는 값에는 상관없이 비트 연산자(| & ^ ~)는 비트를 순수한 이진 모델로 처리한다.

```
  1 1 0 1 = 13
^ 0 1 1 0 = 6
= 1 0 1 1 = 11
```

부호 비트가 비트맵 안에서 값으로 더 잘 사용될 수 있고 값에 대한 연산이 정의되지 않은 동작에 덜 취약하므로 비트맵은 부호가 없는 정수 형식으로 가장 잘 표현된다.

보수 연산자

단항 보수unary complement 연산자 ~는 정수 형식의 단일 피연산자에 대해 작동하고 피연산자의 비트 보수bitwise complement, 즉 원래 값의 각 비트가 뒤바뀐 값을 반환한다. 예를 들어, 보수 연산자는 POSIX `umask`를 적용하는 데 사용된다. 파일의 권한 모드permission mode는 마스크mask의 보수와 프로세서가 요청한 권한 모드 설정setting 간의 논리 AND 연산의 결과다. 피연산자에 대해 정수 확장이 수행되고 결과는 확장된 형식이다. 예를 들어, 아래 코드는 ~ 연산자를 `unsigned char` 형식의 값에 적용한다.

```
unsigned char uc = UCHAR_MAX; // 0xFF
int i = ~uc;
```

8비트 `char` 형식과 32비트 `int` 형식을 사용하는 아키텍처에서 `uc`에 `0xFF`가 할당된다. `uc`가 ~ 연산자의 피연산자로 사용되면 `uc`는 해당 값에 0 확장zero-extending을 통해 32비트

`signed int`로 확장돼 `0x000000FF`가 된다. 이 값의 보수는 `0xFFFFFF00`이다. 따라서 이 플랫폼에서 `unsigned short` 형식은 항상 `signed int` 형식의 음수가 된다. 일반적인 정책으로 그리고 이런 결과를 방지하기 위해 모든 비트 조작은 충분히 넓은 부호가 없는 정수 형식을 사용해야 한다.

시프트 연산자

시프트 연산자shift operator는 정수 형식의 피연산자 각 비트의 값을 지정된 위치 수만큼 시시프트한다(위치 이동시킨다). 시프트는 일반적으로 시스템 프로그래밍에 사용되며 비트 마스크bit mask가 대표적이다. 또한 시프트는 데이터를 압축하거나 압축을 해제하기 위해 네트워크 프로토콜이나 파일 형식을 관리하는 코드에도 사용된다. 시프트에는 아래처럼 왼쪽 시프트left-shift 연산이 있으며

```
시프트 식 << 추가 식
```

그리고 아래처럼 오른쪽 시프트right-shift 연산도 있다.

```
시프트 식 >> 추가 식
```

시프트 식shift expression은 시프트할 값이고 추가 식additive expression은 값을 시프트할 비트 수다. 그림 4-1은 논리적 왼쪽 1비트 시프트를 보여준다.

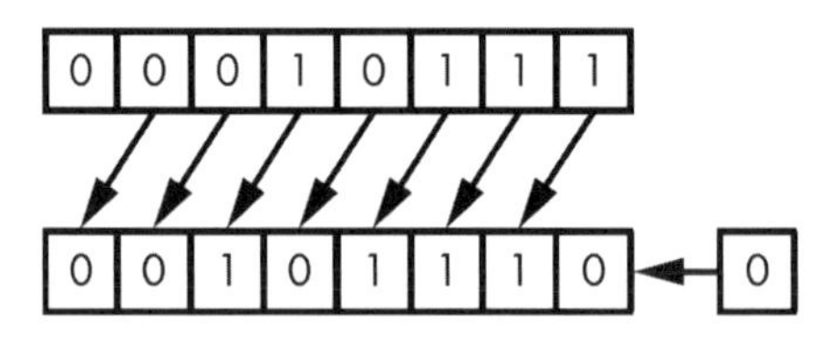

그림 4-1 논리적 왼쪽 1비트 시프트

추가 식은 값을 시프트할 비트의 수를 결정한다. 예를 들어, `E1 << E2`의 결과는 `E1`의 값을 `E2` 비트씩 왼쪽으로 시프트한 값이다. 비워진 비트는 `0`으로 채워진다. `E1`이 부호가 없는 형식이면 결과값은 $E1 \times 2^{E2}$가 된다. 결과를 결과 형식으로 표현할 수 없으면 가장 큰 값보다 1이 더 큰 숫자를 법으로 하는 나머지 연산의 결과 값이 된다. `E1`이 부호가 있는 형식이고 음수가 아니고, $E1 \times 2^{E2}$을 결과 형식으로 표현할 수 있으면 $E1 \times 2^{E2}$가 결과값이 된다. 그렇지 않으면 정의되지 않은 동작을 한다. 마찬가지로 `E1 >> E2`의 결과는 `E1`의 값을 `E2` 비트만큼 오른쪽으로 시프트한 값이다. `E1`이 부호가 없는 형식이거나 `E1`이 부호가 있는 형식이면서 음수가 아니면 결과값은 $E1/2^{E2}$ 몫의 정수 부분이다. `E1`이 부호가 있는 형식이고 음수이면 결과값은 구현체에 정의된 값으로 그림 4-2와 같이 산술 (부호 확장) 시프트이거나 논리 (부호가 없는) 시프트 중 하나가 된다.

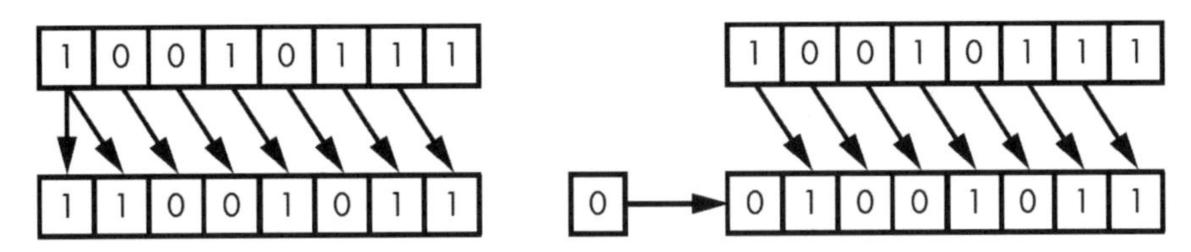

그림 4-2 산술 (부호가 있는) 오른쪽 1비트 시프트와 논리 (부호가 없는) 오른쪽 1비트 시프트

두 종류의 시프트 모두에서 각 정수 형식의 피연산자에 대해 정수 확장을 수행한다. 결과 형식은 확장된 왼쪽 피연산자의 형식이다. 일반적인 산술 변환은 수행되지 않는다.

2의 거듭제곱으로 곱하거나 나눈 결과를 얻기 위해 왼쪽과 오른쪽 시프트를 사용할 수 있지만 이 목적으로 시프트 연산을 사용하는 것은 좋은 생각이 아니다. 곱하기와 나누기 연산을 사용하고 컴파일러가 이런 연산을 시프트 연산으로 대체해 처리processing를 최적화할 시기를 결정하게 하는 가장 좋다. 여러분이 이런 대치 작업을 수행하는 것은 조기 최적화premature optimization의 예다. 컴퓨터 프로그래밍의 예술The Art of Computer Programming의 저자 도널드 커누스Donald Knuth는 조기 최적화를 "모든 악의 근원the root of all evil"이라고 했다.

시프트할 비트 수가 음수이거나 피연산자의 너비보다 크거나 같은 경우는 정의되지 않은 동작이므로 시프트할 비트 수는 항상 0보다 크거나 피연산자의 너비보다 작아야 한다. 프로그램 4-5는 이런 오류가 발생하지 않는 부호가 있는 정수와 부호가 없는 정수에 대해 오른쪽 시프트 연산 방법을 보여준다.

프로그램 4-5 올바른 오른쪽 시프트 연산

```
extern int si1, si2, sresult;
extern unsigned int ui1, ui2, uresult;

// --- 생략 ---

❶ if ( (si2 < 0) || (si2 >= sizeof(int)*CHAR_BIT) ) {
      /* 에러 */
  }
  else {
      sresult = si1 >> si2;
  }

❷ if (ui2 >= sizeof(unsigned int)*CHAR_BIT) {
      /* 에러 */
  }
  else {
      uresult = ui1 >> ui2;
  }
```

부호가 있는 정수의 경우 ❶에서 시프트할 비트 수가 음수이거나 확장된 왼쪽 피연산자의 너비보다 크거나 같지 않다는 것을 확인해야 한다. 부호가 없는 정수의 경우 ❷에서 부호가 없는 정수는 음수가 될 수 없으므로 음수 값에 대한 테스트는 생략했다. 비슷한 방식으로 왼쪽 시프트 연산을 수행할 수 있다.

비트 AND 연산자

이항 비트 AND 연산자binary bitwise AND operator &는 정수 형식의 두 피연산자에 대한 비트 AND 결과를 반환한다. 두 피연산자 모두에 일반적인 산술 변환을 수행한다. 결과의 각 비트는 그림 4-3과 같이 변환된 피연산자의 각 해당 비트가 1인 경우에만 1이 된다.

표 4-3 비트 AND 진리표

x	y	x & y
0	0	0
0	1	0
1	0	0
1	1	1

비트 배타적 OR 연산자

비트 배타적 OR 연산자bitwise exclusive OR operator ^는 정수 형식의 두 피연산자에 대한 비트 배타적 OR 결과를 반환한다. 즉, 결과의 각 비트는 표 4-4와 같이 변환된 피연산자의 각 해당 비트 중 하나만 1인 경우에 1이 된다. 이는 종종 "하나 또는 다른 하나지만 둘 모두는 아니다."인 것으로 생각하면 된다.

표 4-4 비트 배타적 OR 진리표

x	y	x ^ y
0	0	0
0	1	1
1	0	1
1	1	0

배타적 OR은 2를 법으로 한 정수 덧셈 연산과 같다. 즉, 랩어라운드 1 + 1 mod 2 = 0이다(Lewin 2012). 피연산자는 정수여야 하며 두 피연산자 모두에 일반 산술 변환을 수행한다.

초보자들의 흔한 실수는 배타적 OR 연산자를 지수 연산자로 착각해 식 `2 ^ 7`이 2의 7제곱을 계산한다고 생각하는 것이다. C에서 거듭제곱을 계산하는 올바른 방법은 프로그램 4-6과 같이 `<math.h>`에 정의된 `pow` 함수를 사용하는 것이다. `pow` 함수는 부동 소수점 인수에서 작동하고 부동 소수점 결과를 반환하므로 이런 함수가 잘라내기나 다른 오류로 인해 예상한 결과를 내지 못할 수 있다는 것을 알아야 한다.

프로그램 4-6 pow 함수 사용

```
#include <math.h>
#include <stdio.h>

int main(void) {
    int i = 128;

    if (i == pow(2, 7)) {
        puts("equal");
    }
}
```

위 코드는 pow 함수를 호출해 2의 7제곱을 계산한다. 2^7은 128이고 128은 double 형식에서 정확하게 표현할 수 있으므로 위 프로그램은 equal을 출력한다.

비트 포괄적 OR 연산자

비트 포괄적 OR 연산자bitwise inclusive OR operator |는 정수 형식의 두 피연산자에 대한 비트 포괄적 OR 연산 결과를 반환한다. 피연산자는 정수여야 하며, 두 피연산자 모두에 산술 변환을 수행한다. 결과의 각 비트는 표 4-5와 같이 변환된 피연산자의 각 해당 비트 중 적어도 하나가 1인 경우에만 1이 된다.

표 4-5 비트 포괄적 OR 진리표

x	y	x | y
0	0	0
0	1	1
1	0	1
1	1	1

논리 연산자

논리 AND 연산자logical AND operator &&와 논리 OR 연산자logical OR operator ||는 스칼라 형식의 두 개 이상의 식을 논리적으로 결합하는 데 주로 사용된다. 논리 연산자의 첫 번째 피연산자에서 if 문의 제어식controlling expression이나 for 루프의 제어식에서와 같이 여러 비교를 함께 결합하는 조건 테스트에 주로 사용된다. 비트맵 피연산자는 주로 부울 논리Boolean logic용이므로 논리 연산자와 함께 사용하면 안 된다.

&& 연산자는 두 피연산자가 모두 0이 아니면 1을 반환하고 그렇지 않으면 0을 반환한다. 논리적으로 a && b는 a와 b가 모두 참인 경우에만 참이라는 것을 의미한다.

|| 연산자는 두 피연산자 중 하나가 0이 아니면 1을 반환하고, 그렇지 않으면 0을 반환한다. 논리적으로 a || b는 a가 참이거나 b가 참이거나 a와 b 모두 참인 경우에만 참이라는 것을 의미한다.

피연산자가 0과 1 이외의 값을 가질 수 있으므로 C 표준에서는 두 연산 모두 "0과 같지 않음not equal to zero"이라는 문구로 정의하고 있다. 두 연산자 모두 스칼라 형식(정수, 부동소수점, 포인터)을 허용하며 연산 결과는 int 형식이다.

해당 비트 이항 연산자와는 달리 논리 AND 연산자와 논리 OR 연산자는 왼쪽에서 오른쪽으로의 평가를 보장한다. 두 번째 피연산자를 평가했다면 첫 번째 평가와 두 번째 피연산자 간에 시퀀스 포인트가 있다.

논리 연산자 단락 평가short-circuit: 첫 번째 피연산자를 평가해 결과를 추론할 수 있다면 두 번째 피연산자를 평가하지 않는다. 예를 들어, 식 0 || unevaluated는 unevaluated에는 다른 결과를 내는 값이 없으므로 unevaluated의 값에 상관없이 0을 반환한다. 이에 따라 결과값을 결정하기 위해 unevaluated를 평가하지 않는다. 1 || unevaluated의 경우도 마찬가지다. 왜냐하면 항상 1을 반환하기 때문이다.

단락 평가는 주로 포인터가 있는 연산에 사용된다.

```
bool isN(int* ptr, int n){
    return ptr && *ptr == n; // null 포인터를 역참조하면 안 된다.
}
```

위 코드는 ptr의 값을 테스트한다. ptr이 NULL이면 null 포인터를 역참조하지 않도록 두 번째 && 피연산자를 평가하지 않는다.

이런 동작은 불필요한 컴퓨팅을 방지할 수 있는 유용한 방법이다. 아래 코드에서 is_file_ready() 함수는 파일이 준비되면 true를 반환한다.

```
is_file_ready() || prepare_file()
```

위 예에서 is_file_ready() 함수가 true를 반환하면 파일을 준비할 필요가 없으므로 두 번째 || 피연산자는 평가되지 않는다. 파일이 준비됐는지 결정하는 비용이 파일을 준비하는 비용보다 적다(그리고 파일이 이미 준비됐을 가능성이 크다)고 가정하면 불필요한 컴퓨팅을 방지할 수 있다.

프로그래머는 파생 작업이 실제로 발생하는지 확신할 수 없으므로 두 번째 피연산자에 파생 작업이 있는지 주의해야 한다. 예를 들어, 아래 코드에서 i의 값은 i >= 0일 때만 증가한다.

```
enum { max = 15 };
int i = 17;

if ( (i >= 0) && ( (i++) <= max) ) {
    // --- 생략 ---
}
```

위 코드는 맞을 수도 있지만, 오류가 있을 가능성이 더 크다.

형 변환 연산자

형 변환cast 또는 type cast은 명시적으로 한 형식의 값을 다른 형식의 값으로 변환한다. 형 변환을 수행하려면 식 앞에 괄호로 묶인 형식 이름을 쓰면 된다. 그러면 식의 값은 지정한 형식의 정규화되지 않은 버전으로 변환된다. 아래 코드는 x를 double 형식에서 int 형식으로 형 변환해 명시적으로 변환하는 것을 보여준다.

```
double x = 1.2;
int sum = (int)x + 1; // double 형식에서 int 형식으로의 명시적 변환
```

형식 이름을 void 형식으로 지정하지 않는 한 형식의 이름은 반드시 정규화되거나 정규화되지 않은 스칼라 형식이어야 한다. 또한 피연산자는 반드시 스칼라 형식이어야 하며 포인터 형식은 부동 소수점 형식으로 변환될 수 없으며 그 반대의 경우도 마찬가지다.

형 변환은 매우 강력하므로 신중하게 사용해야 한다. 우선 비트를 변경하지 않고 현재의 비트를 지정된 형식의 값으로 재해석할 수 있다.

```
intptr_t i = (intptr_t)some_pointer; // 정수로 비트를 재해석한다.
```

형 변환은 이런 비트를 결과 형식에서 원래의 값을 표현하는 데 필요한 모든 비트로 변경할 수도 있다.

```
int i = (int)some_float; // 정수 표현으로 비트를 변경한다.
```

형 변환은 진단을 비활성화할 수도 있다. 예를 들어, 아래 코드 스니펫을 살펴보자.

```
char c;
// --- 생략 ---

while ((c = fgetc(in)) != EOF) {
    // --- 생략 ---
}
```

위 코드는 Visual C++ 2019에서 경고 수준 /W4로 컴파일할 때 다음과 같은 진단 결과가 나온다.

```
Severity Code Description  // 심각도 코드 설명
Warning C4244 '=': conversion from 'int' to 'char', possible loss of data
// 경고 C4244 '=': 'int'에서 'char'로의 변환은 데이터 손실의 가능성이 있다.
```

char에 형 변환을 추가하면 문제를 해결하지 않고도 진단을 비활성화할 수 있다.

```
char c;

while ((c = (char)fgetc(in)) != EOF) {
    // --- 생략 ---
}
```

이런 위험을 줄이기 위해 C++는 덜 강력한 자체 형 변환을 정의하고 있다.

조건부 연산자

조건부 연산자conditional operator ? :는 세 개의 피연산자를 사용하는 유일한 C 연산자다. 조건부 연산자는 조건에 따라 결과를 반환한다. 조건부 연산자는 아래 예처럼 사용할 수 있다.

```
result = condition ? valueReturnedIfTrue : valueReturnedIfFalse;
```

조건부 연산자는 조건condition이라고 하는 첫 번째 피연산자를 평가한다. 조건이 참이면 두 번째 피연산자 valueReturnedIfTrue를, 조건이 거짓이면 세 번째 피연산자 valueReturnedIfFalse를 평가한다. 결과는 (평가된 피연산자에 따라) 두 번째나 세 번째의 값이 된다.

이 결과는 두 번째와 세 번째 피연산자를 기반으로 공통 형식으로 변환된다. 첫 번째 피연산자의 평가와 두 번째 또는 세 번째 피연산자의 평가 사이에 시퀀스 포인트가 있어 컴파일러는 두 번째와 세 번째 피연산자를 평가하기 전에 모든 파생 작업이 완료됐는지 확인할 수 있다.

조건부 연산자는 if-else 제어 흐름control flow 블록과 비슷하지만, 함수처럼 값을 반환한다. if-else 제어 흐름 블록과는 달리 조건부 연산자는 const로 한정된 개체를 초기화할 수 있다.

```
const int x = (a < b) ? b : a;
```

조건부 연산자의 첫 번째 피연산자는 스칼라 형식이어야 한다. 두 번째와 세 번째 피연산자는 (대충 말하자면) 호환 가능한 형식이어야 한다. 이 연산자의 제약 조건과 반환 형식을 결정하는 세부 사항은 C 표준(ISO/IEC 9899:2018)의 6.5.15절을 참조한다.

_Alignof 연산자

_Alignof 연산자의 결과로 정수 상수가 나온다. 이 정수 상수는 _Alignof 연산자의 피연산자의 완전한 개체 형식complete object type의 맞춤 요구 사항을 나타낸다. _Alignof 연산자는 피연산자를 평가하지 않는다. 배열 형식에 적용하면 해당 배열의 요소 형식의 맞춤 요구 사항을 반환한다. 일반적으로 _Alignof 연산자는 헤더 <stdalign.h>에 제공된 편의 매크로convenience macro alignof를 통해 사용된다. _Alignof 연산자는 프로그램에 대한 가정을 검증하는 데 사용되는 정적 어설션static assertion과 런타임 어설션runtime assertion 모두에 유용하다(어셜션은 11장에서 자세히 설명한다). 이런 어설션의 목적은 여러분의 가정이 유효하지 않은 상황을 진단하는 것이다. 프로그램 4-7은 _Alignof 연산자와 alignof 매크로의 사용을 보여준다.

프로그램 4-7 _Alignof 연산자 사용

```
#include <stdio.h>
#include <stddef.h>
#include <stdalign.h>
#include <assert.h>

int main(void) {
```

```
    int arr[4];
    static_assert(_Alignof(arr) == 4, "예상하지 못한 맞춤"); // 정적 어설션
    assert(alignof(max_align_t) == 16); // 런타임 어설션
    printf("배열 맞춤 = %zu\n", _Alignof(arr));
    printf("max_align_t의 맞춤 = %zu\n", alignof(max_align_t));
}
```

이 간단한 프로그램은 특별히 유용한 것을 하지 않는다. 4개의 정수로 이루어진 배열 arr 선언 다음에 배열의 맞춤과 관련해 정적 어설션과 max_align_t(맞춤이 최대 기본 맞춤을 갖는 개체 형식)의 맞춤과 관련 런타임 어설션이 선언됐다. 그런 다음 두 맞춤 요구사항 값을 출력한다. 런타임 어설션이 활성화되면 이 프로그램은 static_assert로 인해 컴파일되지 못하거나 런타임 어설션에 실패하고 아무것도 출력하지 않거나 아래와 같은 결과를 출력한다.

```
배열 맞춤 = 4
max_align_t의 맞춤 = 16
```

관계형 연산자

관계형 연산자relational operator에는 ==(같음), !=(같지 않음), <(보다 작음), >(보다 큼), <=(보다 작거나 같음), >=(보다 크거나 같음)이 있다. 각 연산자는 지정된 관계가 참이면 1을 반환하고, 거짓이면 0을 반환한다. 결과는 다시 역사적인 이유로 int 형식이 된다.

식 a < b < c는 일반 수학에서는 b가 a보다 크지만, c보다 작다고 해석되지만 C 언어에서는 (a < b) < c로 해석된다. 즉, a가 b보다 작으면 컴파일러는 1과 c를 비교하고 그렇지 않으면 0과 c를 비교한다. 이것이 여러분의 의도라면 잠재적인 코드 검토자에게 이를 명확하게 알릴 수 있도록 괄호를 넣어야 한다. GCC와 Clang과 같은 일부 컴파일러는 이런 문제를 진단하도록 -Wparentheses 플래그flag를 제공한다. b가 a보다 크지만, c보다 작은지를 결정하는 테스트는 (a < b) && (b < c)처럼 작성해야 한다.

등식equality 연산자와 부등식inequality 연산자가 관계형 연산자보다 우선순위가 높다고 생각하는 실수를 범해서는 안 된다. 즉, 식 `a < b == c < d`는 `(a < b) == (c < d)`와 같이 평가된다는 것을 의미한다. 두 경우 모두 `a < b`와 `c < d` 비교가 먼저 평가되고 그 결과(`0` 또는 `1`)를 등식에 대해 비교한다.

이런 연산자를 사용해 산술 형식이나 포인터를 비교할 수 있다. 두 포인터를 비교할 때 결과는 포인터가 가리키는 개체의 주소 공간에서의 상대적인 위치에 따라 달라진다. 두 포인터 모두 같은 개체를 가리키면 두 포인터는 같다.

등식과 부등식 연산자는 다른 관계형 연산자와는 다르다. 예를 들어, 관련이 없는 개체를 가리키는 두 포인터에 대해 등식과 부등식 연산자 외에 다른 관계형 연산자를 사용할 수 없다. 이렇게 하는 것은 아무런 의미가 없다.

```
int i, j;
bool b1 = &i < &j; // 정의되지 않은 동작
bool b2 = &i == &j; // 좋다, 그러나 반복돼 false다.
```

복합 할당 연산자

복합 할당 연산자compound assignment operator는 개체에 연산을 수행해 개체의 현재 값을 변경한다. 복합 할당 연산자를 표 4-6에 나타냈다.

표 4-6 복합 할당 연산자

연산자	설명
`+= -=`	더하기와 빼기로 할당한다.
`*= /= %=`	곱하기, 몫, 나머지로 할당한다.
`<<= >>=`	비트 왼쪽 시프트와 오른쪽 시프트로 할당한다.
`&= ^= |=`	비트 AND, XOR, OR로 할당한다.

E1 op = E2 형태의 복합 할당은 단순 할당 식 E1 = E1 op (E2)와 같으며 E1은 한 번만 평가된다. 복합 할당은 주로 코드를 줄여 쓰기 위해 사용된다. 논리 연산자에 대한 복합 할당 연산자는 없다.

쉼표 연산자

C에서 쉼표는 두 가지 방식으로 사용된다. 첫 번째 방식으로 쉼표는 연산자로 사용되고, 두 번째 방식으로 쉼표는 (함수의 인자나 선언 리스트와 같은) 리스트에서 항목을 구분하기 위해 사용된다. 쉼표 연산자comma operator ,는 어떤 식을 다른 식보다 먼저 평가하는 방법이다. 먼저 쉼표 연산자의 왼쪽 피연산자는 void 식으로 평가된다. 왼쪽 피연산자의 평가와 오른쪽 피연산자의 평가 사이에 시퀀스 포인트가 있다. 그런 다음 왼쪽 피연산자 평가 후에 오른쪽 피연산자가 평가된다. 쉼표 연산자의 결과는 오른쪽 피연산자가 마지막으로 평가된 식이기 때문에 오른쪽 피연산자의 형식과 값을 갖는다.

쉼표가 리스트에서 항목을 구분하기 위해 사용되는 경우에는 쉼표 연산자를 사용할 수 없다. 대신 괄호로 묶인 식이나 조건부 연산자의 두 번째 식에 쉼표를 넣을 수 있다. 예를 들어, 아래 함수 호출에는 세 개의 매개변수가 있다.

```
f(a,❶ (t=3,❷ t+2),❸ c)
```

첫 번째 쉼표 ❶은 함수의 첫 번째 인수와 두 번째 인수를 구분한다. 두 번째 쉼표 ❷는 쉼표 연산자다. 먼저 할당이 평가되고 이어서 덧셈을 평가한다. 시퀀스 포인트로 인해 덧셈 전에 할당이 먼저 완료된다는 것이 보장된다. 연산 결과 형식은 오른쪽 피연산자의 형식인 int이며 결과값은 5다. 세 번째 쉼표 ❸은 함수의 두 번째 인수와 세 번째 인수를 구분한다.

포인터 산술

4장의 앞부분에서 산술 값이나 개체 포인터에 대해 더하기 연산자(덧셈과 뺄셈)를 사용할 수 있다고 했다. 이 절에서는 포인터에 정수를 더하고 두 포인터를 빼고 포인터에서 정수를 빼는 방법을 설명한다.

포인터에 정수 형식의 식을 더하거나 빼면 포인터 피연산자 형식의 값을 반환한다. 포인터 피연산자가 배열의 요소를 가리키면 결과는 원래 요소에서 요소의 오프셋offset을 가리킨다. 결과 포인터가 배열 경계의 밖을 가리키면 정의되지 않은 동작이 발생한다. 결과 배열 요소와 원래 배열 요소의 배열 첨자의 차이는 정수식integer expression과 같다.

```
int arr[100];
int *arrp1 = arr[40];
int *arrp2 = arrp1 + 20; // arrp2는 arr[60]을 가리킨다.
printf("%td\n", arrp2-arrp1); // 20을 출력한다.
```

C에서는 배열 개체의 마지막 요소에서 하나 더 넘어간 요소(너무 먼too-far 포인터라고도 함)를 포함해 배열의 각 요소에 포인터를 지정할 수 있다. 이는 조금 비정상적이거나 불필요한 것처럼 보일 수 있지만 초기 많은 C 프로그램은 포인터를 너무 먼 포인터가 될 때까지 포인터를 증가시켰으며 C 표준위원회는 이런 모든 코드를 깨뜨리고 싶지 않았기에 C++ 반복기iterator에서도 관용적으로 사용되고 있다. 그림 4-3은 너무 먼 포인터가 만들어지는 것을 보여준다.

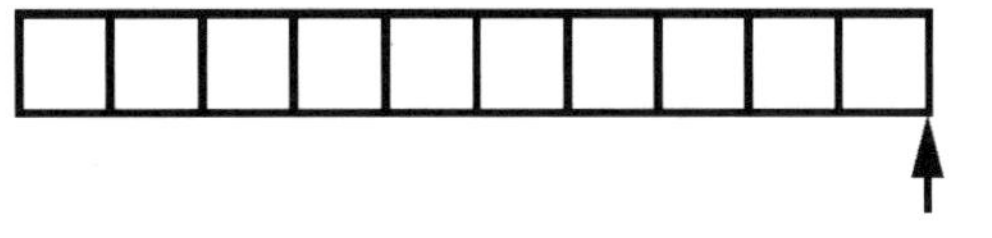

그림 4-3 배열 개체의 마지막 요소를 하나 더 지나간 포인터

포인터 피연산자와 포인터 산술 결과가 같은 배열 개체의 요소를 가리키면 평가는 오버플로우되지 않는다. 그렇지 않으면 동작은 정의되지 않는다. 너무 먼 요구 사항too-far requirement을 충족하려면 구현체는 개체가 끝나는 지점에서 추가로 한 바이트(프로그램의 다른 개체와 겹칠 수 있음)만 제공하면 된다.

C는 개체를 단일 요소만 있는 배열로 처리하는 것을 허용하므로 스칼라에서 너무 먼 포인터를 얻을 수 있다.

너무 먼 특별 사례에서는 아래 코드와 같이 포인터를 너무 먼 포인터까지 증가시킬 수 있다.

```
int m[2] = {1, 2};

int sum_m_elems(void) {
    int *pi; int j = 0;

    for (pi = &m[0]; pi < &m[2]; ++pi) j += *pi;

    return j;
}
```

위 코드의 sum_m_elems 함수 안의 for 문(5장에서 자세히 설명한다)은 pi가 배열 m에 대해 너무 먼 포인터의 주소보다 작을 때까지 반복한다. 포인터 pi는 너무 먼 포인터가 만들어질 때까지 루프의 각 반복의 끝에서 증가해 반복이 끝나도 루프의 조건이 0으로 평가된다.

한 포인터를 다른 포인터에서 빼기 위해서는 두 포인터는 모두 같은 배열 개체나 너무 먼 요소를 가리켜야 한다. 이 연산은 두 배열 요소 첨자의 차이를 반환한다. 결과 형식은 ptrdiff_t(부호가 있는 정수 형식)이다. 포인터 뺄셈할 때는 char 배열이 너무 큰 경우 ptrdiff_t의 범위가 해당 배열에 대한 포인터의 차이를 표현하는 데 충분하지 않을 수 있으므로 조심해야 한다. 포인터 산술은 개별 바이트가 아니라 배열 요소 크기로 작동하도록 자동으로 크기가 조절scaled된다.

요약

4장에서는 다양한 개체 형식에 대해 연산을 수행하는 간단한 식을 작성하기 위해 연산자를 사용하는 방법을 알아봤다. 이 과정에서 식을 평가하는 방법을 결정하는 l-value와 r-value, 값 계산, 파생 작업과 같은 핵심적인 C의 개념도 배웠다. 또한 연산자 우선순위와 결합성, 평가 순위, 순차적 계산, 인터리빙이 프로그램이 실행되는 동안 전체 순서에 어떤 영향을 미칠 수 있는지도 살펴봤다. 5장에서는 선택과 반복, 점프 문을 사용해 프로그램의 실행을 제어하는 방법을 자세히 알아본다.

5

흐름 제어

5장에서는 각 문(statement)이 평가되는 순서를 제어하는 방법을 알아본다. 먼저 수행할 작업을 정의하는 식 문(expression statements)과 복합 문(compound statements)을 알아본다. 그런 다음 실행할 코드 블록을 결정하는 선택(selection)과 반복(iteration), 점프(jump) 세 종류의 문을 살펴본다.

식 문

식 문expression statement은 세미콜론semicolon으로 끝나는 선택적 문optional statement이다. 식 문은 가장 일반적인 종류의 문으로 작업의 기본 단위다. 프로그램 5-1은 식 문의 예를 보여 준다.

프로그램 5-1 일반적인 식 문

```
a = 6;
c = a + b;
; // null 문, 아무것도 하지 않는다.
++count;
```

첫 번째 문은 값을 a에 할당하는 문으로 구성돼 있다. 두 번째 문은 a와 b의 합을 c에 할당하는 문이다. 세 번째 문은 null 문으로 언어의 구문syntax이 문을 필요로 하지만, 식을 평가할 필요가 없을 때 사용할 수 있다. null 문은 주로 반복문에서 자리 표시자placeholder나 복합 문 또는 함수의 끝에 레이블label을 배치하는 문으로 사용된다. 네 번째 문은 count의 값을 증가시키는 식이다.

각 식을 평가하고 나면, 각 식의 값은 버려진다. 할당 식에서도 할당 자체가 연산의 파생 작업인 경우에도 값이 버려진다. 따라서 4장에서 설명한 것처럼 모든 유효한 결과는 파생 작업의 결과로 발생한다. 프로그램 5-1에서 4개의 식 문 중 3개가 파생 작업을 갖고 있다(null 문은 아무것도 하지 않는다). 모든 파생 작업이 끝나면 세미콜론 다음의 문이 실행된다.

복합 문

복합 문compound statement 또는 블록은 중괄호({})로 묶인 0개 이상의 문 목록이다. 블록 안의 문은 5장에서 설명하는 모든 종류의 문이 될 수 있다. 이런 문 중 일부는 선언일 수도 있다(C의 초기 버전에서는 블록 안의 선언은 반드시 선언이 아닌 문보다 먼저 와야 했지만 이제 그런 제한은 더 이상 적용되지 않는다). 블록 안의 각 문은 제어 문으로 수정하지 않는 한 순차적으로 실행된다. 마지막 문을 평가한 후 다음 중괄호 다음 문을 실행한다.

```
{
    static int count = 0;
    c += a;
    ++count;
}
```

위 예에서 int 형식의 정적 변수static variable count를 선언했다. 둘째 줄은 블록 외부에서 선언한 변수 c를 a에 저장된 값만큼 증가시킨다. 마지막으로 count를 증가시켜 이 블록의 실행 횟수를 추적할 수 있도록 한다.

복합 문은 한 복합 문이 다른 복합 문을 완전히 둘러 싸도록 중첩nested될 수 있다. 또한 문이 하나도 없이 (중괄호만 있는) 블록을 만들 수도 있다.

코드 스타일

중괄호를 언제, 어디에 위치시킬 것인지에 대해 코딩 스타일에 따라 의견을 달리하고 있다. 기존 코드를 수정 중이라면 이미 프로젝트에서 사용하고 있는 스타일을 따르는 것이 좋다. 그렇지 않으면 경험이 많은 C 프로그래머가 작성한 코드의 스타일을 보고 명확해 보이는 스타일을 선택하길 바란다. 예를 들어, 일부 프로그래머는 주어진 중괄호의 짝을 쉽게 찾을 수 있도록 시작 중괄호와 끝 중괄호를 일렬로 정렬한다. 다른 사람들은 브라이언 커니건(Brian Kernighan)과 데니스 리치(Dennis Ritchie)가 The C Programming Language(1988)에서 사용한 스타일을 따르는데, 여기서는 시작 중괄호가 앞줄의 끝에 있고, 끝 중괄호는 자체로 한 줄을 차지한다. 스타일을 선택했다면 그 스타일을 계속 유지한다.

선택 문

선택 문selection statement을 사용하면 제어식의 값에 따라 조건부로 하위문substatement을 실행할 수 있다. 제어식controlling expression은 조건에 따라 실행할 문을 결정한다. 이렇게 하면 입력에 따라 다른 값을 출력하는 코드를 작성할 수 있다. 선택 문에는 `if` 문과 `switch` 문이 있다.

if 문

`if` 문을 사용하면 스칼라 형식의 제어식 값에 따라 하위 문을 실행할 수 있다.

두 종류의 `if` 문이 있다. 첫 번째 조건이 하위 문의 실행 여부를 결정한다.

```
if (expression)
    substatement
```

위의 경우 expression이 0이 아니라면 susbstatement가 실행된다. 복합문이 될 수도 있지만 if 문의 단일 하위 문만 조건부로 실행된다.

프로그램 5-2는 if 문을 사용하는 나눗셈 함수를 보여준다. 이 함수는 저장된 나뉠 수를 지정된 약수로 나누고 quotient를 참조하는 개체의 결과를 반환한다. 함수는 0으로 나누는 것과 부호가 있는 정수의 오버플로우를 모두 테스트하고 두 경우 중 하나만 발생하더라도 false를 반환한다.

프로그램 5-2 안전한 나눗셈 함수

```
bool safediv(int dividend, int divisor, int *quotient) {
❶ if (!quotient) return false;

❷ if ((divisor == 0) || ((dividend == INT_MIN) && (divisor == -1)))
    ❸ return false;

❹ *quotient = dividend / divisor;

    return true;
}
```

이 함수의 첫 번째 줄 ❶은 quotient가 null이 아닌지 확인한다. null이면 false를 반환해 값을 반환할 수 없다는 것을 표시한다. 5장 뒷부분에서 return을 자세히 설명한다.

두 번째 줄 ❷에는 더 복잡한 if 문이 들어있다. if 문의 제어식은 divisor가 0인지 또는 부호가 있는 정수 오버플로우가 발생하는지를 확인한다. 이 식의 결과가 0이 아니면 함수는 false를 반환해 ❸ quotient를 계산할 수 없다는 것을 표시한다. if 문의 제어식이 0으로 평가되면 함수는 값을 반환하지 않고 나머지 문 ❹을 실행한다.

두 번째 종류의 if 문에는 초기 하위문이 선택되지 않았을 때 실행해야 할 대체 하위문을 선택하는 else 절이 포함된다.

```
if (expression)
    substatement1
else
```

```
    substatement2
```

위의 형식에서 expression이 0이 아니면 substatement1을 실행하고, expression이 0이면 substatement2를 실행한다. 여기서는 항상 substatement1이나 substatement2 중 하나가 실행되지만 둘 다 실행되지는 않는다.

if 문의 다른 형태로 조건부로 실행되는 하위문이 다시 if 문일 수도 있다. 이런 방법의 일반적인 용법은 프로그램 5-3과 같이 if...else가 여러 개 있는 형태다.

프로그램 5-3 여러 개의 if...else

```
if (expr1)
    substatement1
else if (expr2)
    substatement2
else if (expr3)
    substatement3
else
    substatement4
```

if...else 안에 있는 4개의 하위문 중 어느 하나만 실행된다.

- expr1이 0이 아니면 substatement1을 실행한다.
- expr1이 0이고 expr2가 0이 아니면 substatement2을 실행한다.
- expr1과 expr2가 0이고 expr3이 0이 아니면 substatement3을 실행한다.
- 위 조건이 모두 0이면 substatement4를 실행한다.

프로그램 5-4의 예는 여러 개의 if...else를 사용해 성적을 출력한다.

프로그램 5-4 여러 개의 if...else를 사용해 성적을 출력하는 코드

```
void printgrade(unsigned int marks) {
    if (marks >= 90) {
        puts("A 학점");
    } else if (marks >= 80) {
```

```
        puts("B 학점");
    } else if (marks >= 70) {
        puts("C 학점");
    } else {
        puts("낙제");
    }
}
```

프로그램 5-4에서 printgrade 함수는 unsigned int 형식의 매개변수 marks가 90 이상인지 확인한다. marks가 90 이상이면 A 학점을 출력한다. 그렇지 않으면 marks가 80 이상인지 확인하는 식으로 계속 if...else을 따라간다. marks가 70 이상이 아니면 낙제를 출력한다. 이 예에서는 같은 줄에서 끝 중괄호 다음에 else 절이 오는 코딩 스타일을 사용한다.

if 문 다음의 하나의 문만 실행된다. 예를 들어, 아래 코드에서 conditionally_executed_function은 조건이 0이 아닐 때만 실행되지만 unconditionally_executed_function은 항상 실행된다.

```
if (condition)
    conditionally_executed_function();
unconditionally_executed_function(); // 항상 실행된다.
```

조건부로 실행되는 다른 함수를 추가하면 오류가 발생한다.

```
if (condition)
    conditionally_executed_function();
    second_conditionally_executed_function(); // ????
unconditionally_executed_function(); // 항상 실행된다.
```

위 코드에서 second_conditionally_executed_function은 무조건 실행된다. (일반적으로) 공백과 (특히) 들여쓰기는 구문 관점에서 아무런 의미가 없기 때문에 이름과 들여쓰기 형식은 형식적이다. 이 코드는 단일 복합문이나 블록을 구분하는 중괄호를 추가해 단일 조건부로 실행되는 문으로 실행되도록 할 수 있다.

```
if (condition) {
    conditionally_executed_function();
    second_conditionally_executed_function(); // 수정됐다.
}
unconditionally_executed_function(); // 항상 실행된다.
```

이런 종류의 오류를 피하고자 많은 코딩 지침이 아래 코드와 같이 항상 중괄호를 포함할 것을 권장한다.

```
if (condition) {
    conditionally_executed_function();
}
unconditionally_executed_function(); // 항상 실행된다.
```

필자의 코딩 스타일은 아래처럼 조건부로 실행할 문을 `if` 문과 같은 줄에 쓸 수 있을 때만 중괄호를 생략한다.

```
if (!quotient) return false;
```

이 문제는 IDE가 코드의 형식에서 중괄호의 유무를 따지지 않으므로 IDE가 제공하는 코드 형식을 따른다면 큰 문제가 되지 않는다. GCC의 `-Wmisleading-indentation`와 같은 일부 컴파일러는 코드 들여쓰기를 확인하고 제어 흐름과 일치하지 않으면 경고를 발생한다.

switch 문

`switch` 문은 제어식에 정수 형식이 있어야 한다는 것을 제외하고는 여러 개의 `if...else`처럼 동작한다. 예를 들어, 프로그램 5-5의 `switch` 문은 프로그램 5-4의 여러 `if...else`와 같은 기능을 수행한다. 단 `marks`는 0과 100 사이의 정수다. `marks`가 109보다 크면 결과

적으로 몫이 10보다 커 default에 해당하므로 결과는 낙제 등급failed grade이 된다.

프로그램 5-5 switch 문을 사용해 성적을 출력

```
switch (marks/10) {
    case 10:
    case 9:
        puts("A 학점");
        break;
    case 8:
        puts("B 학점");
        break;
    case 7:
        puts("C 학점");
        break;
    default:
        puts("낙제");
}
```

switch 문은 제어식의 값과 각 case 레이블의 상수 식의 값에 따라 제어control를 3개의 하위 문 중 하나로 점프하도록 한다. 점프한 다음에 코드는 다음 제어 흐름 문을 만날 때까지 순차적으로 실행된다. 위 예에서 case 10으로의 점프는 (내용이 없어) 통과하고 case 9의 하위 문이 실행된다. 이는 100점이 F가 아닌 A가 되도록 하기 위해 필요하다.

switch 실행을 종료해 제어를 전체 switch 문 바로 다음에 오는 문의 실행으로 점프하게 할 수 있다. 5장 뒷부분에서 break 문을 자세히 설명한다. 다음 case 레이블 앞에 break 문이 포함돼야 한다는 것을 잊어서는 안 된다. break 문을 생략하면 제어 흐름이 switch 문의 다음 case로 넘어가 일반적인 오류의 원인이 된다. break 문이 필요치 않으므로 생략해도 일반적으로 컴파일러 진단이 생성되지 않는다. GCC에서는 -Wimplicit-fallthrough 플래그를 사용하는 경우 폴스루fall-through 경우를 발생한다. C2x 표준은 자동 폴스루silent fall-through가 실수로 break 문을 생략한다는 가정하에 프로그래머가 폴스루 동작이 바람직하다는 것을 명시하는 방법으로 [[fallthrough]] 속성을 도입했다.

제어식에 대해 정수 확장이 수행된다. 각 case 레이블의 상수 식은 제어식의 확장된

형식으로 변환된다. 변환된 값이 확장된 제어식과 일치하면 제어는 일치한 case 레이블의 다음 문으로 점프한다. 그렇지 않고 default 레이블이 있으면 제어는 레이블된 문labeled statement으로 점프한다. 변환된 case 상수 식이 일치하지 않고 default 레이블도 없으면 switch 본문의 어떤 부분도 실행되지 않는다. switch 문이 중첩됐으면 case나 default 레이블은 가장 가깝게 switch로 둘러싸인 곳에만 액세스할 수 있다.

switch 문 사용에 관한 모범 사례가 있다. 프로그램 5-6은 계정 유형account type에 따라 계정에 이자율interest rate을 할당하는 switch 문의 잘못된 구현을 보여준다. 이 은행은 고정된 개수의 계정 유형을 제공하므로 계정 유형은 AccountType 열거형으로 표현됐다.

프로그램 5-6 default 레이블이 없는 switch 문

```
void assignInterestRate(AccountType account) {
    double interest_rate;

    switch (account) {
        case Savings:
            interest_rate = 3.0;
            break;
        case Checking:
            interest_rate = 1.0;
            break;
        case MoneyMarket:
            interest_rate = 4.5;
            break;
    }
    printf("이자율 = %g.\n", interest_rate);
}
```

assignInterestRate 함수는 열거형 AccountType의 매개변수를 1개 정의하고 각 계정 유형과 관련된 적절한 이자율을 할당하도록 매개변수에 따라 case 문을 선택한다. 작성된 코드에는 아무런 문제가 없지만, 변경사항이 발생하면 적어도 코드의 두 군데를 수정해야 한다. 은행이 양도성 예금 증서certificate of deposit라고 하는 새 계정 유형의 계좌를 도입한다고 가정해보자. 프로그래머는 AccoutType 열거형을 다음과 같이 수정해야 한다.

```
typedef enum { Savings, Checking, MoneyMarket, CD } AccountType;
```

그러나 프로그래머들이 assignInterestRate 함수의 switch 문 수정을 깜빡한 경우, interest_rate가 할당되지 않아 함수가 이 값을 출력하려고 할 때 초기화되지 않은 읽기가 발생한다. 이는 열거형이 switch 문에서 너무 멀리 떨어진 곳에서 선언되거나 프로그램에는 제어식에서 AccountType 형식의 개체를 모두 참조하는 switch 문이 많을 때 발생하는 흔한 실수다. Clang과 GCC에서는 -Wswitch-enum 플래그를 사용하면 컴파일할 때 이런 문제를 진단하는 데 도움이 된다. 또한 switch에 default 레이블을 추가하면 이런 오류를 방지할 수 있다.

```
    default: abort();
```

(<stdlib.h> 헤더에 정의된) abort 함수는 비정상적인 프로그램 종류를 발생시키므로 오류를 쉽게 발견할 수 있도록 한다. 프로그램 5-7과 같이 switch 문에 위의 default case를 추가하면 이 코드의 테스트 가능성testability을 높일 수 있다.

프로그램 5-7 default 레이블이 있는 switch 문

```
typedef enum { Savings, Checking, MoneyMarket, CD } AccountType;

void assignInterestRate(AccountType account) {
    double interest_rate;

    switch (account) {
        case Savings:
            interest_rate = 3.0;
            break;
        case Checking:
            interest_rate = 1.0;
            break;
        case MoneyMarket:
            interest_rate = 4.5;
            break;
```

```
        case CD:
            interest_rate = 7.5;
            break;
        default: abort();
    }
printf("Interest rate = %g.\n", interest_rate);

return;
}
```

이제 switch 문에는 CD에 대한 case가 포함됐으며 default 절은 사용되지 않는다. 그러나 나중에 다른 계정 유형이 추가될 경우를 대비해 default 절을 유지하는 것이 좋다.

default 절을 포함하면 컴파일러 경고를 숨기고 런타임까지 문제를 진단하지 않는 단점이 있다. 따라서 (컴파일러에서 지원하는 경우) 컴파일러 경고가 뜨도록 하는 것이 더 나은 접근방식이다.

반복문

반복문iteration statement은 종료 기준termination criteria에 따라 하위문 (또는 복합 문)을 0번 이상 실행한다. 반복iteration은 "과정의 반복"을 의미한다. 반복문은 비공식적으로 보통 루프라고 한다. 루프loop는 "끝이 시작과 연결돼 있는 과정"을 의미한다.

while 문

while 문은 제어식이 0이 될 때까지 루프 본문을 실행한다. 루프 본문을 매번 실행하기 전에 제어식의 평가를 수행한다. 아래 예를 살펴보자.

```
void f(unsigned int x) {
    while (x > 0) {
        printf("%d\n," x);
        --x;
    }
```

```
    return;
}
```

처음에 x가 0보다 크지 않으면 while 루프는 루프 본문을 실행하지 않고 종료된다. x가 0보다 크면 x의 값을 출력한 다음 x의 값이 감소한다. 루프의 끝에 도달하면 제어식을 다시 테스트한다. 이런 패턴은 제어식이 0이 될 때까지 반복된다. 전체적으로 이 루프는 x가 1이 될 때까지 반복한다.

while 루프는 진입 조건entry condition이 충족되는 동안만 실행되는 간단한 진입 제어 루프다. 프로그램 5-8은 C 표준 라이브러리의 memset 함수 구현을 보여준다. 이 함수는 (unsigned char로 변환된) val의 값을 dest가 가리키는 개체의 처음 n개 문자 각각에 복사한다.

프로그램 5-8 C 표준 라이브러리 memset 함수

```
void *memset(void *dest, int val, size_t n) {
    unsigned char *ptr = (unsigned char*)dest;

    while (n-- > 0)
        *ptr++ = (unsigned char)val;

    return dest;
}
```

memset 함수의 첫 번째 줄은 dest를 unsigned char에 대한 포인터로 변환하고 결과값을 unsigned char 포인터 ptr에 할당한다. 이렇게 하면 dest의 값을 마지막 줄에서 반환할 수 있도록 값을 유지할 수 있다. 함수의 나머지 두 줄은 (unsigned char로 변환된) val의 값을 dest가 가리키는 개체의 처음 n개 문자 각각에 복사하는 while 루프다. while 루프의 제어식은 n-- > 0을 확인한다.

인수 n은 제어식의 평가에 대한 파생 작업으로 루프의 각 반복마다 값이 감소하는 루프 카운터loop counter다. 위 함수에서 루프 카운터는 최소값(0)이 될 때까지 단조 감소한다.

루프는 n번 반복되며, 여기서 n은 ptr이 참조하는 메모리의 경계보다 작거나 같다.

포인터 ptr은 ptr부터 ptr + n - 1까지 unsigned char 형식의 개체 시퀀스를 지정한다. val의 값은 unsigned char로 변환돼 각 개체에 차례로 기록된다. n이 ptr이 참조하는 개체의 경계보다 크면 while 루프는 이 개체 경계의 밖에 있는 메모리에 쓴다. 이는 정의되지 않은 동작으로 버퍼 오버플로우buffer overflow 또는 오버런overrun이라고 하는 일반적인 보안 결함security flaw이다. 이런 전제 조건이 충족되면 while 루프는 정의되지 않은 동작을 하지 않고 종료된다. 루프의 마지막 반복에서 제어식 n-- > 0이 0으로 평가되면 루프가 종료된다.

루프가 계속 실행되는 무한 루프infinite loop를 작성할 수 있다. 실수로 영원히 실행되는 while 루프를 작성하지 않으려면 while 루프를 시작하기 전에 제어식이 참조하는 모든 개체를 초기화해야 한다. 또한 적절한 횟수를 반복한 다음 종료되도록 루프가 실행되는 동안 제어식이 변경되는지 확인해야 한다.

do...while

do...while 문은 제어식의 평가가 루프 본문 실행 전이 아니라 실행 후에 이뤄진다는 것을 제외하면 while 문과 비슷하다. 결과적으로 루프 본문은 조건을 테스트하기 전에 최소한 번은 실행되도록 보장된다. do...while 반복문 구문은 다음과 같다.

```
do
    statement
while ( expression );
```

do...while 반복에서 statement는 항상 실행되며 이후 expression이 평가된다. expression이 0이 아니면 제어는 루프의 상단으로 돌아가고 statement를 다시 실행한다. 그렇지 않으면 실행은 루프의 다음 문으로 넘어간다.

do...while 반복문은 주로 입출력에 사용되지만, 프로그램 5-9처럼 스트림stream의 상태를 테스트하기 전에 스트림에서 읽는 것이 좋다.

프로그램 5-9 stdin에서 수량과 측정 단위, 그리고 항목 이름을 반복적으로 받는다.

```
#include <stdio.h>
// --- 생략 ---

int count; float quant; char units[21], item[21];

do {
    count = fscanf(stdin, "%f%20s of %20s", &quant, units, item);
    fscanf(stdin,"%*[^\n]");
} while (!feof(stdin) && !ferror(stdin));
```

위 코드는 파일 끝 지시기end-of-file indicator가 설정됐거나 읽기 오류가 발생할 때까지 표준 입력 스트림 stdin에서 부동 소수점 수량과 측정 단위(문자열), 항목 이름(문자열)을 입력받는다. 입출력에 관해서는 8장에서 자세히 설명한다.

for 문

for 문은 C에서 가장 C다운 것일 수 있다. for 문은 문을 반복적으로 실행하며 loop에 진입하기 전에 반복 횟수를 알고 있을 때 주로 사용된다. for 문의 구문은 다음과 같다.

```
for (clause1; expression2; expression3)
    statement
```

제어식 expression2은 루프 본문을 실행하기 전에 평가되며 expression3은 루프 본문을 실행한 후에 평가된다. clause1이 선언이라면 clause1이 선언하는 식별자의 범위는 선언 이후의 나머지 부분과 두 식을 포함한 전체 루프다.

그림 5-1과 같이 for 문을 while 문으로 변환할 때 clause1, expression2, expression3의 목적을 명확하게 알 수 있다.

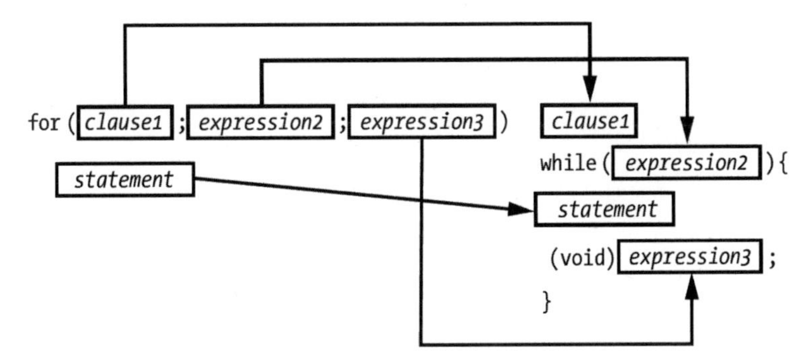

그림 5-1 for 루프를 while 루프로의 변환

프로그램 5-10은 프로그램 5-8의 memset 구현의 수정된 버전이다. 여기서 while 루프를 for 문으로 대체했다.

프로그램 5-10 for 루프를 사용해 문자 배열 채우기

```
void *memset(void *dest, int val, size_t n) {
    unsigned char *ptr = (unsigned char *)dest;

    for (size_t i = 0;❶ i < n;❷ ++i❸) {
        *(ptr + i) = val;
    }

    return dest;
}
```

for 루프는 같은 줄에서 루프 카운터를 선언 그리고/또는 초기화 ❶하고, 루프에 대한 제어식을 지정❷하고, 루프 카운터를 증가❸시킬 수 있어 C 프로그래머들이 즐겨 사용한다.

for 루프는 다소 오해의 소지가 있을 수 있다. data 요소와 목록의 next 노드node에 대한 포인터로 구성된 node 구조체를 선언하는 C의 단일 연결 리스트singly linked list의 예를 살펴보자. 또한 node 구조체에 대한 포인터 p도 정의한다.

```
struct node {
    int data;
    struct node *next;
    };
struct node *p;
```

위의 정의에 따르면 p는 단일 연결 리스트를 가리키는데, 아래 코드는 해당 연결 리스트linked list의 스토리지를 해제(free(p))한 후에 p 값을 읽으려 시도하기 때문에 오류가 발생한다.

```
for (p = head; p != NULL; p = p->next)
    free(p);
```

해제 후에 p를 읽는 것은 정의되지 않은 동작이다.

위의 for 루프를 while 루프로 다시 작성하면 코드가 해제 후 p를 읽는 것이 분명해진다.

```
p = head;

while (p != NULL) {
    free(p);
    p = p->next;
}
```

for 루프는 어휘적으로 expression3이 루프 본문 앞에 있지만 루프 본문 다음에 평가하므로 혼란스러울 수 있다.

이 연산을 올바르게 수행하려면 아래 코드와 같이 할당 해제 전에 필요한 포인터를 저장해야 한다.

```
for (p = head; p != NULL; p = q) {
    q = p->next;
```

```
    free(p);
}
```

동적 메모리dynamic memory 관리에 관해서는 6장에서 자세히 설명한다.

점프 문

점프 문jump statement은 제어를 같은 함수의 다른 부분으로 무조건 넘긴다. 점프 문은 최하위 수준lowest-level 제어 흐름 문으로 일반적으로 기본 어셈블리 언어 코드와 거의 일치한다.

goto 문

모든 문에는 식별자 뒤에 콜론이 오는 식별자인 레이블label이 올 수 있다. goto 문은 바깥쪽 함수enclosing function에서 명명된 레이블이 있는 문으로 점프한다. 점프는 무조건 실행되므로 goto 문이 실행될 때마다 발생한다는 것을 의미한다. 아래는 goto 문의 예다.

```
    /* 실행되는 문 */
    goto location;
    /* 건너뛰는 문 */
location:
    /* 실행되는 문 */
```

위 코드에서 실행은 goto 문을 만날 때까지 계속되며 goto 문을 만난 시점에서 제어는 location 레이블 다음에 있는 문으로 점프하고 실행을 계속한다. goto 문과 레이블 간의 문은 무시된다.

goto 문은 에드거 다익스트라Edsger Dijkstra의 1968년 논문 "Go To Statement Considered Harmful"으로 인해 나쁜 평판을 받았다. 그의 비판은 goto 문을 제대로 사용하지 못하면 코드가 복잡하고 얽힌 제어 구조를 가져 개념적으로 프로그램의 흐름이 스파게티처럼 뒤틀리고 얽힌 프로그램 흐름을 초래할 수 있어 스파게티 코드spaghetti code가 될 수 있다는 것이다. 그러나 goto 문은 명확하고 일관된 방식으로 사용하면 읽기 쉬운 코드를 작성할 수 있다.

goto 문을 사용하는 한 가지 유용한 방식은 에러가 발생하고 함수를 벗어나야 할 때 (동적으로 할당된 메모리나 열린 파일과 같이) 할당된 자원을 해제하기release 위해 연결하는 것이다. 이 시나리오는 프로그램이 여러 자원을 할당하고 각 할당이 실패할 수 있으며, 누수를 막기 위해 자원을 해제해야 할 때 발생한다. 첫 번째 자원 할당이 실패하면 자원이 할당되지 않았으므로 정리cleanup할 필요가 없다. 그러나 두 번째 자원을 할당할 수 없는 경우 첫 번째 자원을 해제해야 한다. 마찬가지로 세 번째 자원을 할당할 수 없으면 할당된 두 번째와 첫 번째 자원을 해제해야 한다. 이 패턴은 중복된 정리 코드cleanup code를 초래하며 중복과 추가 복잡도additional complexity로 인해 오류가 발생하기 쉽다.

한 가지 해결책은 중첩된 if 문을 사용하는 것으로 너무 깊이 중첩되면 코드를 읽기가 어려워질 수 있다. 대신 자원을 해제하기 위해 프로그램 5-11처럼 goto 체인chain을 사용할 수 있다.

프로그램 5-11 goto 체인을 사용한 자원 해제

```
int do_something(void) {
    FILE *file1, *file2;
    object_t *obj;

    int ret_val = 0; // 처음에는 성공적인 반환 값을 가정한다.

    file1 = fopen("a_file", "w");
    if (file1 == NULL) {
        ret_val = -1;
        goto FAIL_FILE1;
    }

    file2 = fopen("another_file", "w");
    if (file2 == NULL) {
        ret_val = -1;
        goto FAIL_FILE2;
    }
```

```
    obj = malloc(sizeof(object_t));
    if (obj == NULL) {
        ret_val = -1;
        goto FAIL_OBJ;
    }

    // 할당된 자원에 대해 작동한다.
    // 모든 것을 지운다.
    free(obj);

FAIL_OBJ: // 열었던 자원만 닫는다.
    fclose(file2);
FAIL_FILE2:
    fclose(file1);
FAIL_FILE1:
    return ret_val;
}
```

코드는 간단한 패턴을 따른다. 자원은 특정 순서로 할당되고 작동하며, 반대 순서(후입선출)로 해제된다. 자원을 할당하는 동안 에러가 발생하면 코드는 goto를 사용해 정리 코드의 적절한 위치로 점프하고 할당된 자원만 해제한다.

이처럼 구조화된 방식으로 사용되는 goto 문은 코드를 더 읽기 쉽게 만들 수 있다. 실제 예는 Linux 커널의 kernel/fork.c의 copy_process 함수다. 이 함수는 내부 함수가 실패할 때 17개의 goto 레이블을 사용해 정리 코드를 수행한다.

continue 문

루프 안의 continue 문을 사용해 루프 본문의 끝으로 점프해 현재 반복에 대한 루프 본문 안에 남아있는 문의 실행을 건너뛸 수 있다. 예를 들어, continue 문은 프로그램 5-12처럼 각 루프의 goto END_LOOP_BODY와 같다.

프로그램 5-12 continue 문 사용

```
while (/* … */) {
   // --- 생략 ---
    continue;
   // --- 생략 ---
END_LOOP_BODY: ;
}
```

```
do {
   // --- 생략 ---
    continue;
   // --- 생략 ---
END_LOOP_BODY: ;
} while (/* … */);
```

```
for (/* … */) {
   // --- 생략 ---
    continue;
   // --- 생략 ---
END_LOOP_BODY: ;
}
```

continue 문은 주로 조건문과 함께 사용되므로 현재 루프 반복의 목적을 달성한 다음에 후속 루프 반복을 처리하게 된다.

break 문

break 문은 switch나 반복문의 실행을 종료한다. 5장 앞의 switch 문에서 break를 사용했다. 루프 안에서 break 문은 루프를 종료하고 루프의 다음 문에서 프로그램의 실행이 재개된다. 예를 들어, 다음 예에서 for 루프는 키보드에서 대문자나 소문자 Q 키를 눌렀을 때만 종료된다.

```
#include <stdio.h>

int main(void) {
    char c;
    for(;;) {
        puts("아무 키나 누르세요, Q를 입력하면 종료합니다.: ");
        c = toupper(getchar());
        if (c == 'Q') break;
    }
} // 대문자 또는 소문자 'Q'가 눌렸을 때만 루프를 빠져나온다.
```

수행 중인 작업이 완료됐을 때 루프의 실행을 중단하기 위해 break를 사용한다. 예를 들어, 프로그램 5-13의 break 문은 배열에서 지정된 키를 찾은 후에 루프를 벗어난다. 키가 arr에서 고유하다고 가정하면 find_element 함수는 break 문이 없어도 같은 동작을 하지만 배열의 길이와 키가 발견되는 위치에 따라 더 많은 명령을 실행해 성능에 부정적인 영향을 미칠 수 있다.

프로그램 5-13 루프에서 벗어나기

```
size_t find_element(size_t len, int arr[len], int key) {
    size_t pos = (size_t)-1;
    // arr 배열에 대해 키를 찾는다.
    for (size_t i = 0; i < len; ++i) {
        if (arr[i] == key) {
            pos = i;
            break; // 루프를 종료한다.
        }
    }
    return pos;
}
```

continue와 break는 루프 본문의 일부를 건너뛰므로 주의해서 사용해야 한다. 이런 문 다음에 오는 코드는 실행되지 않는다.

return 문

return 문은 현재 함수의 실행을 종료하고 제어를 호출자caller에게 반환한다. 이 책에서 이미 return 문의 많은 예를 보았을 것이다. 함수에는 0개 이상의 return 문이 있을 수 있다.

return 문은 단순히 반환만 하거나 식을 반환할 수도 있다. void 함수(값을 반환하지 않는 함수) 내에서 return 문은 반환만 해야 한다. 함수가 값을 반환할 때 return 문은 반환 형식의 값을 생성하는 식을 반환해야 한다. 식이 있는 return 문이 실행되면 식의 값은 함수 호출 식의 값으로 호출자에게 반환된다.

```
int sum(int x, int y, int z) {
    return x + y + z;
}
```

위의 간단한 함수는 매개변수를 더하고 그 합을 반환한다. 반환 식 x + y + z는 int 형식의 값을 생성하므로 함수의 반환 형식과 일치한다. 이 식이 다른 형식을 생성하면 함수의 반환 형식을 갖는 개체로 암시적으로 변환된다. 반환 식은 0이나 1을 반환하는 것처럼 간단할 수도 있다. 그러면 함수 결과를 식이나 변수 할당에 사용할 수 있다.

식이 있는 return 문을 평가하지 않고 비-void 함수(값을 반환하도록 선언된 함수)의 끝 중괄호에 도달하면 함수 호출의 반환 값을 사용하는 것은 정의되지 않은 동작이다. 예를 들어, 아래 예에서 조건 a < 0이 거짓이므로 a가 음이 아니면 함수는 값을 반환하지 못한다.

```
int absolute_value(int a) {
    if (a < 0) {
        return -a;
    }
}
```

프로그램 5-14와 같이 a가 음수가 아닌 경우 반환 값을 제공해 이 결함을 쉽게 수정할 수 있다.

프로그램 5-14 absolute_value 함수는 모든 경로에 대해 값을 반환한다.

```
int absolute_value(int a) {
    if (a < 0) {
        return -a;
    }
    return a;
}
```

그러나 위 코드에서 2의 보수 표현을 사용하면 여전히 버그가 있다(3장 참조). 이 버그를 식별하는 것은 연습 문제로 남겨둔다.

연습 문제

아래 연습 문제를 직접 코드로 작성한다.

1. 프로그램 5-11의 함수를 수정해 열 수 없는 파일을 호출자에게 명확히 알려준다.
2. 프로그램 5-13에서 a에서 키의 위치를 반환하도록 `find_element` 함수를 변경한다. 키를 찾지 못하면 오류 표시를 반환하도록 한다.
3. 프로그램 5-14의 `absolute_value` 함수에 남아있는 버그를 수정한다.

요약

5장에서는 제어 흐름 문을 살펴봤다.

- `if`와 `switch` 같은 선택 문을 사용하면 제어식 값에 따라 문의 집합에서 실행할 문을 선택할 수 있다.
- 반복문은 제어식이 0이 될 때까지 루프 본문을 반복적으로 실행한다.
- 점프 문은 무조건 제어를 새 위치로 전달한다.

6장에서는 동적으로 할당된 메모리에 대해 알아본다.

6

동적으로 할당된 메모리

2장에서 모든 개체는 개체의 수명을 결정하는 스토리지 기간을 가지며 C는 정적, 스레드, 자동, 할당이라는 네 종류의 스토리지 기간을 정의한다고 배웠다. 6장에서는 런타임에 힙에서 동적으로 할당된 메모리에 관해 알아본다. 동적으로 할당된 메모리는 런타임 전에 프로그램에 대한 정확한 스토리지 요구 사항을 알 수 없는 경우에 유용하다.

먼저 할당과 정적, 자동 스토리지 기간 간의 차이점에 대해 알아본다. 스레드 스토리지 할당thread storage allocation에는 여기서 다루지 않는 병렬 실행parallel execution이 포함되므로 건너뛴다. 그런 다음 동적 메모리dynamic memory를 할당하고 해제하는 데 사용할 수 있는 함수와 일반적인 메모리 할당 오류, 이를 방지하기 위한 전략에 대해서도 알아본다. 6장에서는 실제로 사용되는 방식 비슷하게 메모리memory와 스토리지storage 용어를 서로 바꿔 사용할 수 있다.

스토리지 기간

개체는 RAM이나 ROM 또는 레지스터일 수 있는 스토리지storage를 차지한다. 할당된 기간의 스토리지는 자동 스토리지 기간automatic storage duration 또는 정적 스토리지 기간static storage duration의 스토리지와는 상당히 다른 속성을 갖는다. 먼저 2장 처음에 설명했던 자동 스토리지 기간과 정적 스토리지 기간을 먼저 살펴본다.

자동 스토리지 기간의 개체는 블록 내부나 함수의 매개변수로 선언된다. 이런 개체의 수명은 이런 개체를 선언한 블록이 실행을 시작할 때 시작해 블록의 실행이 끝날 때 끝난다. 블록이 재귀적으로 들어가면 매번 새 개체가 만들어지고 각 개체는 고유한 스토리지를 갖는다.

파일 범위 안에서 선언된 개체는 정적 스토리지 기간을 갖는다. 이런 개체는 프로그램이 실행되는 동안 유지되며, 개체에 저장된 값은 프로그램이 실행되기 전에 초기화된다. 또한 스토리지 클래스 지정자storage-class specifier `static`을 사용해 정적 스토리지 기간을 갖는 블록 범위 안에서 변수를 선언할 수도 있다.

힙과 메모리 관리자

동적으로 할당된 메모리는 할당 스토리지 기간allocated storage duration을 갖는다. 할당된 개체의 수명은 할당부터 해제될 때까지 연장된다. 동적으로 할당된 메모리는 메모리 관리자가 관리하는 하나 이상의 크고 세분화할 수 있는 메모리 블록인 힙heap에서 할당된다.

메모리 관리자memory manager는 다음 절에서 설명할 표준 메모리 관리 함수의 구현을 제공해 힙을 관리하는 라이브러리다. 메모리 관리자는 클라이언트 프로세스의 일부로 실행된다. 메모리 관리자는 운영체제에서 하나 이상의 메모리 블록을 요청한 다음 메모리 할당 함수를 호출할 때 이 메모리를 클라이언트 프로세스에 할당한다.

메모리 관리자는 할당되지 않은 메모리와 할당 해제된 메모리만 관리한다. 메모리가 할당되면 호출자는 메모리가 반환될 때까지 메모리를 관리한다. 대부분의 구현체는 프로그램이 종료될 때 동적으로 할당된 메모리를 회수하지만, 메모리가 해제됐는지 확인하는 것은 호출자의 책임이다.

메모리 관리자 구현

메모리 관리자는 일반적으로 도널드 커누스가 설명한 동적 스토리지 할당 알고리즘(1997)의 변형을 구현한 것이다. 이 알고리즘은 프로그래머에게 반환되는 메모리 블록 전후에 나타나는 크기 필드인 경계 태그(boundary tag)를 사용한다. 이 크기 정보를 사용하면 모든 메모리 블록이 알려진 블록에서 어느 방향으로든 통과할 수 있으므로 메모리 관리자는 두 경계에 있는 사용되지 않는 블록을 더 큰 블록으로 병합해 조각을 최소화할 수 있다.

조각(fragment)은 메모리가 할당되고 해제될 때 발생하며 결과적으로 많은 작은 메모리 블록이 만들어지지만 큰 블록은 남지 않는다. 결과적으로 자유 메모리(free memory)의 총량이 할당에 충분하더라도 큰 할당이 실패할 수 있다. 클라이언트 프로세스를 위해 할당된 메모리와 메모리 관리자 안에서 내부 사용을 위해 할당된 메모리는 모두 클라이언트 프로세스에서 주소를 지정할 수 있는 메모리 공간 안에 있다.

동적으로 할당된 메모리를 사용하는 경우

동적으로 할당된 메모리는 런타임 전에 프로그램의 정확한 스토리지 요구 사항을 알 수 없는 경우에 사용된다. 동적으로 할당된 메모리는 정적으로 할당된 메모리보다 효율적이지 않다. 왜냐하면 메모리 관리자는 런타임 힙에서 적절한 크기의 메모리 블록을 찾은 다음 호출자가 더 이상 필요로 하지 않을 때 이 블록을 명시적으로 해제해야 하는 추가적인 처리가 필요하기 때문이다. 기본적으로 컴파일 시 크기를 알 수 없는 개체에 대해 자동 또는 정적 스토리지 기간을 개체를 선언해야 한다.

메모리 누수memory leak는 더 이상 필요하지 않은 동적으로 할당된 메모리가 메모리 관리자에게 반환되지 않을 때 발생한다. 이런 메모리 누수가 심각할 경우 메모리 관리자는 결국 스토리지에 대한 새 요구 사항을 충족할 수 없게 된다. 동적으로 할당된 메모리는 조각 모음defragmentation(인접한 자유 블록의 통합)과 같은 정리작업을 위한 추가 처리가 필요하다.

일반적으로 컴파일 시 스토리지의 크기를 알 수 없거나 런타임때까지 개체의 수를 알 수 없을 때 동적으로 할당된 메모리를 사용한다. 예를 들어, 컴파일 시 테이블의 행 수를 알지 못하는 경우 동적으로 할당된 메모리를 사용해 런타임 시 파일로부터 테이블을 읽을 수 있다. 마찬가지로 동적으로 할당된 메모리를 사용해, 연결 리스트linked list, 해시 테이블hash table, 이진 트리binary tree를 생성하거나, 컴파일 시에는 각 컨테이너에 포함된 데이터 요소의 수를 알 수 없는 데이터를 위한 기타 데이터 구조를 생성할 수 있다.

메모리 관리 함수

C 표준 라이브러리는 동적 메모리를 할당하고 해제하기 위한 메모리 관리 함수를 정의한다. 이런 함수에는 `malloc`, `aligned_alloc`, `calloc`, `realloc` 등이 있다. `free` 함수를 호출해 메모리를 해제할 수 있다. OpenBSD의 `reallocarray` 함수는 C 표준 라이브러리에 정의돼 있지 않지만, 메모리 할당에 유용할 수 있다.

malloc 함수

`malloc` 함수는 초기 값이 정해지지 않은 지정된 크기의 개체에 대한 공간을 할당한다. 프로그램 6-1에서 `malloc` 함수를 호출해 `struct widget`의 크기만큼 개체에 대한 스토리지를 동적으로 할당한다.

프로그램 6-1 malloc 함수를 사용해 widget에 대한 스토리지 할당

```
#include <stdlib.h>

typedef struct {
    char c[10];
    int i;
    double d;
} widget;

❶ widget *p = malloc(sizeof(widget));
```

```
❷ if (p == NULL) {
     // 할당 오류를 처리한다.
  }
  // 처리를 계속한다.
```

모든 메모리 할당 함수는 할당할 메모리의 바이트 수를 지정하는 size_t 형식의 인수를 입력받는다❶. 이식성을 위해 개체의 크기를 계산할 때 sizeof 연산자를 사용한다. int와 long처럼 다양한 형식의 개체 크기는 구현체마다 다를 수 있다.

malloc 함수는 오류를 나타내는 null 포인터나 할당된 공간에 대한 포인터를 반환한다. 따라서 malloc이 null 포인터를 반환하는지 확인하고❷ 오류를 적절히 처리한다.

함수가 할당된 스토리지를 성공적으로 반환한 후 포인터 p를 통해 widget 구조체의 멤버에 저장할 수 있다. 예를 들어, p->i는 widget의 int 멤버에 접근하지만, p->d는 double 멤버에 접근한다.

형식을 선언하지 않고 메모리 할당하기

참조된 개체에 대한 형식을 선언하지 않도록 malloc의 반환 값을 void 포인터로 저장할 수 있다.

```
void *p = malloc(size);
```

또는 void 형식이 C에 도입되기 전의 규칙인 char 포인터를 사용할 수도 있다.

```
char *p = malloc(size);
```

어느 경우든 p가 참조하는 개체는 개체가 이 스토리지에 복사되기 전까지는 형식을 갖지 않는다. 이런 일이 발생하면 개체는 이 스토리지에 복사된 마지막 개체의 유효한 형식 effective type을 갖게 되며 할당된 개체에 형식을 각인시킨다. 아래 예제에서 p가 참조하는 스토리지는 memcpy를 호출한 다음에 유효한 형식을 갖게 된다.

```
widget w = {"abc", 9, 3.2};
memcpy(p, &w, sizeof(widget)); // void * 포인터로 강제로 바뀐다.
printf("p.i = %d.\n", p->i);
```

모든 형식의 개체를 할당된 메모리에 저장할 수 있으므로 malloc을 포함한 모든 할당 함수가 반환한 포인터를 할당해 개체의 모든 형식을 가리키도록 할 수 있다. 예를 들어, 구현체에 1, 2, 4, 8, 16바이트 맞춤이 있는 개체가 있고 16바이트 이상의 스토리지를 할당하면 맞춤이 16의 배수인 포인터가 반환된다.

포인터를 선언된 개체의 형식으로 캐스팅하기

C 프로그래머 전문가조차도 malloc이 반환한 포인터를 선언된 개체의 형식에 대한 포인터로 캐스팅할 수 있는지에 대해 의견이 다르다. 아래 할당 문은 이 포인터를 widget에 대한 포인터로 캐스팅한다.

```
widget *p = (widget *)malloc(sizeof(widget));
```

엄밀히 말하면 이 형 변환은 불필요하다. C에서 void 포인터는 모든 형식의 개체를 가리킬 수 있는 범용 포인터다. 메모리 할당을 위한 malloc 함수로 반환되는 포인터를 다른 형식의 포인터로 변환해 해당 개체를 참조하거나 조작할 수 있다. 따라서 (malloc이 반환한 형식인) void에 대한 포인터를 임의 유형의 개체를 가리키는 포인터로 변환할 수 있다. 그러나 이런 암시적 변환 결과 포인터resulting pointer는 올바르게 맞춰져야 한다. 변환할 수 없는 경우는 정의되지 않은 동작이다. malloc의 결과를 의도한 포인터 형식으로 캐스팅하면 컴파일러가 부주의한 포인터 변환뿐만 아니라 할당 크기와 형 변환 식에서 가리키는 형식의 크기 차이를 파악할 수 있다.

이 책의 예는 주로 형 변환을 사용하지만, 두 스타일 모두 사용할 수 있다. 이 주제에 관한 자세한 내용은 CERT C 규칙 MEM02-C(메모리 할당 함수 호출의 결과를 할당된 형식에 대한 포인터로 즉시 캐스팅하기)를 참조한다.

초기화되지 않은 메모리 읽기

malloc이 반환한 메모리의 내용은 초기화되지 않으며, 이는 정해지지 않은 값이 포함된다는 것을 의미한다. 초기화되지 않은 메모리를 읽는 것은 결코 좋은 생각은 아니며 정의되지 않은 동작으로 생각해야 한다. 더 자세히 알고 싶다면 필자가 쓴 초기화되지 않은 읽기uninitialized read에 관한 심층 기사(Seacord 2017)를 참조하길 바란다. malloc 함수는 반환된 메모리를 초기화하지 않는다. 왜냐하면 어쨌든 이 메모리를 덮어쓸 것이라고 예상하기 때문이다.

그런데도 초보자는 일반적으로 malloc이 반환한 메모리에 0이 포함돼 있다고 가정하는 실수를 한다. 프로그램 6-2는 이 오류를 정확하게 보여준다.

프로그램 6-2 초기화 오류

```
#include <stdio.h>
#include <stdlib.h>
#include <string.h>

int main(void) {
    char *str = (char *)malloc(16);

    if (str) {
        strncpy(str, "123456789abcdef", 15);
        printf("str = %s.\n", str);
        free(str);
        return EXIT_SUCCESS;
    }
    return EXIT_FAILURE;
}
```

위 프로그램은 malloc 함수를 호출해 16바이트의 메모리를 할당한 다음 strncpy를 사용해 문자열의 처음 15바이트를 할당된 메모리에 복사한다. 프로그래머는 할당된 메모리의 크기보다 1바이트 적게 복사해 적절하게 null로 끝나는 문자열null-terminated string을 만들려고 시도한다. 이렇게 하면 프로그래머는 할당된 스토리지에 이미 null 바이트 역할을 하는 0이 포함된다고 가정한다. 그러나 저장소는 0이 아닌 값을 쉽게 포함할 수 있으며, 이 경우 문자열은 적절하게 null로 끝나지 않아 printf 호출은 정의되지 않은 동작을 발생한다.

일반적인 해결책은 다음과 같이 null 문자를 할당된 스토리지의 마지막 바이트에 쓰는 것이다.

```
strncpy(str, "123456789abcdef", 15);
❶ str[15] = '\0';
```

원본 문자열이 15바이트 미만이면 null 종결자terminator가 복사되고 ❶에서 할당은 불필요하다. 원본 문자열이 15바이트 이상 경우 이 할당을 추가하면 문자열이 적절하게 null로 끝난다.

aligned_alloc 함수

aligned_alloc 함수는 할당된 개체에 대한 맞춤과 크기를 정의해야 한다는 것만 제외하면 malloc 함수와 비슷하다. 이 함수는 다음과 같은 시그니처signature를 가지며 size는 개체의 크기를 지정하고 맞춤은 개체의 맞춤을 지정한다.

```
void *aligned_alloc(size_t alignment, size_t size);
```

일부 하드웨어는 일반 메모리 맞춤 요구 사항보다 더 엄격한 요구 사항을 요구하므로 C11은 aligned_alloc 함수를 도입했다. C는 malloc이 동적으로 할당한 메모리가 배열과 구조체를 포함한 모든 표준 형식을 충분히 맞출 수 있도록 요구하지만, 때로는 컴파일러의 기본 선택을 재정의해야 할 수도 있다.

일반적으로 기본값보다 더 엄격한 맞춤(즉, 2의 큰 거듭제곱)을 요청하기 위해 aligned_alloc 함수를 사용한다. 맞춤 값이 구현체가 지원하는 유효한 맞춤이 아닌 경우 함수는 null 포인터를 반환하고 실패한다. 맞춤과 관련된 자세한 내용은 2장을 참조한다.

calloc 함수

calloc 함수는 각 크기가 size 바이트인 nmemb 개체 배열에 대한 스토리지를 할당한다. 다음과 같은 시그니처를 갖는다.

```
void *calloc(size_t nmemb, size_t size);
```

이 함수는 스토리지를 모두 0 값 바이트로 초기화한다. 이 0 값은 부동 소수점 0이나 null 포인터 상수를 나타내기 위해 사용되는 0과 같지 않을 수 있다. 또한 calloc 함수를 사용해 단일 객체에 대한 스토리지를 할당할 수 있다. 이러한 단일 객체는 요소를 하나만 갖는 배열이라고 생각할 수 있다.

내부적으로 nmemb와 size를 곱해 할당에 필요한 바이트 수를 결정한다. 과거에 구현된 일부 calloc 함수는 할당에 필요한 바이트 수를 계산할 때 오버플로우 여부를 확인하지 않았다. 이 문제를 해결하기 위해 최근에 구현된 calloc은 할당에 필요한 바이트 수를 계산할 때 버퍼오버플로우 여부를 검증하고, 결과 바이트 수를 szie_t로 표현할 수 없으면 null 포인터를 반환한다.

realloc 함수

realloc 함수는 이전에 할당된 스토리지의 크기를 증가시키거나 감소시킨다. 이 함수는 aligned_alloc, malloc, calloc, realloc(또는 null 포인터)를 이전에 호출했을 때 할당된 메모리에 대한 포인터와 크기를 입력 받으며 다음과 같은 시그니처를 갖는다.

```
void *realloc(void *ptr, size_t size);
```

realloc 함수를 사용해 배열의 크기를 늘리거나 (덜 일반적이지만) 줄일 수도 있다.

메모리 누수 방지하기

realloc을 사용할 때 버그가 발생하지 않도록 하려면 함수가 (개념적으로) 구현된 방식을 이해해야 한다. realloc 함수는 일반적으로 malloc 함수를 호출해 새 스토리지를 할당한 다음 이전 스토리지의 내용을 이전과 새 크기의 최소값까지 새 스토리지로 복사한다. 새로 할당된 스토리지가 이전 내용보다 더 크면 realloc은 추가 스토리지를 초기화되지 않은 상태로 남겨둔다. realloc이 새 개체를 할당하는 데 성공하면 free를 호출해 이전 개체의 할당을 해제한다. 할당이 실패하면 realloc 함수는 이전 개체의 데이터를 같은 주소에 유지하고 null 포인터를 반환한다. 예를 들어, 요청한 바이트 수를 할당하는 데 사용할 수 있는 메모리가 충분하지 않으면 realloc에 대한 호출이 실패할 수 있다. 아래 realloc의 사용은 오류를 포함하고 있다.

```
size += 50;
if ((p = realloc(p, size)) == NULL) return NULL;
```

위 예에서 p가 참조하는 스토리지의 크기를 증가시키도록 realloc을 호출하기 전에 50씩 증가한다. realloc에 대한 호출이 실패하면 p에는 NULL 값이 할당되지만 realloc는 p가 참조하는 스토리지 할당을 해제하지 않으며, 결과적으로 이 메모리가 누수된다.

프로그램 6-3은 realloc 함수의 올바른 사용을 보여준다.

프로그램 6-3 realloc 함수의 올바른 사용

```
void *p2;
void *p = malloc(100);
// --- 생략 ---

if ((nsize == 0) || (p2 = realloc(p, nsize)) == NULL) {
    free(p);
    return NULL;
}
p = p2;
```

위 코드는 두 개의 변수 p와 p2를 선언했다. 변수 p는 malloc이 반환한 동적으로 할당된 메모리를 참조하고 p2는 초기화되지 않은 상태로 시작한다. 결국 포인터 p와 새 nsize 크기를 갖는 realloc 함수를 호출해 이 메모리의 크기를 조정한다. realloc의 반환 값이 p에 저장된 포인터를 덮어쓰지 않도록 p2에 할당된다. realloc이 성공하고 nsize 할당에 대한 포인터를 반환하면 p에는 새로 재할당된 스토리지에 대한 포인터를 할당하고 실행이 계속된다.

또한 이 코드에는 0 바이트 할당에 대한 테스트로 포함돼 있다. realloc 함수가 size 인수의 값으로 0의 값을 반환하지 않도록 해야 한다. 이는 실질적으로 정의되지 않은 동작이다(그리고 실제로 C2x에서 정의되지 않은 동작이다).

realllloc 함수에 대한 아래 호출이 null 포인터를 반환하지 않으면 p에 저장된 주소는 유효하지 않으며 더 이상 읽을 수 없다.

```
newp = realloc(p, ...);
```

특히 아래 테스트는 허용되지 않는다.

```
if (newp != p) {
    // 재할당된 메모리를 참조하도록 포인터를 업데이트해야 한다.
}
```

위 코드에서 이전에 p가 가리켰던 메모리를 참조하는 모든 포인터는 realloc이 스토리지에 대해 같은 주소를 유지했는지에 상관없이 realloc에 대한 호출 뒤에 newp가 가리킨 메모리를 참조하도록 업데이트돼야 한다.

이 문제에 관한 한 가지 해결책은 핸들handle이라고 하는 추가 간접 참조를 수행하는 것이다. 재할당된 포인터의 모든 사용이 간접 참조인 경우 해당 포인터가 재할당될 때 모두 업데이트된다.

Null 포인터로 realloc 호출하기

null 포인터로 realloc을 호출하는 것은 malloc을 호출하는 것과 같다. newsize가 0이 아니라면 아래 코드는

```
if (p == NULL)
    newp = malloc(newsize);
else
    newp = realloc(p, newsize);
```

다음 코드로 대체할 수 있다.

```
newp = realloc(p, newsize);
```

먼저 위 코드의 첫 번째 버전은 malloc을 호출해 첫 번째 스토리지를 할당하고 필요에 따라 나중에 크기를 조정하도록 realloc을 호출한다. null 포인터로 realloc을 호출하는 것은 malloc을 호출하는 것과 같으므로 두 번째 코드는 같은 작업을 간결하게 수행한다.

reallocarray 함수

OpenBSD reallocarray 함수는 배열에 대한 스토리지를 재할당 할 수 있지만 배열 크기 계산을 위한 오버플로우 검사도 제공한다. 이렇게 하면 이런 검사를 수행할 필요가 없다. reallocarray 함수는 다음과 같은 시그니처를 갖는다.

```
void *reallocarray(void *ptr, size_t nmemb, size_t size);
```

reallocarray 함수는 size 크기의 nmemb 멤버에 대한 스토리지를 할당하고 nmemb * size 계산에서 정수 오버플로우를 검사한다. GNU C 라이브러리(libc)를 포함한 다른 플랫폼은 이 함수를 채택했으며 POSIX 표준의 다음 개정판에 포함되도록 제안됐다. reallocarray 함수는 할당된 스토리지를 0으로 만들지 않는다.

앞 장에서 살펴본 바와 같이 정수 오버플로우는 버퍼 오버플로우 및 다른 보안 취약점을 유발할 수 있는 심각한 문제다. 예를 들어, 아래 코드에서는 식 num * size는 realloc에 대한 다음 호출에서 size 인수로 전달되기 전에 오버플로우될 수 있다.

```
if ((newp = realloc(p, num * size)) == NULL) {
  // --- 생략 ---
}
```

reallocarray 함수는 할당의 크기를 결정하기 위해 두 값을 곱할 때 유용하다.

```
if ((newp = reallocarray(p, num, size)) == NULL) {
  // --- 생략 ---
}
```

reallocarray 함수에 대한 이 호출은 실패하고, 그렇지 않고 num * size가 오버플로우되면 null 포인터를 반환한다.

free 함수

동적으로 할당된 메모리가 더 이상 필요하지 않을 때 free 함수를 호출해 할당을 해제할 수 있다. 메모리 할당을 해제하면 메모리를 재사용할 수 있으므로 사용할 수 있는 메모리를 고갈시킬 가능성이 줄어들고 종종 힙을 더 효율적으로 사용할 수 있으므로 메모리 할당을 해제하는 것이 중요하다.

아래 시그니처를 갖는 free 함수에 할당 해제하려는 메모리에 대한 포인터를 전달해 메모리 할당을 해제할 수 있다.

```
void free(void *ptr);
```

ptr 값은 반드시 aligned_alloc이나 malloc, calloc, realloc에 대한 이전 호출이 반환해야 한다. CERT C 규칙 MEM34-C(동적으로 할당된 메모리만 해제)는 값이 반환되지 않았을 때 발생하는 일을 설명한다. 메모리는 제한된 자원으로 반드시 회수해야 한다.

null-포인터 인수로 free를 호출하면 아무 일도 일어나지 않으며 free 함수는 단순히 반환만 한다.

```
char *ptr = NULL;
free(ptr);
```

Double-Free 취약점 방지하기

같은 포인터에 대해 free 함수를 두 번 이상 호출하면 정의되지 않은 동작이 발생한다. 이런 결함으로 double-free 취약점으로 알려진 보안 결함이 발생할 수 있다. 한 가지 가능한 결과는 취약한 프로세스vulnerable process의 권한으로 임의 코드를 실행하는 데 악용될 수 있다는 것이다. double-free 취약점의 전체 효과는 이 책의 범위를 벗어나지만, C와 C++에서의 시큐어 코딩Secure Coding in C and C++(Seacord 2013)에서 자세히 설명했다. 프로그래머가 할당된 자원을 해제하려고 시도하므로 double-free 취약점은 특히 에러-처리에서 일반적이다.

또 다른 일반적인 오류는 이미 해제된 메모리에 접근하는 것이다. 이런 유형의 오류는 코드가 동작하는 것처럼 보여 실제 오류와는 달리 예상하지 못한 방식으로 실패하므로 종종 진단되지 않는다. 실제 응용 프로그램에서 가져온 프로그램 6-4에서 이전에 drip이 가리킨 스토리지가 두 번째 free 호출로 회수됐기 때문에 close에 대한 인수는 유효하지 않다.

프로그램 6-4 Accessing already freed memory

```
#include <dirent.h>
#include <stdlib.h>
#include <unistd.h>

int closedir(DIR *dirp) {
    free(dirp->d_buf);
    free(dirp);
```

```
    return close(dirp->d_fd); // 이미 해제된 dirp
}
```

이미 해제된 메모리에 대한 포인터를 댕글링 포인터dangling pointer라고 한다. 댕글링 포인터는 이미 해제됐거나 free 함수로 전달된 메모리에 쓰기 작업을 수행하는 데 사용될 수 있으므로 (바닥에 있는 바나나 껍질처럼) 잠재적 오류의 원인이 된다. 이 주제에 관한 자세한 내용은 CERT C 규칙 MEM30-C(해제된 메모리에 접근하지 않는다)를 참조한다.

Null에 대한 포인터 설정하기

댕글링 포인터와 관련된 결함의 기회를 제한하려면 free에 대한 호출을 완료한 후에 포인터를 NULL로 설정한다.

```
char *ptr = malloc(16);
// --- 생략 ---
free(ptr);
ptr = NULL;
```

포인터를 역참조하려는 모든 향후의 시도는 일반적으로 충돌crash이 발생한다(구현 및 테스트 중에 오류가 감지될 가능성이 커진다). 포인터를 NULL로 설정하면 메모리는 결과 없이 여러 번 해제할 수 있다. 불행히도 free 함수는 실제 포인터가 아니라 포인터의 복사본을 전달하므로 포인터를 NULL 자체로 설정할 수 없다.

메모리 상태

동적으로 할당된 메모리는 그림 6-1에 표시된 것처럼 메모리 관리자 안에서 할당되지 않고 초기화되지 않은 상태와 할당됐지만 초기화되지 않은 상태, 할당되고 초기화된 상태와 같이 세 상태 중의 하나로 존재할 수 있다. malloc과 free 함수에 대한 호출과 메모리 쓰기는 메모리의 상태를 한 상태에서 다른 상태로 전환한다.

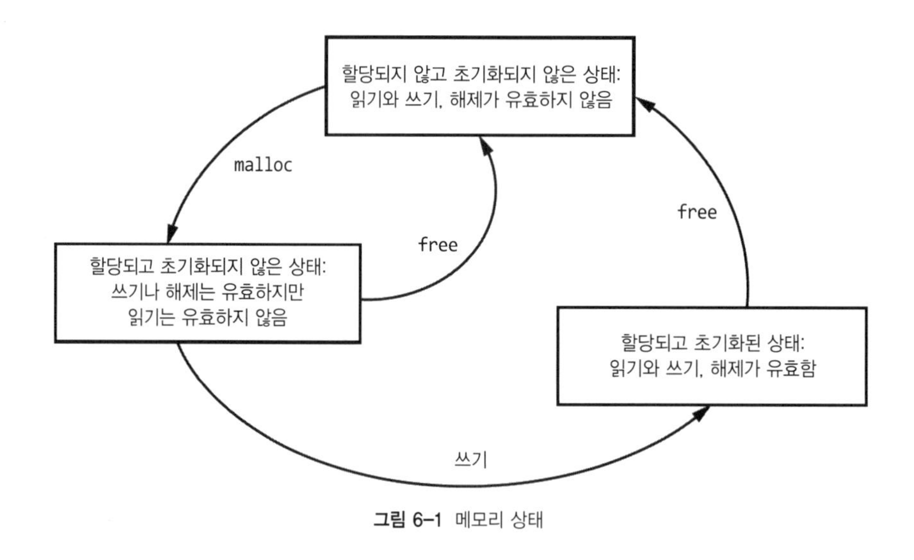

그림 6-1 메모리 상태

메모리의 상태에 따라 유효한 작업이 달라진다. 유효하지 않은 것으로 보이거나 명시적으로 유효하지 않다고 나열된 모든 작업은 하지 않도록 한다. 이는 초기화된 바이트는 읽을 수 있지만 초기화되지 않은 바이트는 읽으면 안 되므로 메모리의 각 바이트에 적용된다.

유연한 배열 멤버

배열을 포함하는 구조체에 스토리지를 할당하는 것은 C에서 항상 까다로웠다. 구조체의 크기를 쉽게 결정할 수 있으므로 배열 요소의 개수가 고정돼 있다면 문제가 없다. 그러나 개발자는 종종 유연한 크기flexible size의 배열을 선언해야 하며 이전에는 C에서 이를 쉽게 수행할 방법이 없었다.

유연한 배열 멤버를 사용하면 임의 개수의 고정된 요소가 있는 구조체를 선언하고 스토리지를 할당할 수 있다. 여기서 마지막 요소는 알 수 없는 크기의 배열이다. C99부터 멤버가 둘 이상인 `struct`의 마지막 멤버는 불완전한 배열 형식incomplete array type을 가질 수 있으며 이는 알 수 없는 크기를 갖는 배열을 의미한다. 이렇게 하면 런타임이 배열의 크기를 지정할 때까지 기다릴 수 있다. 유연한 배열 멤버를 사용하면 가변 길이variable-length 개체에 접근할 수 있다.

예를 들어, 프로그램 6-5는 widget의 유연한 배열 멤버 data의 사용을 보여준다. 여기서는 malloc 함수를 호출해 개체에 동적으로 스토리지를 할당한다.

프로그램 6-5 유연한 배열 멤버

```
#include <stdlib.h>

typedef struct {
    size_t num;
 ❶ int data[];
} widget;

void *func(size_t array_size) {
 ❷ widget *p = (widget *)malloc(sizeof(widget) + sizeof(int) * array_size);
    if (p == NULL) {
        return NULL;
    }
    p->num = array_size;
    for (size_t i = 0; i < p->num; ++i) {
      ❸ p->data[i] = 17;
    }
}
```

먼저 마지막 멤버 data 배열❶이 (지정된 크기가 없는) 불완전한 형식인 struct를 선언한다. 그런 다음 전체 struct에 대한 스토리지를 할당한다❷. sizeof 연산자를 사용해 유연한 배열 멤버를 포함하는 strut의 크기를 계산할 때 유연한 배열 멤버는 무시된다. 따라서 스토리지를 할당할 때 유연한 배열 멤버에 대한 적절한 크기를 명시적으로 포함해야 한다. 이를 위해 배열의 요소 수 array_size에 각 요소의 크기 sizeof(int)를 곱해 배열에 대한 추가 바이트를 할당한다. 이 프로그램은 array_size의 값이 sizeof(int)의 값을 곱하면 오버플로우가 발생하지 않는다고 가정한다.

스토리지가 dast[array_size]로 할당된 것처럼 .이나 -> 연산자❸를 사용해 이 스토리지에 접근할 수 있다. 유연한 배열 멤버를 포함한 구조체에 대한 할당과 복사에 관한 자세한 정보는 CERT C 규칙 MEM33-C(유연한 배열 멤버를 포함하는 구조체를 동적으로 할당하고 복사하기)를 참조한다.

C99 이전에는 여러 컴파일러가 다양한 구문을 사용해 비슷한 "`struct` 해킹hack"을 지원했다. CERT C 규칙 DCL38-C(유연한 배열 멤버를 선언할 때 올바른 구문 사용하기)는 C99와 이후 버전의 C 표준에서 지정한 구문을 사용하라는 권고다.

동적으로 할당된 다른 스토리지

힙에서 메모리를 할당할 수 있는 메모리 관리 함수 외에도 C에는 스토리지를 동적으로 할당할 수 있는 언어와 라이브러리 기능이 있다. 이 저장소는 일반적으로 호출자의 스택 프레임stack frame에 할당된다(C 표준은 스택을 정의하지 않지만, 일반적인 구현 기능이다). 스택stack은 런타임에 중첩된 함수 호출을 지원하는 후입선출IFO, Last-In-Frist_Out 데이터 구조체다. 각 함수 호출은 (자동 스토리지 기간의) 로컬 변수local variable와 해당 함수 호출에 특정된 다른 데이터를 저장할 수 있는 스택 프레임stack frame을 생성한다.

alloca 함수

성능상의 이유로 일부 구현체에서 지원하는 `alloca` 함수는 런타임에 힙이 아닌 스택에서 동적 할당을 허용한다. 이 메모리는 `alloca`를 호출했던 함수가 반환하면 자동으로 해제된다. `alloca` 함수는 내장intrinsic 또는 기본 제공built-in 함수로 이는 컴파일러가 이 구현을 특별히 처리한다는 것을 의미한다. 따라서 컴파일러는 원래의 함수 호출original function call을 자동적으로 생성된 명령어의 시퀀스로 대체할 수 있다. 예를 들어, x86 아키텍처에서 컴파일러는 `alloca` 호출을 단일 명령어로 대체해 추가 스토리지를 수용하도록 스택 포인터를 조정한다.

`alloca` 함수는 Bell 연구소의 Unix 운영 체제 초기 버전부터 사용됐지만, C 표준 라이브러리나 POISX에서는 정의하지 않았다. 프로그램 6-6은 `alloca` 함수를 사용해 `stderr`에 출력하기 전에 오류 문자열을 스토리지에 할당하는 `printerr` 함수의 예를 보여준다.

프로그램 6-6 printerr 함수

```
void printerr(errno_t errnum) {
    rsize_t size = strerrorlen_s(errnum) + 1;
    char *msg = (char *)alloca(size);

    if (strerror_s(msg, size, errnum) != 0) {
        fputs(msg, stderr);
    }
    else {
        fputs("unknown error", stderr);
    }
}
```

printerr 함수는 errno_t 형식의 단일 인수 errnum을 입력받는다. 함수의 첫 번째 줄에서 strerrorlen_s 함수를 호출해 이 특정 오류 번호와 관련된 오류 문자열의 길이를 결정한다. 오류 문자열 보관을 위해 할당해야 하는 배열의 크기를 알게 되면 alloca 함수를 호출해 배열에 대한 스토리지를 효율적으로 할당할 수 있다. 그런 다음 strerror_s 함수를 호출해 오류 문자열을 검색하고 결과를 msg가 참조하는 새로 할당된 스토리지에 저장한다. strerror_s 함수가 성공한다고 가정하면 오류 메시지를 출력하고, 그렇지 않으면 unknown error를 출력한다. 이 printerr 함수는 alloca 사용법을 보여주기 위해 작성됐으며 실제로 필요한 것보다 더 복잡하다.

alloca 함수는 사용하기 까다로울 수 있다. 먼저 alloca에 대한 호출은 스택의 범위를 초과해 할당할 수 있다. 그러나 alloca 함수는 null 포인터 값을 반환하지 않으므로 이 오류를 확인할 방법이 없다. 이런 이유로 크거나 무제한 할당하는 alloca 사용을 방지하는 것이 매우 중요하다. 위 예제에서 strerrorlen_s에 대한 호출은 적절한 할당 크기를 반환해야 한다.

alloca 함수의 또 다른 문제점은 malloc 호출을 해제해야 하지만, alloca 호출은 해제하지 않아도 되므로 프로그래머가 혼란스러울 수 있다는 것이다. aligned_alloc, calloc, realloc, malloc을 호출해 얻은 포인터에 대해서만 free를 호출할 수 있다. 그 외에 다른 방식으로 얻은 포인터에 대해 free를 호출하면 심각한 오류가 발생한다. 컴파일러 또한

alloca를 호출하는 함수 인라인닝inlining[1]을 회피하는 경향이 있다. 이런 이유로 alloca 사용은 권장되지 않는다.

GCC 컴파일러는 alloca 함수에 대한 모든 호출을 진단하는 -Walloca 플래그와 요청된 메모리가 플래그에서 지정한 size보다 클 때 alloca 함수에 대한 호출을 진단하는 -Walloca-larger-than=size 플래그를 제공한다.

가변 길이 배열

C99에 도입된 가변 길이 배열VLA, Variable-Length Array은 배열의 차원을 지정하는 변수를 사용해 선언할 수 있는 배열로 런타임에 배열의 크기를 지정할 수 있다. 배열을 만든 후에 배열의 크기를 변경할 수 없다. VLA는 런타임까지 배열의 요소 개수를 알지 못할 때 유용하다. 모든 VLA 선언은 블록 범위나 함수 프로토타입 범위에 있어야 한다. 다음 절에서는 각각의 예를 설명한다.

블록 범위

아래 함수 func은 size 크기의 가변 길이 배열 vla를 블록 범위block scope의 자동 변수automatic variable로 선언한다.

```
void func(size_t size) {
    int vla[size];
    // --- 생략 ---
}
```

배열은 스택 프레임에 할당되고 현재 프레임에서 나오면 해제된다. alloca 함수와 비슷하다. 프로그램 6-7은 프로그램 6-6의 printerr 함수의 alloca에 대한 호출을 VLA로 대체했다. 변경 사항은 코드에서 (굵게 표시한) 한 줄이다.

---

1 인라인 함수에 관한 내용은 마이크로소프트 인라인 함수(C++) 문서(https://docs.microsoft.com/ko-kr/cpp/cpp/inline-functions-cpp?view=msvc-170) 참조 – 옮긴이

프로그램 6-7 VLA를 사용하도록 다시 작성한 print_error 함수

```
void print_error(int errnum) {
    size_t size = strerrorlen_s(errnum) + 1;
    char msg[size];

    if (strerror_s(msg, size, errnum) != 0) {
        fputs(msg, stderr);
    }
    else {
        fputs("알 수 없는 에러", stderr);
    }
}
```

alloca 함수 대신 VLA를 사용하는 주된 이유는 구문syntax이 자동 저장 기간을 갖는 배열의 동작 모델과 일치한다는 것이다. 따라서, 스토리지를 명시적으로 해제할 필요가 없다.

VLA는 스택의 범위를 초과하는 할당을 시도할 수 있다는 점에서 alloca 함수의 일부 문제를 공유한다. 불행히도 이런 오류를 감지하기 위해 남아있는 스택 공간을 결정하는 방법은 없다. 또한 여러분이 제공하는 크기에 각 요소의 크기를 곱했을 때 배열의 크기 계산이 오버플로우될 수도 있다. 이런 이유로 너무 크거나 잘못된 크기 할당을 방지하기 위해 선언 전에 배열의 크기를 확인하는 것이 중요하다. 이는 재귀적으로 호출되는 함수에서 매우 중요할 수 있다. 왜냐하면 재귀적으로 함수가 호출될 때마다 함수의 자동 변수들(위에서 설명한 종류의 배열 포함)이 전부 새롭게 생성되기 때문이다.

최악의 시나리오(깊은 재귀가 있는 최대 크기 할당)에서 스택 공간이 충분한지 확인해야 한다. 일부 구현에서는 VLA에 음의 크기를 전달할 수도 있으므로 크기가 size_t나 다른 부호가 없는 형식으로 표현할 수 있는지 확인해야 한다. 더 자세한 정보는 CERT C 규칙 ARR-32-C(가변 길이 배열에 대한 크기 인수가 유효한 범위 안에 있는지 확인하기)를 참조한다. GCC의 경우 -Wvla-larger-than=size 플래그를 사용하면 지정된 크기를 초과하거나 범위가 충분히 제한되지 않은 VLA에 대한 정의를 진단할 수 있다.

마지막으로 VLA에 대해 sizeof를 호출할 때 또 다른 흥미롭고 예상치 못한 동작이 발생할 수 있다. 컴파일러는 일반적으로 컴파일 시 sizeof 연산을 수행한다. 그러나 식이 배열의 크기를 변경하면 파생 작업을 포함한 식은 런타임에 평가된다. 프로그램 6-8에서 볼 수 있듯이 typedef도 마찬가지다.

프로그램 6-8 예상치 못한 파생 작업

```
#include <stdio.h>
#include <stdlib.h>

int main(void) {
    size_t size = 12;
    printf("%zu\n", size); // 12를 출력한다.
    (void)sizeof(int[size++]);
    printf("%zu\n", size); // 13을 출력한다.
    typedef int foo[size++];
    printf("%zu\n", size); // 14를 출력한다.
}
```

위의 간단한 테스트 프로그램에서 size_t 형식의 변수 size를 선언하고 12로 초기화했다. 그런 다음 int[size++]를 인수로 해 sizeof 연산자를 호출했다. 이 식은 배열의 크기를 변경하므로 size는 값이 증가해 13이 된다. typedef도 마찬가지로 size의 값을 14로 증가시킨다.

함수 프로토타입 범위

VLA를 함수 매개변수로 선언할 수도 있다. 2장에서 배열이 식에 사용될 때 배열은 배열의 첫 번째 요소에 대한 포인터로 변환된다고 했다. 즉, 배열의 크기를 지정하는 명시적 매개변수를 추가해야 한다. 예를 들어, memset에 대한 시그니처의 n 매개변수가 그렇다.

```
void *memset(void *s, int c, size_t n);
```

이런 함수를 호출할 때 n은 s가 참조하는 배열의 크기를 정확하게 나타내야 한다. 이 크기가 배열보다 크면 정의되지 않은 동작이 발생한다.

VLA를 크기 지정 인수로 사용하는 함수를 선언할 때 배열 선언에서 크기를 참조하기 전에 배열의 크기를 선언해야 한다. 예를 들어, memset 함수에 대한 시그니처를 다음과 같이 수정해 VLA를 입력받을 수 있다.

```
void *memset_vla(size_t n, char s[n], int c);
```

위에서 매개변수의 순서를 바꿔 size_t 형식의 변수 n을 배열 선언에서 사용하기 전에 선언했다. 배열 인수 s는 여전히 포인터로 강등돼 있으며 이 선언의 결과로 스토리지는 할당되지 않았다. 이 함수를 호출할 때 s가 참조하는 배열에 실제 스토리지를 선언하고 n이 배열에 유효한 크기인지 확인하는 것은 여러분의 책임이다.

VLA는 함수를 일반화시켜 더 유용하게 만들 수 있다. 예를 들어, 아래 matrix_sum 함수는 2차원 배열의 모든 값을 더한다. 이 함수의 아래 버전은 고정된 열 크기의 행렬을 입력받는다.

```
int matrix_sum(size_t rows, int m[][4]);
```

다차원 배열을 함수에 전달할 때 배열의 초기 차원에 대한 크기 정보가 손실되므로 크기 정보를 인수로 전달해야 한다. 위 예에서 이 정보는 rows 매개변수로 제공됐다. 이 함수를 호출해 프로그램 6-9처럼 정확히 열이 4개인 모든 행렬의 값을 더할 수 있다.

프로그램 6-9 열이 4개인 행렬 더하기

```
int main(void) {
    int m1[5][4];
    int m2[100][4];
    int m3[2][4];
    printf("%d.\n", matrix_sum(5, m1));
    printf("%d.\n", matrix_sum(100, m2));
    printf("%d.\n", matrix_sum(2, m3));
}
```

열이 4개가 아닌 행렬의 값을 더해야 할 때까지는 괜찮다. 예를 들어, m3를 열이 5개인 행렬로 바꾸면 다음과 같은 경고가 발생한다.

```
warning: incompatible pointer types passing 'int [2][5]' to parameter of type 'int (*)
[4]'
```

위 경우를 처리하려면 다차원 행렬의 새 차원과 일치하는 서명을 갖는 새 함수를 작성해야 한다. 이런 접근방식의 문제점은 충분히 일반화하지 못한다는 것이다.

그렇게 하는 대신 프로그램 6-10처럼 VLA를 사용하는 새 matrix_sum 함수를 다시 만들 수 있다. 이렇게 바꾸면 모든 차원의 행렬로 matrix_sum을 호출할 수 있다.

프로그램 6-10 VLA를 함수의 매개변수로 사용한다.

```
int matrix_sum(size_t rows, size_t cols, int m[rows][cols]) {
    int total = 0;

    for (size_t r = 0; r < rows; r++)
        for (size_t c = 0; c < cols; c++)
            total += m[r][c];

    return total;
}
```

다시 말하지만 함수 선언이나 함수 정의로는 스토리지가 할당되지 않는다. 행렬에 대한 스토리지를 별도로 할당해야 하며, 행렬의 차원은 함수에 전달된 rows와 cols 인수와 일치해야 한다. 이렇게 하지 않으면 정의되지 않은 동작이 발생할 수 있다.

할당된 스토리지 문제 디버깅하기

6장 앞에서 언급한 것처럼 부적절한 메모리 관리는 메모리 누수나 해제된 메모리 읽기나 쓰기, 메모리를 두 번 이상 해제하는 것과 같은 오류로 이어질 수 있다. 이런 문제를 방지하는 방법의 하나는 이미 설명한 대로 free를 호출한 다음 포인터를 NULL로 설정하는 것이다. 또 다른 전략은 동적 메모리 관리를 최대한 단순하게 유지하는 것이다. 예를 들어, 서브루틴subroutine에서 메모리를 해제하면 메모리가 해제됐는지와 해제 시기, 해제 위치에 대한 혼란을 초래할 수 있어 같은 모듈에서 같은 추상화 수준에서 메모리를 할당하고 해제해야 한다.

세 번째 옵션은 메모리를 감지하고 보고하는 동적 분석 도구dynamic analysis tool를 사용하는 것이다. 이런 도구와 디버깅debugging과 테스트, 분석을 위한 일반적인 접근방식은 11장에서 설명한다. 이 절에서는 이런 도구 중 dmalloc만 설명한다.

Dmalloc

그레이 왓슨Gray Watson이 만든 디버그 메모리 할당debug memory allocation dmalloc 라이브러리는 malloc과 realloc, calloc, free 그리고 다른 메모리 관리 기능을 런타임에 구성할 수 있는 디버깅 기능을 제공하는 루틴routine으로 대체한다. 이 라이브러리는 다양한 플랫폼에서 테스트됐다.

https://dmalloc.com/에서 설치 방법을 따라 라이브러리를 구성하고, 빌드하고, 설치한다. 프로그램 6-11은 파일과 문제를 발생시키는 호출의 줄 번호를 보고하는 방법을 보여준다. 이 프로그램에는 일부 사용 정보를 출력하고 종료하는 짧은 프로그램(일반적으로 더 긴 프로그램의 일부)이 포함돼 있다. 굵게 표시한 줄을 포함해 dmalloc은 파일과 문제를 일으키는 호출의 줄 번호를 보고한다.

프로그램 6-11 dmalloc으로 메모리 버그 잡기

```
#include <stdio.h>
#include <string.h>
#include <stdlib.h>

#ifdef DMALLOC
#include "dmalloc.h"
#endif
```

```
void usage(char *msg) {
    fprintf(stderr, "%s", msg);
    free(msg);
    return;
}

int main(int argc, char *argv[]) {
    if (argc != 3 && argc != 4) {
        /* 에러 메시지는 80자를 넘지 않는다. */
        char *errmsg = (char *)malloc(80);
        sprintf(
            errmsg,
            "Sorry %s,\nUsage: caesar secret_file keys_file [output_file]\n",
            getenv("USER")
        );
        usage(errmsg);
        free(errmsg);
        exit(EXIT_FAILURE);
    }

    // --- 생략 ---

    exit(EXIT_SUCCESS);
}
```

결과를 확인하기 전에 먼저 몇 가지 더 설명할 것이 있다. dmalloc 배포판에는 명령줄 command line 유틸리티로 함께 제공된다. 다음을 실행하면 이 유틸리티 사용법에 관한 자세한 정보를 얻을 수 있다.

```
% dmalloc --usage
```

dmalloc으로 여러분의 프로그램을 디버깅하기 전에 다음 명령어를 입력한다.

```
% dmalloc -l logfile -i 100 low
```

위 명령어는 로그파일의 이름을 `logfile`로 설정하고 `-i` 인수로 지정된 100번째 호출마다 검사를 수행하도록 라이브러리에 지시한다. `-i` 인수에 더 큰 숫자를 지정하면 `dmalloc`은 힙을 덜 자주 검사해 여러분의 코드는 더 빨리 실행된다. 숫자가 낮으면 메모리 문제를 탐지할 가능성이 크다. 세 번째 명령어 인수 `low`는 활성화할 디버그 기능 개수를 나타낸다. 다른 옵션으로는 최소 검사를 위한 `runtime`이나 더 광범위한 힙 검증을 위한 `medium` 또는 `high`가 있다.

이 명령어를 실행한 후 다음과 같이 GCC를 사용하면 프로그램을 컴파일할 수 있다.

```
% gcc -DDMALLOC caesar.c -ocaesar -ldmalloc
```

프로그램을 실행하면 다음과 같은 오류를 볼 수 있다.

```
% ./caesar
Sorry student,
Usage: caesar secret_file keys_file [output_file]
debug-malloc library: dumping program, fatal error
  Error: tried to free previously freed pointer (err 61)
Aborted (core dumped)
```

로그파일을 보면 다음 정보를 찾을 수 있다.

```
% more logfile
1571549757: 3: Dmalloc version '5.5.2' from 'https://dmalloc.com/'
1571549757: 3: flags = 0x4e48503, logfile 'logfile'
1571549757: 3: interval = 100, addr = 0, seen # = 0, limit = 0
1571549757: 3: starting time = 1571549757
1571549757: 3: process pid = 29531
1571549757: 3:   error details: finding address in heap
1571549757: 3:   pointer '0x7ff010812f88' from 'caesar.c:29' prev access 'unknown'
1571549757: 3: ERROR: free: tried to free previously freed pointer (err 61)
```

이 메시지는 errmsg가 참조하는 스토리지를 처음에는 usage 함수에서, 그 다음에는 main에서 두 번 해제하려고 시도했다는 것을 나타낸다. 이는 double-free 취약점을 구성한다. 물론 이는 dmalloc이 탐지할 수 있는 버그 유형의 한 예이며 우리가 테스트하고 있는 간단한 프로그램에 다른 결함이 있을 수도 있다. 11장에서 다른 동적 분석 도구를 소개하고 사용법을 설명한다.

안전이 중요한 시스템

메모리 관리자는 성능에 큰 영향을 미치는 예측할 수 없는 동작을 할 수 있으므로 높은 안전이 요구되는 시스템은 종종 동적 메모리 사용을 금지한다. 모든 응용 프로그램이 고정되고 미리 할당된 메모리 영역 안에서 작동하도록 하면 이런 많은 문제를 제거하고 메모리 사용을 더 쉽게 확인할 수 있다. 재귀와 alloca, (안전이 중요한 시스템에서 금지되는) VLA가 없으면 스택 메모리 사용에 대한 상계도 정적으로 도출할 수 있으므로 가능한 모든 입력에 대해 응용 프로그램의 기능을 실행하기에 충분한 스토리지가 있다는 것을 증명할 수 있다.

또한 GCC에는 VLA를 사용하면 경고하는 -Wvla 플래그와 무한대 크기나 배열 크기가 byte-size 바이트를 초과할 수 있는 인수로 제한되는 VLA 선언에 대한 경고하는 -Wvla-larger -than=byte-size 플래그 있다.

연습 문제

아래 연습 문제를 직접 코드로 작성한다.

1. 프로그램 6-4의 use-after-free 결함을 수정한다.
2. dmalloc을 사용해 프로그램 6-11에 대한 추가 테스트를 수행한다. 프로그램의 입력을 다양하게 바꿔가면서 다른 메모리 관리 결함을 찾는다.

요약

6장에서는 스토리지 기간을 할당한 메모리로 작업하는 방법과 자동 스토리지 기간 개체와 정적 스토리지 기간 개체가 어떻게 다른지 알아봤다. 힙과 메모리 관리, 각 표준 메모리 관리 함수에 관해 설명했다. 메모리 누수, double-free 취약점과 같이 동적 메모리를 사용할 때 발생할 수 있는 일반적인 몇 가지 오류와 이런 문제를 방지할 수 있는 몇 가지 완화 방법을 확인했다.

또한 유연한 배열 멤버, `alloca` 함수, 가변 길이 배열과 같이 더 전문화된 메모리 할당 주제를 다루었다. `dmalloc` 라이브러리를 사용해 할당된 스토리지 문제를 디버깅하는 것에 대한 설명으로 6장을 마무리했다.

7장에서는 문자와 문자열에 대해 알아본다.

7

문자와 문자열

문자열은 거의 모든 프로그래밍 언어가 어떤 형태로든 문자열을 구현할 정도로 매우 중요하고 유용한 데이터 형식이다. 텍스트를 표현하는 데 자주 사용되는 문자열은 텍스트 입력 필드(text input fields)와 명령줄 인수(command line arguments), 환경 변수(environment variables), 콘솔 입력(console input)을 포함해 최종 사용자와 프로그램 간에 교환되는 데이터 대부분을 구성한다.

C에서 문자열 데이터 형식은 형식 문자열format string의 개념에 따라 모델링된다(홉크로프트Hopcroft 1979).

> Σ를 알파벳 문자로 구성된 공집합이 아닌 유한 집합이라고 하자. Σ 위에서의 문자열은 Σ에 있는 문자의 모든 유한 시퀀스다. 예를 들어, Σ = {0, 1}이면 01011은 Σ위에서의 문자열이다.

7장에서는 문자열(형식적인 정의로는 알파벳alphabet)을 구성하는 데 사용할 수 있는 ASCII와 유니코드Unicode를 포함한 다양한 문자 집합을 소개한다. C 표준 라이브러리의 레거시legacy 함수와 경계 확인 인터페이스bounds-checked interfaces, POSIX와 Windows API를 사용해 문자열을 표현하고 조작하는 방법을 살펴본다.

문자

비트로 작동하는 디지털 시스템은 사람들이 소통하기 위해 사용하는 문자를 이해할 수 없다. 문자를 처리하기 위해 디지털 시스템은 특정 문자를 지정하기 위해 코드 포인트code point라고 하는 고유한 정수 값을 특정 문자에 할당하는 문자 인코딩charater encoding을 사용한다. 보다시피 프로그램에서 같은 개념의 문자를 인코딩하는 방법이 다양하다. 문자 인코딩을 위해 C 구현체에서 사용하는 일반적인 표준으로는 유니코드와 ASCII, 확장 ASCII, ISO 8859-1, Shift-JIS, EBCDIC가 있다.[1]

ASCII

7비트 ASCII로 더 잘 알려진 정보 교환을 위한 7비트 미국 표준 코드7-bit American Standard Code for Information Interchange는 128개 문자 집합과 코드화된 표현(ANSI X3.4-1986)을 지정한다. 0x1f까지의 문자는 null과 백스페이스backspace, 가로 탭과 같은 제어 문자control character다. 0x20부터 0x7e까지의 문자는 문자와 숫자, 기호 등 모두 인쇄할 수 있는 문자다.

ASCII 표준을 말할 때 US-ASCII라는 이름을 사용하기도 하는데, US-ASCII라는 이름으로 변경된 이유는 ASCII 체계가 미국에서 개발됐으며 미국에서 주로 사용되는 활자 기호에 중점을 두고 있다는 점을 명확히 하기 위함이다. 대부분의 최신 문자 인코딩 기법encoding scheme은 US-ASCII에 기반을 두고 있지만 많은 추가 문자를 지원한다.

0x80-0xFF 범위의 문자는 US-ASCII에 정의돼 있지 않지만, 확장Extended ASCII로 알려진 8비트 문자 인코딩의 일부이다. 이 범위에 대한 인코딩이 많이 존재하지만, 실제 매핑mapping은 코드 페이지에 따라 다르다. 코드 페이지code page는 인쇄할 수 있는 문자 집합과 제어 문자를 고유한 숫자에 대응시키는 문자 인코딩이다.

1 유니코드와 ASCII는 C 표준에서 명시적으로 참조한다.

유니코드

유니코드unicode는 컴퓨터 처리에서 텍스트를 표현하는 보편적인 문자 인코딩 표준이 됐다. 유니코드는 ASCII보다 더 광범위한 범위의 문자를 지원한다. 현재 유니코드 표준(Unicode 2020)은 21비트 코드 공간에 해당하는 U+0000-U+10FFFF 범위의 문자를 인코딩한다. 개별 유니코드 값은 U+ 다음에 4자리 이상의 16진수로 표시된다. U+0000-U+007F 범위의 유니코드 문자는 US-ASCII의 문자와 같고, U+0000-U+00FF 범위는 아메리카와 서유럽, 오세아니아, 아프리카의 많은 지역에서 널리 사용되는 라틴 문자로 구성된 ISO 885-1(Lain-1)과 같다.

유니코드는 코드 포인트를 65,536개의 코드 포인트의 연속된 그룹인 평면plane으로 구성한다. 0부터 16까지의 숫자로 식별할 수 있는 17개의 평면이 있다. 주요 이전 인코딩 표준에서 볼 수 있는 문자를 포함해 가장 일반적으로 사용되는 문자는 기본 다국어 평면BMP, Bassic Multilingual Plane 또는 0번 평면이라고 하는 첫 번째 평면(0x0000-0xFFFF)에 배치돼 있다.

유니코드는 또한 여러 유니코드 변환 형식UTF, Unicode Transformation Format을 지정한다. UTF는 각 유니코드 스칼라 값Unicode scalar value을 고유 코드 단위 시퀀스에 할당하는 문자 인코딩 형식이다. 유니코드 스칼라 값은 상위 서로게이트high-surrogate와 하위 서로게이트low-surrogate 코드 포인트를 제외한 모든 유니코드 포인트다. 코드 단위code unit는 처리processing나 교환interchange을 위해 인코딩된 텍스트를 표현할 수 있는 최소 비트 조합이다. 유니코드 표준은 다양한 크기의 코드 단위를 사용하는 세 종류의 UTF를 정의한다.

UTF-8 각 문자를 1~4개의 8비트 코드 단위 시퀀스로 표현한다.

UTF-16 각 문자를 1~2개의 16비트 코드 단위 시퀀스로 표현한다.

UTF-32 각 문자를 하나의 32비트 코드 단위로 표현한다.

UTF-8 인코딩은 POSIX 운영 체제의 주된 인코딩 방식이다. UTF-8은 다음과 같은 좋은 속성을 가지고 있다.

- UTF-8은 US-ASCII 문자(U+0000-U+007F)를 0x00-0x7F 범위의 단일 바이트로 인코딩한다. 즉, 7비트 ASCII 문자만 포함하는 파일과 문자열은 ASCII와 UTF-8에서 같은 인코딩을 갖는다.
- 문자열 종료에 null 바이트를 사용(이 주제는 뒤에서 설명한다)하는 것은 ASCII 문자열과 똑같이 작동한다.
- 현재 정의된 모든 유니코드 코드 포인트는 1~4바이트를 사용해 인코딩할 수 있다.
- 유니코드는 양방향으로 잘 정의된 비트 패턴을 스캔해 문자 경계를 쉽게 식별할 수 있도록 설계됐다.

Windows에서 Visual C++ 프로그램을 `/utf8` 플래그로 컴파일하고 링크해 소스와 실행 문자열 집합을 UTF-8로 설정할 수 있다. 또한 향후 설정이 변경되지 않는 한 전 세계 언어 지원을 위해 유니코드 UTF-8을 사용하도록 Windows를 구성해야 한다.

UTF-16는 현재 Windows 운영 체제의 주된 인코딩 방식이다. UTF-8과 마찬가지로 UTF-16은 가변 너비[variable-width] 인코딩이다. 방금 언급했듯이 기본 다국어 평면은 U+0000-U+FFFF 범위의 문자로 구성된다. U+FFFF보다 큰 코드 포인트를 갖는 문자를 보조 문자[supplementary character]라고 한다. 보조 문자는 서로게이트[surrogate]라고 하는 코드 단위 쌍으로 정의된다. 첫 번째 코드 단위는 상위 서로게이트 범위(U+D800-U+DBFF)의 코드 단위이며, 두 번째 코드 단위는 하위 서로게이트 범위(U+DC00-U+DFFF)의 코드 단위다.

UTF-32는 가변 길이 인코딩인 다른 유니코드 변환 형식과는 달리 고정 길이[fixed-length] 인코딩이다. UTF-32의 주된 장점은 유니코드 코드 포인트를 직접 인덱싱한다는 것이다. 즉, $O(1)$ 상수 시간으로 코드 포인트의 시퀀스에서 n번째 코드 포인트를 찾을 수 있다. 대조적으로 가변 길이 인코딩은 시퀀스에서 n번째 코드 포인트를 찾으려면 각 코드 포인트에 순차적으로 접근해야 한다.

소스 및 실행 문자 집합

C가 처음 표준화됐을 때 보편적으로 받아들여진 문자 인코딩이 없었으므로 다양한 문자 표현으로 작동하도록 설계됐다. Java와 같이 문자 인코딩을 지정하는 대신 각 C 구현체는 소스 파일 작성에 사용된 소스 문자 집합source character set과 컴파일 시 문자와 문자열 리터럴에 사용된 실행 문자 집합execution character set을 정의한다.

소스와 실행 문자 집합 모두 라틴 알파벳의 대문자와 소문자, 10개 숫자, 29개 그래픽 문자, 그리고 공백, 가로 탭, 세로 탭, 폼 피드form feed, 줄 바꿈newline 문자에 대한 인코딩을 포함해야 한다. 실행 문자 집합은 경고alert와 백스페이스, 캐리지 리턴carriage return, null 문자도 포함한다.

(isdigit과 같은) 문자 변환 및 분류 함수는 호출 시점에 유효한 로캘 지정locale-determined 인코딩을 기반으로 런타임시 평가된다. 로캘locale은 국적, 문화 및 언어의 현지 관습을 정의한다.

데이터 형식

C는 문자 데이터를 표현하기 위해 몇 가지 데이터 형식을 정의하는데, 그중 일부는 이미 우리가 본 것이다. 특히 C는 표현범위가 좁은 문자narrow character(8비트로 표현할 수 있는 문자)를 표현하는 순수unadorned char 형식과 표현범위가 넓은 문자wide character(8비트 이상으로 표현할 수 있는 문자)를 표현하는 wchar_t 형식을 제공한다.

char

앞에서 본 것처럼 char는 정수 형식이지만, 각 구현체는 부호가 있는지 또는 부호가 없는지를 정의한다. 즉, 이식성 코드portable code에서는 둘 다 가정할 수 없다는 것이다.

(부호는 아무런 의미가 없는) 문자 데이터에 char 형식을 사용하고 (부호가 중요한) 정수 데이터에는 char 형식을 사용하지 않는다. char 형식은 US-ASCII와 같은 7비트 문자 인코딩을 표현하는 데 안전하게 사용할 수 있다. 이런 인코딩의 경우, 최상위 비트는 항상

0이므로 char 형식의 값을 int로 변환하고 구현이 부호가 있는 형식으로 정의되면 부호 확장sign extension에 대해서는 걱정할 필요가 없다.

char 형식은 확장 ASCII와 ISO/IEC 8859, EBCDIC, UTF-8과 같은 8비트 문자 인코딩을 표현하는 데도 사용할 수 있다. 이런 8비트 문자 인코딩은 char를 부호가 있는 8비트 형식으로 정의하는 구현에서 문제가 될 수 있다. 예를 들어, 아래 코드는 EOF가 감지되면 문자열 파일의 끝을 인쇄한다.

```
char c = 'ÿ'; // 확장 문자열
if (c == EOF) puts("파일의 끝");
```

위 코드에서 구현체에 정의된 실행implementation-defined execution 문자 집합이 ISO/IEC 8859-1이라고 가정하면 분음 부호가 있는 라틴어 소문자(ÿ)는 표현 255(0xFF)를 갖도록 정의된다. char가 부호가 있는 형식으로 정의된 구현체의 경우 c는 singned int의 너비로 확장돼 ÿ 문자가 EOF와 구별할 수 없게 된다. 왜냐하면 이제 두 문자는 같은 표현을 갖기 때문이다.

<ctype.h>에 정의된 문자 분류 함수를 사용할 때도 비슷한 문제가 발생한다. 이 라이브러리 함수는 문자 인수를 int나 매크로 EOF의 값으로 받아들여 값이 함수 설명에 정의된 문자 집합에 속하면 true를 반환한다. 예를 들어, isdigit 함수는 문자가 현재 로캘의 10진수 문자인지를 테스트한다. 유효한 문자나 EOF가 아닌 모든 인수 값은 정의되지 않은 동작을 발생시킨다.

이런 함수를 호출할 때 정의되지 않은 동작을 방지하기 위해서는 다음과 같이 정수 확장 전에 c를 unsigned char로 캐스팅해야 한다.

```
char c = 'ÿ';

if (isdigit((unsigned char)c)) {
    puts("c is a digit");
}
```

c에 저장된 값은 signed int의 너비까지 0을 확장해 결과값을 여전히 unsigned char로 표현할 수 있으므로 정의되지 않은 동작을 제거한다.

int

EOF(음의 값)나 문자 데이터가 unsigned char로 해석된 다음에 int로 변환될 수 있는 데이터에는 int 형식을 사용한다. 스트림에서 문자 데이터를 읽는 fgetc, getc, getchar, ungetc와 같은 함수가 이런 형식을 반환한다. 앞에서 보았듯이 이런 함수들은 fgetc나 관련 함수의 결과를 전달받을 수 있으므로 <ctype.h>의 문자 처리 함수도 이 형식을 받아들인다.

wchar_t

wchar_t 형식은 큰 문자 집합의 문자를 처리하기 위해 C에 추가된 정수 형식이다. 구현체에 따라 부호가 있거나 부호가 없는 정수 형식일 수 있으며 WCHAR_MIN에서 WCHAR_MAX까지의 구현체에 정의된 포괄적 범위implementation-defined inclusive range를 갖는다. 대부분의 구현은 wchar_t를 부호가 없는 16비트 또는 32비트 정수 형식으로 정의하지만, 지역화localization를 지원하지 않는 구현체는 wchar_t를 같은 너비를 갖는 char로 정의할 수 있다. C는 (Windows에서 실제로 UTF-16을 사용하고 있음에도 불구하고) 표현범위가 넓은 문자열에 대한 가변 길이 인코딩을 허용하지 않는다. 구현체는 wchar_t 형식이 지정된 버전의 표준에 해당하는 유니코드 문자를 표현하는 데 사용된다는 것을 의미하도록 매크로 __STDC_ISO_10646__을 조건부로 yyyymmL의 형식(예: 199712L)의 정수 상수로 정의할 수 있다. wchar_t에 대해 16비트 형식을 선택한 구현체는 유니코드 3.1(ISO/IEC 10646-1:2000과 ISO/IEC 10646-2:2001)보다 더 최신 ISO/IEC 10646 에디션에 대해 __STDC_ISO_10646__을 정의하기 위한 요구 사항을 충족할 수 없다. 따라서 __STDC_ISO_10646__을 정의하기 위한 요구 사항은 20비트보다 큰 wchar_t 형식이거나 16비트 wchar_t와 200103L보다 빠른 __STDC_ISO_10646__에 대한 값이다. wchar_t 형식은 와이드 EBCDIC와 같은 유니코드 이

외의 인코딩에 사용할 수 있다.

wchar_t를 사용해 이식 가능한 코드portable code를 작성하는 것은 구현체에 정의된 동작implementation-defined behavior 범위로 인해 어려울 수 있다. 예를 들어, Windows는 부호가 없는 16비트 정수 형식을 사용하지만, Linux는 일반적으로 부호가 없는 32비트 정수 형식을 사용한다. 표현범위가 넓은 문자열의 길이와 크기를 계산하는 코드는 오류를 쉽게 발생시킬 수 있으므로 주의해서 수행해야 한다.

char16_t와 char32_t

(Ada95와 Java, TCL, Perl, Python, c3을 포함한) 최신 언어에는 유니코드 문자에 대한 데이터 형식이 있다. C11은 UTF-16과 UTF-32 인코딩을 위한 데이터 형식을 지원하기 위해 <uchar.h>에 선언된 16비트와 32비트 문자 데이터 형식 char16_t와 char32_t를 도입했다. C11에는 한 세트의 문자 변환 함수를 제외하고는 새 데이터 형식을 위한 라이브러리 함수가 포함돼 있지 않기 때문에 라이브러리 함수가 없으면 새로 도입된 char16_t와 char_32_t 형식의 문자를 제대로 사용할 수 없다.

C는 이런 형식으로 표현된 문자가 인코딩되는 방식을 나타내는 두 개의 환경 매크로environment macros를 정의한다. 환경 매크로 __STDC_UTF_16__의 값이 1이면 char16_t 형식의 값은 UTF-16으로 인코딩된다. 환경 매크로 __STDC_UTF_32__의 값이 1이면 char16_t 형식의 값은 UTF-32로 인코딩된다. 매크로가 정의되지 않았으면 구현체에 정의된 다른 인코딩이 사용된다. Visual C++은 이런 매크로를 정의하지 않는다.

문자 상수

C를 사용하면 'ÿ'와 같이 작은따옴표로 묶인 하나 이상의 문자 시퀀스인 문자 리터럴character literal이라고도 하는 문자 상수character constant를 지정할 수 있다. 문자 상수를 사용하면 프로그램의 소스 코드의 문자 값을 지정할 수 있다. 표 7-1은 C에서 지정할 수 있는 문자 상수의 형식을 보여준다.

표 7-1 문자 상수의 형식

접두사	형식
None	int
L'a'	wchar_t에 해당하는 부호가 없는 형식
u'a'	char16_t
U'a'	char32_t

표 7-1에서 가장 이상한 점은 'a'와 같이 접두사가 없는 문자 상수가 char 형식이 아닌 int 형식이라는 것이다. C에서 역사적인 이유로 문자 상수가 하나의 문자나 이스케이프 시퀀스escape sequence만 포함하면 문자 상수의 값은 char 형식이 int 형식으로 변환된 개체로 표현된다. 이는 하나의 문자만 포함하는 문자 리터럴이 char 형식인 C++랑 다르다.

('ab'처럼) 둘 이상의 문자를 포함하는 문자 상수의 값은 구현체에 정의돼 있다. 실행 문자 집합에서 단일 코드 단위로 표현할 수 없는 소스 문자의 값도 마찬가지다. 앞의 예 'ÿ'도 이런 경우 중 하나다. 실행 문자 집합이 UTF-8이면 값은 U+00FF 코드 포인트 값을 표현하는 데 필요한 두 코드 단위의 UTF-8 인코딩을 반영하기 위해 0xC3BF일 수 있다. C2x는 UTF-8 인코딩을 표현하기 위해 문자 리터럴에 접두사 u8을 추가할 예정이다. C2x가 출시되기 전까지 구현체가 미리 이를 구현하기로 하지 않는 한 UTF-8 문자에 대한 문자 리터럴 접두사는 없을 것이다.

이스케이프 시퀀스

작은따옴표(')와 백슬래시(\)는 특별한 의미가 있으므로 문자로 직접 표현하면 안 된다. 대신 작은따옴표를 표현하려면 이스케이프 시퀀스 \'를 사용하고 백슬래시를 표현하려면 \\를 사용해야 한다. 표 7-2의 이스케이프 시퀀스를 사용해 물음표(?)와 같은 다른 문자와 정수 값을 표현할 수 있다.

표 7-2 이스케이프 시퀀스

문자	이스케이프 시퀀스
작은따옴표	\'
큰따옴표	\"
리터럴 물음표	\?
백슬래시	\\
경고(벨)	\a
백스페이스	\b
폼 피드	\f
줄 바꿈	\n
캐리지 리턴	\r
가로 탭	\t
세로 탭	\v
8진수 표기법의 ASCII 문자	\onn 최대 3개의 8진수
16진수 표기법의 ASCII 문자	\xhh 16진수

\a(경고), \b(백스페이스), \f(폼 피드), \n(줄 바꿈), \r(캐리지 리턴), \t(가로 탭), 그리고 \v(세로 탭)과 같은 비그래픽non-graphical 문자는 백슬래시 뒤에 소문자가 오는 이스케이프 시퀀스로 표현된다.

8진수는 문자 상수에 대한 단일 문자 또는 표현범위가 넓은 문자 상수에 대한 단일 표현범위가 넓은 문자를 구성하기 위해 8진수 이스케이프 시퀀스에 통합될 수 있다. 8진 정수octal integer의 숫자 값은 원하는 문자나 표현범위가 넓은 문자의 값을 지정한다. 백슬래시 뒤에 오는 숫자는 항상 8진수 값으로 해석된다. 예를 들어, (8진수) 백슬래시 문자는 8진수 값 \10이나 \010으로 표현할 수 있다.

또한 \x 뒤에 16진수를 적어 문자 상수에 대한 단일 문자나 표현범위가 넓은 문자를 구성할 수 있다. 16진 정수의 숫자 값은 원하는 문자나 표현범위가 넓은 문자의 값을 형성한다. 예를 들어, 백스페이스 문자는 16진수 값 \x8이나 \x08로 표현할 수 있다.

Linux

문자 인코딩은 여러 운영 체제에서 다양하게 발전해 왔다. UTF-8이 등장하기 전에 Linux는 일반적으로 ASCII의 다양한 언어 전용language-specific 확장에 의존했다. 가장 인기있는 것은 유럽의 ISO 8859-1과 8859-2, 그리스의 ISO 8859-7, 러시아의 KOI-8/ISO 8859-5/CP1251, 일본의 EUC와 Shift-JIS, 대만의 BIG5다. Linux 배포자와 응용 프로그램 개발자는 현지화된 텍스트 문자열을 표현하기 위해 UTF-8을 사용해 오래된 레거시 인코딩legacy encoding을 단계적으로 제거하고 있다(Kuhn 1999).

GCC에는 문자 집합을 구성할 수 있는 몇 가지 플래그가 있다. 다음은 유용하게 사용할 수 있는 플래그다.

```
-fexec-charset=charset
```

`-fexec-charset` 플래그는 문자열과 문자 상수를 해석하는 데 사용되는 실행 문자 집합을 설정한다. 기본값은 UTF-8이다. `charset`은 7장 뒷부분에서 설명할 시스템의 `iconv` 라이브러리 루틴이 지원하는 모든 인코딩이 될 수 있다. 예를 들어, `-fexec-charset=IBM1047`로 설정하면 GCC는 EBCDIC 코드 페이지 1027에 따라 `printf` 형식 문자열과 같은 소스 코드에서 하드코딩된 문자열 상수를 해석한다.

표현범위가 넓은 문자열과 문자에 사용되는 표현범위가 넓은 실행 문자 집합을 선택하려면 `-fwide-exec-charset` 플래그를 사용한다.

```
-fwide-exec-charset=charset
```

입력 파일의 문자 집합에서 GCC가 사용하는 소스 문자 집합으로 변환하는 데 사용되는 입력 문자 집합을 설정하려면 `-finput-charset` 플래그를 사용한다.

```
-finput-charset=charset
```

기본값은 `wchar_t`의 너비에 해당하는 UTF-32나 UTF-16이다.

Clang에는 -fexec-charset와 -finput-charset 플래그가 있지만, -fwide-exec-charset 플래그는 없다. Clang에서는 charset을 UTF-8로만 설정할 수 있으며, 다른 값으로 설정하는 것은 거부된다.

Windows

Windows에서 문자 인코딩 지원은 불규칙하게 발전했다. Windows용으로 개발된 프로그램은 유니코드 인터페이스나 로캘 종속locale-dependent 문자 인코딩에 암시적으로 의존하는 인터페이스를 사용해 문자 인코딩을 처리할 수 있다. 대부분의 최신 응용 프로그램의 경우 텍스트를 처리할 때 예상대로 응용 프로그램이 동작하도록 기본적으로 유니코드 인터페이스를 선택해야 한다. 일반적으로 Windows 라이브러리 함수로 전달되는 표현범위가 좁은 문자열narrow strings이 유니코드 문자열로 자주 변환되므로 유니코드를 사용하면 성능이 더 좋아진다.

main 진입점과 wmain 진입점

Visual C++은 프로그램에 main과 wmain 두 개의 진입점을 지원한다. main은 표현범위가 좁은 문자를 전달하는 인수를 전달할 수 있으며, wmain은 표현범위가 넓은 문자 인수를 전달할 수 있다. 그림 7-3과 같이 main과 비슷한 형식을 사용해 wmain에 형식 매개변수를 선언할 수 있다.

표 7-3 windows 프로그램 진입점 선언

표현범위가 좁은 문자 인수	표현범위가 넓은 문자 인수

int main(void);
int main(int argc, char *argv[]);
int main(int argc, char *argv[],
        char *envp[]);
	int wmain(void);
	int wmain(int argc, wchar_t *argv[]);
	int wmain(int argc, wchar_t *argv[],
	        wchar_t *envp[]);

어느 진입점이든 문자 인코딩은 궁극적으로 호출 프로세스에 따라 달라진다. 그러나

관례에 따라 main 함수는 일반적으로 현재 (ANSI라고 하는) Windows 코드 페이지로 인코딩된 텍스트에 대한 포인터로 선택적optional 인수와 환경을 입력받지만, wmain 함수는 일반적으로 UTF-16으로 인코딩된 텍스트를 입력받는다.

명령 프롬프트command prompt와 같은 셸에서 프로그램을 실행할 때 셸의 명령 인터프리터command interpreter는 인수를 해당 진입점에 대한 적절한 인코딩으로 변환한다. Windows 프로세스는 UTF-16으로 인코딩된 명령줄로 시작한다. 컴파일러/링커linker가 생성한 시작 코드startup code는 CommandLineToArgvW 함수를 호출해 명령줄을 main 호출에 필요한 argv 형식으로 변환하거나 wmain 호출에 필요한 argv 형식으로 명령줄 인수를 직접 전달한다. main 호출의 결과는 시스템마다 다를 수 있는 현재 Windows 코드 페이지로 변환된다. 현재 Windows 코드 페이지에서 표현할 수 없는 문자는 ASCII 문자 ?로 대체된다.

콘솔에 데이터를 쓸 때 Windows 콘솔은 제품 생산자OEM, Original Equipment Manufacturer의 코드 페이지를 사용한다. 실제 인코딩은 시스템마다 다르지만, Windows 코드 페이지와 다른 경우가 많다. 예를 들어, Windows의 미국 영어판에서 Windows 코드 페이지는 Windows Latin 1일 수 있으며 OEM 코드 페이지는 DOS Latin US일 수 있다. 일반적으로 stdout이나 stderr에 텍스트 데이터를 쓰려면 먼저 텍스트를 OEM 코드 페이지로 변환하거나 쓰고 있는 텍스트의 인코딩과 일치하도록 콘솔의 출력 코드 페이지를 설정해야 한다. 그렇지 않으면 콘솔에 예기치 않은 출력이 인쇄될 수 있다. 그러나 프로그램과 콘솔 간의 문자 인코딩을 제대로 일치시키더라도 콘솔에 현재 선택한 글꼴이 문자를 표현하는 데 필요한 적절한 글자의 모양glyph을 가지고 있지 않는 등 다른 요인으로 인해 예상대로 문자를 표시하지 못할 수 있다. 또한 Windows 콘솔은 역사적으로 각 셀의 문자 데이터에 대해 16비트 값만 저장하므로 유니코드 기본 다국어 평면 외부의 문자를 표시할 수 없었다.

표현범위가 좁은 문자 대 표현범위가 넓은 문자

Win32 SDK의 모든 시스템 API는 두 가지 버전이 있다. A 접미사가 붙는 표현범위가 좁은narrow Windows(ANSI) 버전과 W 접미사가 붙는 표현범위가 넓은wide 문자 버전이다.

```
int SomeFuncA(LPSTR SomeString);
int SomeFuncW(LPWSTR SomeString);
```

여러분의 앱이 표현범위가 넓은 문자(UTF-16) 또는 좁은 문자를 사용할 것인지 결정한 다음 그에 따라 적절하게 코딩해야 한다. 가장 좋은 방법은 각 함수의 좁은 문자열과 넓은 문자열 버전을 명시적으로 호출하고 적절한 형식의 문자열을 전달하는 것이다.

```
SomeFuncW(L"String");
SomeFuncA("String");
```

Win32 SDK의 실제 함수의 예로는 MessageBoxA/MessageBoxW와 CreateWindowExA/CreateWindowExW가 있다.

문자 변환

국제 텍스트international text가 유니코드로 점점 더 많이 인코딩되고 있지만 여전히 언어별 또는 나라별 문자 인코딩으로 인코딩돼 있어 이런 인코딩 간에 변환이 필요하다. 특히 Windows는 여전히 IBM EBCDIC와 ISO 8859-1과 같은 전통적이고 제한된 문자 인코딩을 사용하는 로캘에서 여전히 작동한다. 프로그램은 입출력을 수행할 때 유니코드와 전통적인 인코딩 체계 간에 변환을 자주 해야 하는 경우가 많다.

모든 문자열을 언어별 또는 나라별 문자 인코딩으로 변환할 수는 없다. 이는 모든 문자를 표현하는 데 7비트 이상의 스토리지가 있어야 하는 US-ASCII 인코딩일 때 더욱 명확하다. Latin-1는 문자 晥을 제대로 인코딩할 수 없으며 많은 종류의 비-일본어 문자와 단어를 정보 손실 없이 Shift-JIS로 변환할 수 없다.

다음 절에서는 문자 인코딩 간 변환에 관한 다양한 접근방식을 설명한다.

C 표준 라이브러리

C 표준 라이브러리는 표현범위가 좁은 코드 단위narrow code unit char와 표현범위가 넓은 코

드 단위 wchar_t 간의 변환을 지원하는 몇 가지 함수를 제공한다. mbtowc(멀티바이트 문자를 표현범위가 넓은 해당 문자로 변환)와 wctomb(표현범위가 넓은 문자를 해당 멀티바이트 문자로 변환), mbrtowc(현재 로캘의 멀티바이트 문자를 (다시 시작할 수 있는restartable) 표현범위가 넓은 해당 문자로 변환), wcrtomb(표현범위가 넓은 문자를 (다시 시작할 수 있는) 해당 멀티바이트로 변환) 함수는 한 번에 하나의 코드 단위를 변환해 결과를 출력 개체나 버퍼에 쓴다. mbstowcs(멀티바이트 문자 시퀀스를 해당 표현범위가 넓은 문자 시퀀스로 변환)와 wcstombs(표현범위가 넓은 문자 시퀀스를 해당 멀티바이트 문자 시퀀스로 변환), mbsrtowcs(현재 로캘의 멀티바이트 문자 시퀀스를 (다시 시작할 수 있는) 표현범위가 넓은 해당 문자 시퀀스로 변환), wcsrtombs(표현범위가 넓은 문자 시퀀스를 (다시 시작할 수 있는) 해당 멀티바이트 문자 시퀀스로 변환) 함수는 코드 단위 문자열을 한 번에 변환해 출력 버퍼에 쓴다.

변환 함수는 함수 호출 간의 일련의 변환을 제대로 처리하기 위해 데이터를 저장해야 한다. 다시 시작할 수 없는 형식nonrestartable form은 상태를 내부적으로 저장한다. mbstate_t 형식의 개체는 관련 다중 바이트 문자열character sequence의 현재 변환 상태를 나타낸다. 또한, 이 개체에는 변환 함수가 변환 도중에 다른 함수의 호출로 다른 관련없는 변환을 먼저 수행할 수도 있다. 이런 경우 mbetate_t 개체에 저장된 상태 데이터를 사용해 기존에 중단된 변환을 중단됐던 지점부터 변환을 계속 이어서 진행할 수 있다. 한 번에 여러 코드 단위를 대량으로 변환하기 위해 문자열string을 사용할 수 있어 여러 코드 단위의 변환을 효율적으로 처리할 수 있다.

이런 함수에는 몇 가지 제한이 있다. 앞에서 설명한 것처럼 Windows는 wchar_t에 16비트 코드 단위를 사용한다. 이는 문제가 될 수 있는데, C 표준이 wchar_t 형식의 개체가 현재 로캘의 모든 문자를 표현할 수 있도록 요구하고 있지만 16비트 코드 단위는 너무 작아 그렇게 할 수 없기 때문이다. C는 기술적으로 wchar_t 형식의 여러 개체를 사용해 단일 문자를 표현할 수 없다. 결과적으로 표준 변환 함수는 데이터 손실을 초래할 수 있다. 반면에 대부분의 POSIX 구현체는 wchar_t에 32비트 코드 단위를 사용하므로 UTF-32를 사용할 수 있다. 단일 UTF-32 코드 단위가 전체 코드 포인트를 표현할 수 있으므로 표준 함수를 사용하는 변환은 데이터를 잃거나 잘라내지 않는다.

C 표준위원회는 표준 변환 함수 사용으로 인한 잠재적인 데이터 손실을 해결하기 위해 C11에 다음과 같은 함수를 추가했다.

mbrtoc16, c16rtomb 표현범위가 좁은 코드 단위의 시퀀스와 하나 이상의 char16_t 코드 단위 간에 변환을 수행한다.

mbrtoc32, c32rtomb 표현범위가 좁은 코드 단위의 시퀀스와 하나 이상의 char32_t 코드 단위 간에 변환을 수행한다.

처음 두 함수는 char 배열로 표현되는 로캘 종속 문자 인코딩과 (__STDC_UTF_16__의 값이 1이라는 가정하에) char16_t의 배열에 저장된 UTF-16 데이터를 변환한다. 두 번째 두 함수는 로캘 종속 인코딩과 (__STDC_UTF_32__의 값이 1이라는 가정하에) char32_t 배열에 저장된 UTF-32 데이터를 변환한다. 프로그램 7-1은 UTF-8 입력 문자열을 UTF-16 인코딩 문자열로 변환하는 mbrtoc16 함수다.

프로그램 7-1 mbrtoc16 함수를 사용해 UTF-8 문자열을 char16_t 문자열로 변환한다.

```
#include <locale.h>
#include <uchar.h>
#include <stdio.h>
#include <stdlib.h>
#include <wchar.h>

❶ #if __STDC_UTF_16__ != 1
#error "__STDC_UTF_16__ not defined"
#endif

int main(void) {
 ❷ setlocale(LC_ALL, "en_US.utf8");
   char input[] = u8"I ♥ 🐟s!";
   const size_t input_size = sizeof(input);
   char16_t output[input_size]; // UTF-16은 UTF-8보다 적은 코드 단위를 필요로 한다.
   char *p_input = input;
   char *p_end = input + input_size;
   char16_t *p_output = output;
   size_t code;
```

```
    mbstate_t state = {0};
    puts(input);
❸ while ((code = mbrtoc16(p_output, p_input, p_end-p_input, &state))){
        if (code == (size_t)-1)
            break; // -1 - 유효하지 않은 코드 단위 시퀀스가 감지됐음
        else if (code == (size_t)-2)
            break; // -2 - 요소가 없는 코드 단위 시퀀스
        else if (code == (size_t)-3)
            p_output++; // -3 - 서로게이트 쌍의 상위 서로게이트
        else {
            p_output++; //  하나의 값이 써진다.
            p_input += code; // code는 함수가 읽은 코드 단위의 개수다.
        }
    }

    size_t output_size = p_output - output + 1;
    printf("Converted to %zu UTF-16 code units: [ ", output_size);
    for(size_t x = 0; x < output_size; ++x) printf("%#x ", output[x]);
    puts("]");
}
```

setlocale 함수 호출❷에서 구현체에 정의된implementation-defined 문자열을 전달해 멀티바이트 문자 인코딩을 UTF-8로 설정한다. 전처리 지시문preprocessing directive ❶은 매크로 __STDC_UTF_16__의 값이 1이라는 것을 보장한다(전처리 지시문에 관한 자세한 내용은 9장 참조). 결과적으로 mbrtoc16 함수에 대한 각 호출은 UTF-8 표현의 단일 코드 포인트를 UTF-16 표현으로 변환한다. 결과 UTF-16 코드 단위가 (서로게이트 쌍에서) 상위 서로게이트면 mbrtc16에 대한 다음 호출이 입력 문자열에 상관없이 하위 서로게이트에 써야 한다는 것을 나타내기 위해 state 개체를 업데이트한다.

mbrtoc16 함수의 문자열 버전이 없으므로 UTF-8 입력 문자열을 UTF-16 문자열로 변환하려면 UTF-8 입력 문자열에 루프를 돌려 mbrtoc16 함수를 반복적으로 호출해야 한다❸. 인코딩 오류가 발생하면 mbrtoc16 함수는 (size_t)-1을 반환하고 코드 단위 시퀀스에 요소가 없으면 (size_t)-2를 반환한다. 두 상황 중 하나라도 발생하면 루프가 종료되고 변환은 끝난다.

반환 값 (size_t)-3은 함수가 서로게이트 쌍의 상위 서로게이트를 출력한 다음 상태state 매개변수의 표시기indicator를 저장한다는 것을 의미한다. 표시기는 다음 mbrtoc16 함수 호출에 사용되므로 서로게이트 쌍의 하위 서로게이트를 출력해 단일 코드 포인트를 표현하는 완전한 char16_t 시퀀스를 구성할 수 있다. C 표준의 다시 시작할 수 있는 모든 인코딩 변환 함수는 상태 매개변수로 비슷하게 동작한다.

함수가 (size_t)-1이나 (size_t)-2, (size_t)-3 외의 값을 반환하면 p_output 포인터가 증가하고 p_input 포인터는 함수가 읽은 코드 단위의 수만큼 증가하며 문자열 변환이 계속된다.

libiconv

GNU의 libiconv는 문자열 인코딩 변환을 위해 널리 사용되는 플랫폼 간cross-platform 오픈 소스 라이브러리다. 이 라이브러리에는 어떤 문자 인코딩의 바이트 시퀀스를 다른 인코딩으로 변환하는 데 사용할 수 있는 변환 설명자descriptor를 할당하는 iconv_open 함수가 있다. 이 함수에 대한 문서는 https://www.gnu.org/software/libiconv/documentation/libiconv-1.13/iconv_open.3.html에서 확인할 수 있으며, 해당 문서는 ASCII와 ISO-9959-1, SHIFT_JIS, UTF-8과 같은 특정 charset을 식별해 로캘 종속 문자 인코딩을 나타내는 데 사용할 수 있는 문자열을 정의한다.

Win32 변환 API

Win32 SDK는 표현범위가 넓은 문자열과 표현범위가 좁은 문자열을 변환하는 두 개의 함수를 제공한다.

MultiByteToWideChar 문자열을 새 UTF-16(표현범위가 넓은 문자) 문자열로 매핑한다.
WideCharToMultiByte UTF-16(표현범위가 넓은 문자) 문자열을 새 문자열로 매핑한다.

MultiByteToWideChar 함수는 임의 문자 코드 페이지로 인코딩된 문자열 데이터를

UTF-16 문자열로 매핑한다. 마찬가지로 `WideCharToMultiByte` 함수는 UTF-16으로 인코딩된 문자열 데이터를 임의 문자 코드 페이지로 매핑한다. UTF-16 데이터는 모든 코드 페이지로 표현할 수 없으므로 이 함수는 변환할 수 없는 UTF-16 문자 대신 사용할 기본 문자를 지정해야 한다.

문자열

C는 기본 문자열 형식을 지원하지 않으며 앞으로도 영원히 그럴 것이다. 대신 문자열을 문자의 배열로 구현한다. C에는 표현범위가 넓은 문자열과 표현범위가 좁은 문자열 두 종류가 있다.

표현범위가 좁은 문자열narrow string은 `char` 형식의 배열이다. 표현범위가 좁은 문자열은 종료 null 문자를 포함하는 연속적인 문자 시퀀스로 구성된다. 문자열에 대한 포인터는 문자열의 처음 문자를 가리킨다. 문자열의 크기size는 배열 스토리지를 백업back하기 위해 할당된 바이트 수다. 문자열의 길이length는 첫 번째 null 문자 앞에 오는 코드 단위 (바이트) 수다. 그림 7-1에서 문자열의 크기는 7이고 문자열의 길이는 5다. 마지막 요소를 벗어난 백업 배열의 요소는 접근할 수 없다. 초기화되지 않은 배열의 요소는 읽을 수 없다.

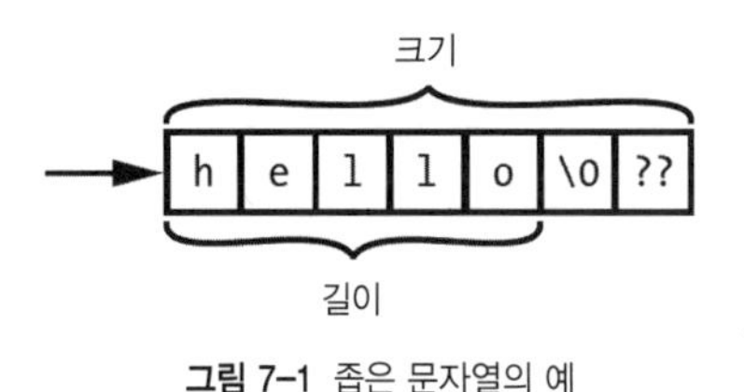

그림 7-1 좁은 문자열의 예

표현범위가 넓은 문자열wide string은 `wchar_t` 형식의 배열이다. 표현범위가 넓은 문자열은 표현범위가 넓은 종료 문자 null을 포함하는 표현범위가 넓은 문자의 시퀀스로 구성된다. 표현범위가 넓은 문자열의 포인터는 표현범위가 넓은 문자열의 표현범위가 넓은 첫 번째 문자를 가리킨다. 표현범위가 넓은 문자열의 길이는 표현범위가 넓은 첫 번째 null 문자 앞에 오는 코드 단위의 수다. 그림 7-2는 hello의 UTF-16BE(빅 엔디안)와 UTF-

16LE(리틀 엔디안)의 표현을 보여준다. 배열의 크기는 구현체의 정의에 따라 결정된다. 이 배열은 14바이트이며 구현체는 8비트와 16비트 wchar_t 형식을 사용한다고 가정한다. 문자의 수가 바뀌지 않았으므로 이 문자열의 길이는 5다. 마지막 요소를 벗어난 백업 배열의 요소는 접근할 수 없다. 초기화되지 않은 배열의 요소도 읽을 수 없다.

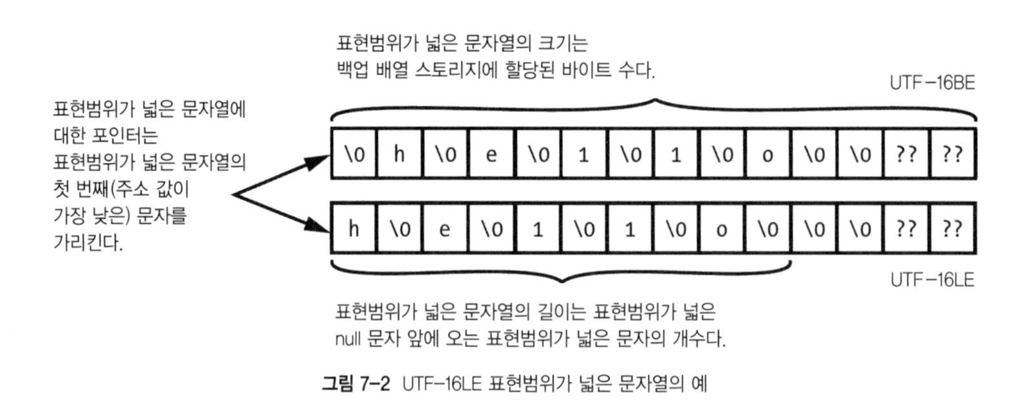

그림 7-2 UTF-16LE 표현범위가 넓은 문자열의 예

문자열 리터럴

문자열 리터럴character string literal은 예를 들어, "ABC"와 같이 큰따옴표로 묶인 0개 이상의 멀티바이트 문자의 시퀀스로 표현되는 문자열 상수다. 다양한 접두사를 사용해 여러 문자 형식의 문자열 리터럴을 선언할 수 있다.

- "ABC"와 같은 char 문자열 상수 형식
- L"ABC"와 같이 접두사 L이 있는 wchar_t 문자열 리터럴 형식
- u8"ABC"와 같이 접두사 u8이 있는 UTF-8 문자열 리터럴 형식
- u"ABC"와 같이 접두사 u가 있는 char16_t 문자열 리터럴 형식
- U"ABC"와 같이 접두사 U가 있는 char32_t 문자열 리터럴 형식

C 표준은 구현체가 문자열 리터럴에 ASCII를 사용하도록 강제하지 않는다. 그러나 문자열 리터럴에 접두사 u8을 사용해 UTF-8로 인코딩할 수 있으며 리터럴의 모든 문자가

ASCII 문자인 경우 구현체가 일반적으로 문자열 리터럴을 다른 인코딩(예: EBCDIC)으로 인코딩하더라도 컴파일러는 ASCII 문자열 리터럴을 생성한다.

문자열 리터럴에는 비-const 배열 형식이 있다. 문자열 리터럴 수정은 정의되지 않은 동작이며 CERT C 규칙 STR30-C(문자열 리터럴을 수정하려고 시도하지 마시오)에 따라 금지된다. 그 이유는 이런 문자열 리터럴이 읽기 전용 메모리에 저장되거나 여러 문자열 리터럴이 같은 메모리를 공유해 하나의 문자열을 수정하면 여러 문자열이 변경될 수 있기 때문이다.

문자열 리터럴은 종종 배열 변수를 초기화한다. 이 배열 변수는 문자열 리터럴의 문자 개수와 일치하는 명시적 경계로 선언할 수 있다. 다음과 같은 선언을 생각해 보자.

```
#define S_INIT "abc"
// --- 생략 ---
const char s[4] = S_INIT;
```

배열 s의 크기는 4이며, 마지막 null 바이트에 대한 공간을 포함하는 문자열 리터럴에 대한 배열을 초기화하는 데 필요한 정확한 크기다. 그러나 배열을 초기화하는 데 사용된 문자열 리터럴에 다른 문자를 추가하면 코드의 의미가 크게 변경된다.

```
#define S_INIT "abcd"
// --- 생략 ---
const char s[4] = S_INIT;
```

이제 문자열 리터럴의 크기는 5지만, 배열 s의 크기는 여전히 4다. 결과적으로 배열 s는 마지막 null 바이트가 생략된 문자 배열 "abcd"로 초기화된다. 이 구문은 문자열이 아닌 문자 배열을 초기화하도록 설계됐다. 따라서 컴파일러가 이 선언을 오류로 진단할 가능성은 작다. GCC는 이런 배열이 문자열 함수에 인수로 전달되면 경고를 발생한다.

유지보수maintenance 중에 문자열 리터럴을 변경하는 경우, 특히 위 예제와 같이 문자열 리터럴이 선언과 별도로 정의되면 종료 null 문자가 없는 문자 배열로 의도치 않게 변경될 위험이 있다. 항상 s를 문자열로 초기화하려면 배열 경계를 생략해야 한다. 배열의 경계를 지정하지 않으면 컴파일러는 종료 null 문자를 포함해 전체 문자열 리터럴에 대해 충분한 공간을 할당한다.

```
const char s[] = S_INIT;
```

이런 접근방식은 문자열 리터럴의 크기가 변경되더라도 배열의 크기를 항상 결정할 수 있으므로 유지보수가 간단해진다. 이 구문을 사용해 선언한 배열의 크기는 sizeof 연산자를 사용해 컴파일할 때 결정할 수 있다.

```
size_t size = sizeof s;
```

반면에, 이 문자열을 다음과 같이 선언하는 경우

```
const char *foo = S_INIT;
```

길이를 얻기 위해 strlen 함수를 호출해야 하므로

```
size_t size = strlen(foo) + 1U;
```

런타임 비용이 발생할 수 있다.

문자열 처리 함수

C에서 문자열을 관리하기 위해 몇 가지 접근방식을 사용할 수 있는데, 그 중 첫 번째는 C 표준 라이브러리 함수다. 표현범위가 좁은 문자열 처리 함수는 <string.h> 헤더 파일에 정의돼 있으며 표현범위가 넓은 문자열 처리 함수는 <wchar.h>에 정의돼 있다. 이런 레거시 문자열 처리 함수는 최근 몇 년 동안 다양한 보안 취약점과 연관돼 있다. 그 이유는 문자열 처리 함수가 배열의 크기를 검사하지 않고(종종 이런 검사를 수행하기 위한 정보가 부족

하다) 출력을 유지하기 위해 적절한 크기의 문자 배열을 제공할 것이라고 신뢰하기 때문이다. 이런 함수를 사용해 안전하고 강건하며 오류가 없는 코드를 작성할 수는 있지만 라이브러리는 결과가 제공된 배열보다 큰 경우 버퍼 오버플로우를 초래할 수 있는 프로그래밍 스타일을 따르도록 한다. 이런 함수는 본질적으로 안전하지 않고 오용하기 쉬우므로 주의해서 사용해야 한다(또는 아예 사용하지 말아야 한다).

결과적으로 C11은 규범적으로 (그렇지만 선택적으로) 부록 K 경계 검사bounds-checking 인터페이스를 도입했다. 예를 들어, 이 부록은 출력 버퍼의 길이를 제공하고 이 버퍼가 이 함수의 출력을 포함하기에 충분한 크기인지 확인함으로써 더 안전한 시큐어 프로그래밍을 할 수 있도록 하는 대체 라이브러리 함수를 제공한다. 예를 들어, 부록 K는 C 표준 라이브러리의 `strcpy`, `strcat`, `strncpy`, `strncat` 함수에 대한 대체 함수로 `strcpy_s`, `strcat_s`, `strncpy_s`, `strncat_s` 함수를 정의한다.

POSIX 또한 `strdup` 및 `strndup`과 같은 몇 가지 문자열 처리 함수를 정의해 Linux 및 Unix(IEEE Std 1003.1:2018)와 같은 POSIX 호환 플랫폼에서 사용할 수 있는 다른 문자열 API 집합을 제공한다.

Visual C++는 C 표준 라이브러리부터 C99에서까지 정의한 문자열 처리 함수를 제공하지만, 전체 POSIX 사양을 구현하지는 않았다.[2] Visual C++는 예를 들어, `strdup` 대신 `_strdup`처럼 함수의 이름 앞에 밑줄을 붙여 많은 런타임 라이브러리 함수의 이름을 지정한다. Visual C++ 또한 부록 K의 안전한 문자열 처리 함수를 지원하며 함수를 선언하는 헤더 파일을 포함하기 전에 `_CRT_SECURE_NO_WARNINGS`를 정의하지 않는 한 안전하지 않은 변형의 사용을 진단한다.

다음 절에서는 이런 문자열 처리 라이브러리를 소개한다.

〈string.h〉와 〈wchar.h〉

C 표준 라이브러리에는 `strcpy`, `strncpy`, `strcat`, `strncat`, `strlen` 등과 같이 널리 알려진

2 Microsoft의 POSIX 지원에 관한 자세한 내용은 호환성 문서(https://docs.microsoft.com/ko-kr/cpp/c-runtime-library/compatibility?view=msvc-170&viewFallbackFrom=vs-2019)를 참조한다.

함수뿐 아니라 문자열을 복사하고 이동하는 데 사용할 수 있는 memcpy와 memmove 함수가 있다. 또한 C 표준은 char 대신 wchar_t 형식의 개체에 대해 동작하는 표현범위가 넓은 문자 인터페이스를 제공한다. (함수의 이름은 str이 wcs로 대체되고 메모리 함수 이름 앞에 w가 추가된다는 점을 제외하면 표현범위가 좁은 문자열 함수의 이름과 비슷하다.) 표 7-4는 표현범위가 좁은 문자열 함수와 표현범위가 넓은 문자열 함수의 예를 보여준다. 표현범위가 넓은 문자열 함수와 표현범위가 좁은 문자열 함수를 혼동하지 않는 것이 중요하다.

표 7-4 표현범위가 좁은 문자열 함수와 표현범위가 넓은 문자열 함수

표현범위가 좁은 문자열 함수(char)	표현범위가 넓은 문자열 함수(wchar_t)	설명
strcpy	wcscpy	문자열 복사
strncpy	wcsncpy	자르고, 0으로 채워 복사
memcpy	wmemcpy	지정한 개수의 코드 단위를 복사
memmove	wmemmove	지정한 개수의 (겹칠 가능성이 있는) 코드 단위를 복사
strcat	wcscat	문자열을 연결
strncat	wcsncat	잘라낸 문자열을 연결
strcmp	wcscmp	문자열을 비교
strncmp	wcsncmp	문자열을 포인트와 비교
strchr	wcschr	문자열에서 문자 찾기
strcspn	wcscspn	상보 문자열 세그먼트(complementary string segment)[3]의 길이 계산[4]
strpbrk	wcspbrk	문자열에서 문자 집합의 첫 번째 문자를 검색
strrchr	wcsrchr	문자열에서 마지막으로 나오는 문자를 검색
strspn	wcsspn	문자열 세그먼트의 길이를 계산

3 문자열 세그먼트는 문자열에서 특정한 조건을 만족하는 부분 문자열로 원하는 패턴, 문자열 또는 문자 집합과 일치하는 문자열의 일부분을 의미한다. 예를 들어, 문자열 "Hello, World!"에서 "World"라는 문자열 세그먼트를 추출하려면, "World"라는 단어가 나타나는 문자열의 시작 위치와 길이를 찾아야 한다. 이렇게 추출된 문자열 세그먼트는 원래 문자열에서 따로 처리하거나 다른 목적에 사용할 수 있다. – 옮긴이

4 strcspn과 wcscspn 함수는 두 개의 문자열을 입력받아 첫 번째 문자열에서 두 번째 문자열에 포함된 어떤 문자와도 일치하지 않는 첫 번째 문자의 위치를 반환한다. 일치하지 않는 문자가 없으면 천 번째 문자열의 전체 길이를 반환한다. 예를 들어, 첫 번째 문자열이 "Hello, World!"이고 두 번째 문자열이 "Hello, Kitty"인 경우에 첫 번째 문자열에서 두 번째 문자열에 포함된 어떤 문자와 일치하지 않는 문자는 'W'이므로 첫 번째 문자열에서 'W'의 위치인 7이 반환된다. – 옮긴이

표현범위가 좁은 문자열 함수(char)	표현범위가 넓은 문자열 함수(wchar_t)	설명
strstr	wcsstr	문자열에서 부분 문자열(substring)을 검색
strtok	wcstok	(토큰화된 문자열을 수정하는) 문자열 토크나이저
memchr	wmemchr	메모리에서 코드 단위 검색
strlen	wcslen	문자열 길이 계산
memset	wmemset	지정된 코드 단위로 메모리 채우기

이런 문자열 처리 함수는 호출자에게 메모리 관리를 맡기고 정적 및 동적으로 할당된 스토리지와 함께 사용할 수 있으므로 효율적인 것으로 간주한다. 다음 두 절에서 이런 함수 중 가장 널리 사용되는 몇 가지 함수를 자세히 알아본다.

크기 및 길이

7장 앞부분에서 설명했던 것처럼 문자열은 (백업 배열 스토리지에 할당된 바이트 수인) 크기와 길이를 갖는다. sizeof 연산자를 사용하면 컴파일 시 정적으로 할당된 보조 배열의 크기를 결정할 수 있다.

```
char str[100] = "Here comes the sun";
size_t str_size = sizeof(str); // str_size는 100이다.
```

strlen 함수를 사용하면 문자열의 길이를 계산할 수 있다.

```
char str[100] = "Here comes the sun";
size_t str_len = strlen(str); // str_len은 18이다.
```

wcslen 함수는 종료 와이드 null 문자 앞에 오는 코드 단위 수로 측정한 표현범위가 넓은 문자열의 길이를 계산한다.

```
wchar_t str[100] = L"Here comes the sun";
size_t str_len = wcslen(str); // str_len 18이다.
```

길이는 어떤 것을 세는 것이지만 정확히 어떤 것을 세는지는 불분명하다. 문자열의 길이를 계산할 때 계산에 사용할 수 있는 단위로는 다음과 같은 것들이 있다.

바이트 스토리지를 할당할 때 유용하다.

코드 단위 문자열을 표현하는 데 사용되는 개별 코드 단위의 수다. 이 길이는 인코딩에 따라 달라지며 메모리 할당에도 사용할 수 있다.

코드 포인트 코드 포인트(문자)는 여러 코드 단위를 차지할 수 있다. 이 값은 스토리지를 할당할 때 유용하지 않다.

확장 문자 클러스터 Extended grapheme cluster 사용자가 인식하는 user-perceived 단일 문자에 가까운 하나 이상의 유니코드 스칼라 값의 그룹이다. "é", "**김**", "**IN**"과 같은 많은 개별 문자는 여러 유니코드 스칼라 값으로 구성될 수 있다. 유니코드의 경계 알고리즘은 이런 코드 포인트를 확장 문자 클러스터로 결합한다.

strlen과 wcslen 함수는 코드 단위를 센다. strlen 함수의 경우 이 값은 바이트 수에 해당한다. wcslen 함수를 사용해 필요한 스토리지 양을 결정하는 것은 wchar_t 형식의 크기가 구현체에 정의돼 있어 더 복잡하다. 프로그램 7-2에는 표현범위가 좁은 문자열과 표현범위가 넓은 문자열 모두에 대해 동적으로 스토리지를 할당하는 예가 있다.

프로그램 7-2 표현범위가 좁은 문자열 함수와 표현범위가 넓은 문자열 함수에 동적으로 스토리지 할당하기

```
// 좁은 문자열
char str1[] = "Here comes the sun";
char *str2 = malloc(strlen(str1) + 1));

// 넓은 문자열
wchar_t wstr1[] = L"Here comes the sun";
wchar_t *wstr2 = malloc((wcslen(wstr1) + 1) * sizeof(wchar_t));
```

표현범위가 좁은 문자열의 경우 strlen 함수를 사용해 문자열의 길이 값을 얻은 다음, 해당 값에 종료 null 문자의 크기인 1을 더해 메모리 할당을 위한 문자열의 크기를 정할 수 있다. 표현범위가 넓은 문자열의 경우 wcslen 함수를 사용해 문자열의 길이 값을 얻은

다음, 해당 값에 종료 와이드 null 문자를 수용할 수 있도록 1을 더한 다음, 이 덧셈 결과에 wchar_t 형식의 크기를 곱해 문자열의 크기를 결정할 수 있다.

코드 포인트나 확장 문자 클러스터 계수count는 예측할 수 없는 개수의 코드 단위로 구성되므로 스토리지 할당에 사용할 수 없다.[5] 예를 들어, 스토리지 부족으로 인해 문자열을 잘라야 할 경우 확장 문자 클러스터를 사용한다. 좀 더 세밀한 경계 인식을 위해서 확장 문자 클러스터 경계에서 잘라내기 작업을 수행하면 사용자가 인식하는 단위의 문자가 잘리지 않는다.

strlen 함수를 호출하면 null 문자를 찾기 위해 배열의 길이만큼 탐색해야 하므로 연산 비용이 많이 들 수 있다. 아래 코드는 strlen 함수의 간단한 구현이다.

```
size_t strlen(const char * str) {
    const char *s;

    for (s = str; *s; ++s) {}

    return s - str;
}
```

strlen 함수는 str이 참조한 개체의 크기를 알 방법이 없다. 경계 전에 null 문자가 없는 유효하지 않은 문자열로 strlen을 호출하면 함수는 문자열 끝을 벗어난 배열에 접근해 정의되지 않은 동작이 발생한다. null 포인터를 strlen에 전달해도 정의되지 않은 동작(null 포인터 역참조)이 발생한다. 또한 이런 strlen 함수의 구현은 PTRDIFF_MAX보다 큰 문자열에 대해 정의되지 않은 동작을 갖는다. 이런 개체를 생성하지 않도록 해야 한다(이 구현의 경우는 괜찮다).

strcpy 함수

동적으로 할당된 메모리의 크기를 계산하기는 쉽지 않다. 한 가지 방법은 할당할 때 크기

5 문자열 길이 관한 설명은 "" ".length == 7은 틀리지 않다(https://hsivonen.fi/string-length/)"를 참조한다.

를 저장하고 이 값을 나중에 재사용하는 것이다. 프로그램 7-3의 코드는 strcpy 함수를 사용해 길이를 결정한 다음 종료 null 문자를 수용하기 위해 길이에 1을 추가해 str의 복사본을 만든다.

프로그램 7-3 문자열 복사

```
char str[100] = "Here comes the sun";
size_t str_size = strlen(str) + 1;
char *dest = (char *)malloc(str_size);

if (dest) {
    strcpy(dest, str);
}
else {
    /* 에러 처리하기 */
}
```

그런 다음 str_size를 사용해 복사를 위한 스토리지를 동적으로 할당할 수 있다. strcpy 함수는 종료 null 문자를 포함해 원본 문자열 str의 문자열을 대상 문자열 dest로 복사한다. strcpy 함수는 대상 문자열의 시작 주소를 반환한다. 이 예에서 주소는 무시된다.

strcpy 함수의 일반적인 구현은 다음과 같다.

```
char *strcpy(char *dest, const char *src) {
    char *save = dest;

    while (*dest++ = *src++);

    return save;
}
```

위 코드는 원본의 모든 바이트를 대상 배열로 복사하기 전에 (반환 값으로 사용하기 위해) 대상 문자열에 대한 포인터를 save에 저장한다. while 루프는 첫 번째 null 바이트가 복사될 때 종료된다. strcpy는 원본 문자열의 길이나 대상 배열의 크기를 알지 못하므로 함수의 모든 인수는 호출자가 검증했다고 가정해 구현체는 단순히 원본 문자열의 각 바이트를 확인하지 않고 대상 배열로 복사하기만 하면 된다.

인수 검사

인수 검사argument checking는 호출 함수나 호출된 함수 어느 쪽에서든 수행할 수 있다. 호출자나 호출 수신자callee 모두에 의한 중복 인수 검사는 신뢰가 부족한 방어적인 프로그래밍 스타일이다. 일반적인 원칙은 각 인터페이스의 한쪽에서만 유효성 검사를 하는 것이다.

가장 시간 효율적인 접근방식은 호출자가 프로그램의 상태를 더 잘 이해해야 하므로 호출자가 검사를 수행하는 것이다. 프로그램 7-3에서 `strcpy`에 대한 인수는 추가 중복 테스트를 도입하지 않아도 유효하다는 것을 알 수 있다. 변수 `str`은 선언에서 적절하게 초기화돼 정적으로 할당된 배열을 참조하고 `dest` 매개변수는 null 문자를 포함해 `str`의 복사본을 유지하는 데 충분한 크기의 동적으로 할당된 스토리지를 참조하는 null이 아닌 포인터다. 따라서 `strcpy`에 대한 호출은 안전하며 복사는 시간 효율적인 방식으로 수행될 수 있다. 인수 검사에 대한 이런 접근방식은 C 표준 라이브러리 함수에 널리 사용된다. 왜냐하면 이러한 접근법은 최적으로 효율적이며 프로그래머가 유효한 인수를 전달한다고 신뢰한다는 점에서 "C의 정신"에 걸맞기 때문이다.

더 안전safe하고 더 보안성이 높으면서도secure 공간 효율적인 접근방식은 호출 수신자가 인수를 검사하는 것이다. 이런 접근방식은 라이브러리 함수 구현자가 인수를 검증하므로 오류가 덜 발생해 프로그래머가 유효한 인수를 전달할 것이라고 신뢰할 필요가 없다. 함수 구현자는 일반적으로 검증해야 할 인수에 대해서 더 잘 알 수 있는 위치에 있다. 입력 검증 코드에 결함이 있다면 한 곳에서만 수정하면 된다. 인수를 검증하는 모든 코드는 한 곳에 있으므로 이런 접근방식은 더 공간 효율적이다. 그러나 이런 테스트는 불필요한 경우에도 실행되므로 시간 효율성은 떨어질 수도 있다. 종종, 이러한 함수의 호출자는 의심스러운 시스템 호출 전에 유사한 검사를 수행한다. 이런 검사는 이미 수행됐을 수도 있고 수행되지 않았을 수도 있다. 이 접근 방식의 경우, 호출되는 함수가 인수의 유효성을 검사해야 한다. 이로 인해, 호출되는 함수는 인수의 유효성을 검사한 다음, 해당 유효성에 오류가 있는 경우 해당 오류에 대한 지표(어떤 오류가 발생했는지 나타내는 값)를 반환해야 한다. 따라서 호출되는 함수는 이러한 오류 처리에 대한 코드를 별도로 구현해야만 한다. 문자열의 경우 호출된 함수는 인수가 유효한 null 종료 문자열인지 또는 복사에 충분한 공간을 가리키는지 항상 결정할 수 없다.

따라서 표준이 명시적으로 인수 검증을 요구하지 않는 경우에도 C 표준 라이브러리 함수가 인수를 검증한다고 가정해서는 안 된다.

memcpy 함수

memcpy 함수는 src가 참조하는 개체로부터 지정된 개수(size)의 문자를 dest가 참조하는 개체로 복사한다.

```
void *memcpy(void * restrict dest, const void * restrict src, size_t size);
```

대상 배열의 크기가 memcpy에 대한 size 인수보다 크거나 같고 원본 배열의 경계 전에 null 문자가 있으며 문자열의 길이가 size - 1보다 작은 경우(결과 문자열이 적절하게 null로 종료되도록) strcpy 대신 memcpy를 사용해 문자열을 복사할 수 있다. 가장 좋은 조언은 문자열을 복사할 때는 strcpy를 사용하고 형식이 없는 원시raw 메모리를 복사할 때만 memcpy를 사용하는 것이다. 또한 많은 경우에 할당 연산자 =도 개체를 효율적으로 복사할 수 있다는 것을 기억한다.

대부분의 C 표준 라이브러리 함수는 인수로 전달된 문자열의 시작에 대한 포인터를 반환하므로 문자열 함수에 대한 호출을 중첩할 수 있다. 예를 들어, 다음과 같은 중첩 함수 시퀀스 호출은 구성 부분을 복사하고 연결해 전체 이름을 반환한다.

```
strcat(strcat(strcat(strcat(strcpy(full, first), " "), middle), " "), last);
```

그러나 부분 문자열에서 배열 전체를 결합하려면 이 문자열을 필요한 것보다 더 많이 스캔해야 한다. 즉, 함수가 수정된 문자열의 끝에 대한 포인터를 반환해 다시 스캔할 필요성을 제거하는 것이 더 유용할 수 있다. C2X는 더 나은 인터페이스로 설계한 문자열 복사 함수인 memccpy를 도입했다. POSIX 환경도 이미 이 함수를 제공하지만, 각 POSIX 환경에 따라 다음과 같이 선언을 활성화해야 할 수도 있다.

```
#define _XOPEN_SOURCE 700
#include <string.h>
```

gets 함수

gets 함수는 대상 배열의 크기를 지정하는 방법을 제공하지 않고 입력받는 결함이 있는 입력 함수input function다. 이런 이유로 버퍼 오버플로우를 막을 수 없다. 결과적으로 gets 함수는 C99부터 더 이상 사용되지 않고 C11에서는 제거됐다. 그러나 수년간 사용됐으며 라이브러리 대부분은 여전히 이번 버전과의 하위호환성backward compatibility을 위해 구현을 제공하므로 실제로 사용되고 있는 것을 볼 수 있다. 이 함수를 절대로 사용해서는 안 되며 유지 관리 중인 모든 코드에서 사용 중인 gets 함수를 찾아 대체해야 한다.

gets 함수를 절대 사용해서는 안 되는 이유에 관해 지금부터 설명한다. 프로그램 7-4의 함수는 계속 진행 여부를 묻기 위해 사용자가 y나 n을 입력하라는 메시지를 화면에 표시한다. 이 함수는 프롬프트prompt에 문자를 8자 이상 입력하면 정의되지 않은 동작이 발생한다. 그러나 gets 함수는 대상 배열이 얼마나 큰지 알 방법이 없으므로 여전히 배열 개체의 끝을 벗어난 부분까지 쓰게 된다.

프로그램 7-4 구식 gets 함수의 잘못된 사용

```
#include <stdio.h>
#include <stdlib.h>

void get_y_or_n(void) {
    char response[8];
    puts("Continue? [y] n: ");
    gets(response);
```

```
    if (response[0] == 'n')
        exit(0);

    return;
}
```

프로그램 7-5는 gets 함수의 간단한 구현을 보여준다. 보다시피 이 함수의 호출자는 읽을 문자의 수를 제한할 방법이 없다.

프로그램 7-5 gets 함수 구현

```
char *gets(char *dest) {
    int c;
    char *p = dest;

    while ((c = getchar()) != EOF && c != '\n') {
        *p++ = c;
    }

    *p = '\0';

    return dest;
}
```

gets 함수는 한 번에 문자 한 개를 읽는 것을 반복한다. 루프는 EOF나 줄 바꿈 문자 '\n'을 읽으면 종료된다. 그렇지 않으면 함수는 개체의 경계를 신경 쓰지 않고 dest 배열에 쓰기를 계속한다.

프로그램 7-6은 gets 함수가 있는 프로그램 7-4의 get_y_or_n 함수를 보여준다.

프로그램 7-6 잘 못 작성된 while 루프

```
#include <stdio.h>
#include <stdlib.h>

void get_y_or_n(void) {
    char response[8];
```

```
    puts("Continue? [y] n: ");
    int c;
    char *p = response;

❶ while ((c = getchar()) != EOF && c != '\n') {
        *p++ = c;
    }

    *p = '\0';

    if (response[0] == 'n')
        exit(0);
}
```

이제 대상 배열의 크기를 사용할 수 있지만, while 루프❶는 대상 배열의 크기 정보를 사용하지 않는다. 이런 루프에서 배열을 읽거나 쓸 때 대상 배열의 크기에 도달하는 것이 루프의 종료 조건이 되도록 해야 한다.

부록 K 경계 검사 인터페이스

C11은 출력 버퍼가 의도한 결과를 반영할 수 있도록 적당히 큰지 확인하고 그렇지 않으면 오류 표시기를 반환하는 대체 함수가 있는 부록 K 경계 검사 인터페이스를 도입했다. 이런 함수는 배열의 끝을 지나 데이터를 쓰지 못하도록 하고 모든 문자열 결과가 null로 종료하도록 설계됐다. 이런 문자열 처리 함수는 호출자에게 메모리 관리를 맡기고 함수가 호출되기 전에 메모리를 정적 또는 동적으로 할당할 수 있다.

Microsoft는 1990년대에 널리 알려진 수많은 보안 사고에 대응해 레거시 코드 기반legacy code base을 개조하는 데 도움이 되는 C11 부록 K 함수를 만들었다. 이런 함수는 ISO/IEC TR 24731-1 (ISO/IEC TR 24731-1:2007)로 발표된 표준화를 위해 C 표준위원회에 제안됐고 나중에 선택적 확장의 집합으로 C11에 통합됐다. 이런 함수가 제공하는 개선된 사용성usability과 보안에도 불구하고 이 책을 집필하는 시점에서는 아직 널리 구현되지 않았다.

gets_s 함수

프로그램 7-7에서 볼 수 있듯이, 부록 K 경계 검사 인터페이스에는 gets_s 함수가 있는데, gets_s 함수 사용은 프로그램 7-4의 gets 함수로 인한 정의되지 않은 동작을 방지한다. gets_s 함수가 배열의 경계를 검사한다는 것만 제외하면 두 함수는 비슷하다. 최대 입력 문자 수를 초과했을 때 발생하는 기본 동작은 구현체에 정의돼 있지만 일반적으로 abort 함수가 호출된다. 이 동작은 set_constraint_handler_s 함수를 통해 변경할 수 있으며, 이에 관해서는 "런타임 제약 조건"에서 자세히 설명한다.

프로그램 7-7 gets_s 함수의 사용

```
#define __STDC_WANT_LIB_EXT1__ 1
#include <stdio.h>
#include <stdlib.h>

void get_y_or_n(void) {
    char response[8];
    size_t len = sizeof(response);
    puts("Continue? [y] n: ");
    gets_s(response, len);

    if (response[0] == 'n') exit(0);
}
```

프로그램 7-7의 첫 번째 줄은 __STDC_WANT_LIB_EXT1__ 매크로를 값 1로 확장한다. 그런 다음 경계 검사 인터페이스를 정의하는 헤더 파일을 포함해 프로그램에서 사용할 수 있도록 한다. gets 함수와는 달리 gets_s 함수는 size 인수를 받는다. 결과적으로 개선된 함수는 sizeof 연산자를 사용해 대상 배열의 크기를 계산하고 이 값을 gets_s 함수의 인수로 전달한다. 이러한 런타임 제약 조건을 위반했을 때의 결과는 각 구현체에서 정의된 동작에 따라 처리된다.

strcpy_s 함수

strcpy_s 함수는 <string.h>에 정의된 strcpy 함수를 대체한다. strcpy_s 함수는 원본 문자열의 문자를 대상 문자 배열로 복사하고, 종료 null 문자를 포함시킨다. 다음은 strcpy_s의 시그니처다.

```
errno_t strcpy_s(
    char * restrict s1, rsize_t s1max, const char * restrict s2
);
```

strcpy_s 함수에는 대상 버퍼의 최대 길이를 지정하는 rsize_t 형식의 추가 인수가 있다. strcpy_s 함수는 대상 버퍼를 오버플로우하지 않고 원본 문자열을 대상으로 완벽하게 복사할 수 있다. strcpy_s 함수는 다음 런타임 제약 조건이 위반되지 않았는지 확인한다.

- s1과 s2는 둘 다 null 포인터가 아니다.
- s1max > RSIZE_MAX이 아니다.
- s1max는 0과 같지 않다.
- s1max > strnlen_s(s2, s1max)이다.
- 중복되는 개체 간에는 복사하지 않는다.

단일 전달에서 문자열 복사를 수행하려면 일반적은 strcpy_s 함수 구현이 원본 문자열에서 문자를 검색하고 전체 문자열이 복사되거나 대상 배열이 다 채워질 때까지 대상 배열에 복사한다. 전체 문자열을 복사할 수 없고 s1max가 양수면 strcpy_s 함수는 대상 배열의 첫 번째 바이트를 null 문자로 설정해 비어 있는 문자열을 만든다.

런타임 제약 조건

런타임 제약 조건runtime constraints은 함수가 처리기handler를 호출해 감지하고 진단하는 함수의 런타임 요구 사항을 위반하는 것이다. 이 처리기가 반환하면 함수는 호출자에게 실패

표시기failure indicator를 반환한다.

경계 검사 인터페이스는 단순히 반환만 하는 런타임 제약 조건 처리기runtime-constraint handler를 호출해 런타임 제약 조건을 적용한다. 또는 런타임 제약 조건 처리기는 stderr로 메시지를 인쇄하거나 프로그램을 중단할 수 있다. set_constraint_handler_s 함수를 통해 호출되는 처리기 함수를 제어할 수 있으며 다음과 같이 처리기가 간단히 반환하도록 할 수 있다.

```
int main(void) {
    constraint_handler_t oconstraint =
        set_constraint_handler_s(ignore_handler_s);
    get_y_or_n();
}
```

처리기가 반환하면 런타임 제약 조건 위반을 식별하고 처리기를 호출한 함수는 반환 값을 사용해 호출자에게 실패를 표시한다.

경계 검사 인터페이스 함수는 일반적으로 진입 즉시 조건을 검사하거나 작업을 수행하고 런타임 제약 조건을 위반했는지를 결정하는 데 충분한 정보를 수집했을 때 조건을 검사한다. 런타임 경계 검사 인터페이스의 런타임 제약 조건은 C 표준 라이브러리 함수에 대해 정의되지 않은 동작이 되는 조건이다.

구현체에는 set_constraint_handler_s 함수에 대한 호출이 없는 경우에 호출하는 기본 제약 조건 처리기가 있다. 기본 처리기의 동작으로 인해 프로그램이 종료되거나 중단될 수 있지만 구현체는 기본적으로 합리적인 동작을 제공해야 한다. 예를 들어, 안전이 중요한 시스템을 구현하는데 습관적으로 사용되는 컴파일러는 기본적으로 중단되지 않는다. 함수에 대한 호출의 반환 값을 검사해야 하며 결과값이 유효하다고 가정해서는 안 된다. 모든 경계 검사 인터페이스를 호출하거나 런타임 제약 조건 처리기를 호출하는 메커니즘을 사용하기 전에 set_constraint_handler_s 함수를 호출해 구현체에 정의된 동작을 제거할 수 있다.

부록 K는 오류를 처리하기 위해 일반적인 전략을 제공하는 두 개의 함수 abort_

handler_s와 ignore_handler_s를 제공한다. C 구현체의 기본 처리기는 이런 처리기 중 하나일 필요는 없다.

POSIX

POSIX 또한 POSIX 호환 플랫폼을 위한 다른 문자열 관련 API 집합을 제공하는 strdup과 strndup(IEEE Std 1003.1:2018)과 같은 몇 가지 문자열 처리 함수를 정의한다. C 표준 위원회는 이런 인터페이스를 아직 C 표준에는 포함하지 않았지만 이런 인터페이스를 기술 보고서Technical Report 24731-2(ISO/IEC TR 24731-2:2010)로 발표했다.

이런 대체 함수는 버퍼 오버플로우가 발생하지 않도록 동적으로 할당된 메모리를 사용하며 호출 수신자 할당callee allocates과 호출자 해제caller frees 모델을 구현한다. 각 함수는 (malloc에 대한 호출이 실패한 경우를 제외하곤) 메모리를 충분히 사용할 수 있도록 보장한다. 예를 들어, strdup 함수는 인수의 중복을 포함하는 새 문자열에 대한 포인터를 반환한다. 반환된 포인터는 더 이상 필요로 하지 않을 때 스토리지를 회수하기 위해 C 표준 free 함수로 전달돼야 한다.

프로그램 7-8에는 strdup 함수를 사용해 getenv 함수가 반환한 문자열의 복사본을 만드는 코드가 있다.

프로그램 7-8 strdup 함수를 사용한 문자열 복사

```
const char *temp = getenv("TMP");

if (temp != NULL) {
    char *tmpvar = strdup(temp);

    if (tmpvar != NULL) {
        printf("TMP = %s.\n", tmpvar);
        free(tmpvar);
    }
}
```

C 표준 라이브러리 getenv 함수는 호스트 환경이 제공하는 환경 목록environment list에서 지정한 이름(이 예에서는 "TMP")으로 참조된 문자열과 일치하는 문자열을 검색한다. 환경 목록의 문자열을 환경 변수environment variable라고 하며 프로세스에 문자열을 전달하기 위한 추가 메커니즘을 제공한다. 이런 문자열에는 잘 정의된 인코딩이 없지만, 일반적으로 명령줄 인수와 stdin과 stdout에 사용되는 시스템 인코딩과 일치한다.

반환된 문자열(변수의 값)은 getenv 함수에 대한 후속 호출로 인해 덮어써질 수 있으므로 경쟁 조건race condition의 가능성을 제거하기 위한 모든 스레드를 만들기 전에 필요한 환경 변수를 검색하는 것이 좋다. 나중에 사용될 것이라고 예상되는 경우 프로그램 7-8에 표시된 관용적인 예에서 설정한 것처럼 필요에 따라 복사본을 안전하게 참조할 수 있도록 문자열을 복사해야 한다.

strndup 함수는 strndup이 새로 할당된 메모리에 최대 n + 1 바이트를 복사(strdup은 전체 문자열을 복사)하고 새로 만들어진 문자열이 항상 올바르게 종료된다는 것을 보장한다는 것을 제외하면 strdup와 같다.

이런 POSIX 함수는 결과 문자열에 대한 스토리지를 자동으로 할당해 버퍼 오버플로우를 방지하는 데 도움이 되지만 더 이상 스토리지가 필요하지 않을 때 free에 대한 추가 호출이 필요하다. 이는 strdup이나 strndup에 대한 각 호출에 free 호출을 일치시켜야 한다는 것을 의미한다. 예를 들어, <string.h>에 정의된 문자열 함수의 동작에 더 익숙한 프로그래머는 혼란스러울 수 있다.

Microsoft

Microsoft는 대부분의 C 표준 라이브러리 함수와 POSIX 표준 일부를 구현했다. 그러나 때로는 Microsoft의 이런 API 구현은 주어진 표준의 요구 사항과 다르거나 다른 표준에서 예약한 식별자와 충돌하는 함수 이름을 갖는다. 이런 상황에서 Microsoft는 종종 함수의 이름 앞에 밑줄을 붙인다. 예를 들어, POSIX 함수 strdup는 Windows에서 사용할 수 없지만 _strdup 함수를 사용할 수 있으며 같은 방식으로 동작한다.

Visual C++ 라이브러리에는 경계 검사 인터페이스의 프로토타입 구현이 포함돼 있다.

불행하게도 Microsoft는 표준화 과정 중에 발생한 API 변경 사항을 기반으로 구현을 업데이트하지 않기로 했기 때문에 Visual C++는 C11이나 TR 24731-1을 준수하지 않는다. 예를 들어, Visual C++은 set_constraint_handler_s 함수를 제공하지 않고, 대신에 비슷한 동작을 하지만 시그니처가 호환되지 않는 예전 함수를 유지한다.

```
_invalid_parameter_handler _set_invalid_parameter_handler(_invalid_parameter_handler)
```

또한 Microsoft는 abort_handler_s 및 ignore_handler_s 함수나 (TR 24731-1에 정의되지 않은) memset_s 함수, 또는 RSIZE_MAX 매크로를 정의하지 않는다. Visual C++은 또한 중복 원본 또는 대상 시퀀스를 런타임 제약 조건 위반으로 처리하지 않고 대신 이런 경우는 정의되지 않은 동작으로 처리한다. NCC 그룹의 백서 "경계 검사 인터페이스: 현장 경험 및 미래 방향Bounds-Checking Interfaces: Field Experience and Future Directions"에서 Microsoft의 구현을 포함해 경계 검사 인터페이스의 모든 측면에 대한 자세한 정보를 확인할 수 있다 (Seacord 2019).

요약

7장에서는 ASCII와 유니코드 같은 문자 인코딩에 관해 알아봤다. 또한 char, int, wchar_t 등과 같이 C 언어 프로그램에서 문자를 표현하는 데 사용되는 다양한 문자 형식에 대해서 살펴봤다. 그런 다음 C 표준 라이브러리 함수와 libiconv, Windows API를 포함한 문자 변환 라이브러리를 다루었다.

문자 외에도 문자열과 레거시 함수, 문자열을 처리하기 위해 C 표준 라이브러리에 정의된 경계 검사 인터페이스 외에 일부 POSIX 전용 함수 및 Microsoft 전용 함수에 대해서도 알아봤다.

8장에서는 입력/출력을 알아본다.

8

입출력

8장에서는 터미널 및 파일 시스템에서 데이터를 읽거나 쓰기 위해 입출력 연산을 수행하는 방법을 알아본다. 입출력은 정보가 프로그램에 들어오고 나가는 모든 방법을 포함하며, 입출력을 하지 못하면 프로그램은 쓸모가 없다. C 표준 스트림(stream)과 POSIX 파일 설명자를 사용하는 방법을 소개한다. C 표준 텍스트와 이진 스트림(binary stream)을 먼저 설명한 다음 C 표준 라이브러리와 POSIX 함수를 사용해 파일을 여닫는 다양한 방법도 알아본다.

다음으로 문자와 줄을 읽고 쓰고, 형식이 있는 텍스트formatted text를 읽고 쓰고, 이진 스트림에서 읽고 쓰는 방법을 소개한다. 또한 스트림 버퍼링stream buffering과 스트림 방향stream orientation, 파일 위치file positioning도 알아본다. 다른 많은 장치와 `ioctl`과 같은 입출력 인터페이스를 사용할 수 있지만 8장에서는 설명하지 않는다.

표준 입출력 스트림

C 표준은 터미널 및 지원하는 구조화된 저장 장치에 저장된 파일과 통신하기 위해 스트림을 사용하도록 지정하고 있다. 스트림stream은 소켓socket과 키보드, USB 포트, 프린터와 같

이 순차적 데이터sequential data를 사용하거나 생성하는 파일 및 장치와 통신하기 위한 균일한 추상화uniform abstraction다.

C는 스트림을 표현하기 위해 불투명opaque FILE 파일 형식을 사용한다. FILE 개체는 파일 위치 지시자file position indicator, 버퍼링 정보buffering information, 오류 표시기error indicator, 파일 끝 지시기end-of-file indicator를 포함해 연관된 파일로의 연결을 위한 내부 상태 정보를 가지고 있다. C 표준 라이브러리 함수는 (FILE 형식에 대한 포인터인) FILE * 형식의 개체에 대해 작동한다. 결과적으로 스트림을 종종 파일 포인터file pointer라고 한다.

C 표준은 스트림에서 작동하는 광범위한 API를 <stdio.h>를 통해 제공한다. 8장 뒷부분에서 이 API를 설명한다. 그러나 이런 입출력 함수는 많은 플랫폼의 다양한 장치와 파일 시스템에서 작동해야 하므로 고도로 추상화돼 있으며 가장 단순한 응용 프로그램 이외의 어떤 것에서도 적합하지 않다.

예를 들어, C 표준은 비 계층적nonhierarchical 파일 시스템에서 작동할 수 있어야 하므로 디렉터리 개념을 가지고 있지 않다. C 표준에는 파일 사용 권한file permission이나 잠금locking과 같이 파일 시스템 전용system-specific 세부 사항에 대한 참조 문서가 거의 없다. 그러나 함수 사양function specification에서는 종종 특정 동작이 "기본 시스템이 지원하는 범위 내에서" 발생한다고 자주 명시하고 있는데, 이는 구현체에서 지원하는 경우에만 동작한다는 것을 의미한다.

따라서 실제 응용 프로그램에서 입출력을 수행하려면 일반적으로 POSIX와 Windows, 다른 플랫폼이 제공하는 이식성이 낮은 API를 사용해야 한다. 종종 응용 프로그램에서는 플랫폼에서 안전하고 보안성이 있는 입출력 연산을 제공하기 위해 플랫폼 전용platform-specific API에 종속적인 자체 API를 정의한다.

스트림 버퍼링

버퍼링buffering은 프로세스와 장치 또는 파일 간에 전달되는 데이터를 주 메모리에 임시로 저장하는 프로세스다. 버퍼링은 종종 대기 시간latency이 많은 입출력 연산의 처리량throughput을 개선한다. 마찬가지로 프로그램이 디스크와 같은 블록 지향 장치block-oriented device에 쓰기를 요청하면 드라이버는 하나 이상의 장치 블록에 대한 충분한 데이터를 축적할 때까지 메모리에 데이터를 캐싱caching할 수 있다. 이 시점에서 데이터를 디스크에 한 번에 기록해 처리량을 개선한다. 이러한 전략적 동작을 가리켜 출력 버퍼를 플러싱flushing 한다고 한다.

장치 드라이버처럼 스트림은 종종 자체 입출력 버퍼를 가진다. 일반적으로 스트림은 프로그램이 읽으려는 각 파일에 대해 하나의 입력 버퍼input buffer를 사용하고 쓰려고 하는 각 파일에 대한 하나의 출력 버퍼output buffer를 사용한다.

스트림은 세 상태 중 하나일 수 있다.

- **버퍼링되지 않는**unbuffered 문자는 원본이나 대상에 가능한 한 빨리 표시하기 위한 것이다. 오류 보고 또는 로깅에 사용되는 스트림은 버퍼링되지 않을 수 있다.
- **완전히 버퍼링된**fully buffered 문자는 버퍼가 채워질 때 호스트 환경으로 또는 호스트 환경에서 블록으로 전송하기 위한 것이다. 파일 입출력에 사용되는 스트림은 일반적으로 처리량을 최적화하기 위해 완전히 버퍼링된다.
- **줄 버퍼링된**line buffered 문자는 줄 바꿈 문자를 만났을 때 호스트 환경으로 또는 호스트 환경에서 블록으로 전송하기 위한 것이다. 터미널과 같은 대화형 장치interactive device에 연결된 스트림은 터미널을 열 때 라인 버퍼링된다.

다음 절에서는 미리 정의된 스트림을 소개하고 버퍼링 방법을 설명한다.

미리 정의된 스트림

프로그램에는 세 개의 미리 정의된 텍스트 스트림predefined text stream이 열려 있으며 시작 시 사용할 수 있다. 이런 미리 정의된 스트림은 <stdio.h>에 선언돼 있다.

```
extern FILE * stdin;  // 표준 입력 스트림
extern FILE * stdout; // 표준 출력 스트림
extern FILE * stderr; // 표준 에러 스트림
```

표준 출력 스트림standard output stream stdout은 프로그램의 일반적인 출력 대상output destination이다. 이 스트림은 일반적으로 프로그램을 시작한 터미널과 연결돼 있지만, 다음과 같이 파일이나 다른 스트림으로 출력하도록 리디렉션redirect 될 수 있다.

```
$ echo fred
fred

$ echo fred > tempfile
$ cat tempfile
fred
```

여기서 echo 명령의 출력은 tempfile로 리디렉션된다.

표준 입력 스트림standard input stream stdin은 프로그램의 일반적인 입력 소스다. 기본적으로 stdin은 키보드와 연결돼 있지만 예를 들어, 다음과 같이 파일에서 입력받도록 리디렉션될 수 있다.

```
$ echo "one two three four five six seven" > fred
$ wc < fred
1 7 34
```

파일 fred의 내용은 wc 명령의 stdin으로 리디렉션돼 fred로부터 줄 바꿈(1)과 단어(7), 바이트 수(34)를 출력한다.

표준 오류 스트림standard error stream stderr은 진단 출력diagnostic output을 쓰기 위한 것이다. 처음에 열리면 stderr은 완전히 버퍼링되지 않는다. 스트림이 대화형 장치를 참조하지 않을 때만 stdin과 stdout이 완전히 버퍼링된다. stderr 스트림은 완전히 버퍼링되지 않으므로 가능한 한 빨리 오류 메시지를 볼 수 있다.

그림 8-1은 사용자 터미널의 키보드와 디스플레이에 연결된 미리 정의된 스트림 stdin과 stdout, stderr을 보여준다.

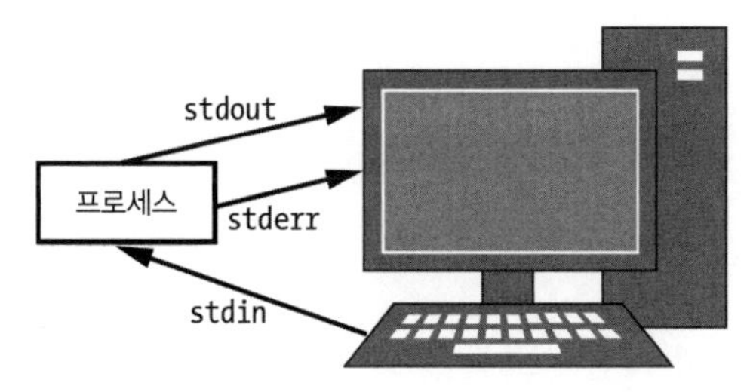

그림 8-1 입출력 통신 채널에 연결된 표준 스트림

어떤 프로그램의 출력 스트림은 POSIX 파이프를 사용해 다른 응용 프로그램의 입력 스트림으로 리디렉션될 수 있다. 많은 운영 체제에서 다음과 같이 수직선 | 문자로 명령을 분리하는 방식으로 응용 프로그램을 함께 연결할 수 있다.

```
$ echo "Hello Robert" | sed "s/Hello/Hi/" | sed "s/Robert/robot/"
Hi robot
```

스트림 방향

각 스트림에는 표현범위가 좁은 문자와 표현범위가 넓은 문자를 포함하는지를 표시하는 방향orientation이 있다. 스트림이 외부 파일에 연결돼 있지만 스트림에 대한 연산을 수행하기 전에는 스트림에 방향은 없다. 표현범위가 넓은 문자 입출력 함수가 방향이 없는 스트림에 적용되면 스트림은 표현범위가 넓은 문자를 처리하는 스트림wide-oriented stream이 된다. 마찬가지로 바이트 입출력 함수가 방향이 없는 스트림에 적용되면 스트림은 바이트 단위 문자를 처리하는 스트림byte-oriented stream이 된다. 멀티바이트 문자 시퀀스나 (C 표준에서 1 바이트를 사용하는) `char` 형식의 개체로 표현할 수 있는 표현범위가 좁은 문자는 바이트 단위 문자를 처리하는 스트림에 쓸 수 있다.

`fwide` 함수를 사용하거나 파일을 닫은 다음 다시 열어 스트림의 방향을 다시 설정할 수 있다. 바이트 입출력 함수를 표현범위가 넓은 문자를 처리하는 스트림에 적용하거나 표현범위가 넓은 문자 입출력 함수를 바이트 단위 문자를 처리하는 스트림에 적용하면 정의되지 않은 동작을 할 수 있다. 표현범위가 좁은 문자 데이터를 표현범위가 넓은 문자 데이터와 이진 데이터를 같은 파일에 섞어 사용하면 안 된다.

세 가지 미리 정의된 스트림(stderr, stdin, stdout)은 모두 시작 시 방향이 지정돼 있지 않다.

텍스트 및 이진 스트림

C 표준은 텍스트 스트림과 이진 스트림을 모두 지원한다. 텍스트 스트림text stream은 줄로 구성된 순서가 있는 문자 시퀀스로 0개 이상의 문자와 종료 줄 바꿈 문자 시퀀스로 구성된다. Unix 계열 시스템에서는 줄 바꿈(\n)을 사용해 단일 줄 바꿈을 나타낼 수 있다. 대부분의 Microsoft Windows 프로그램은 캐리지 리턴(\r) 다음에 줄 바꿈(\n)을 사용한다.

이러한 다른 줄 바꿈 규칙으로 인해, 텍스트 파일이 다른 규칙을 갖는 시스템 간에 전송되는 경우, 내용이 잘못 표시된다. Unix 계열 운영 체제에서 흔히 사용되는 프로그램으로 작성한 파일의 텍스트는 단일 줄 바꿈이나 단일 캐리지 리턴을 줄 바꿈으로 표시하지 않는 구형 Microsoft Windows 프로그램에서는 줄 바꿈이 없는 하나의 긴 줄로 표시된다.

이진 스트림binary stream은 순서가 있는 임의의 이진 데이터의 시퀀스다. 이진 스트림에서 읽은 데이터는 같은 구현체에서 이전에 같은 스트림에 기록한 데이터와 같다. 그러나 이런 스트림에는 스트림의 끝에 구현체에 정의된 수의 null 바이트가 추가될 수 있다.

이진 스트림은 항상 텍스트 스트림보다 더 효과적이고 더 예측이 가능하다. 그러나 다른 텍스트 지향 프로그램에서도 사용할 수 있는 일반 텍스트 파일을 읽거나 쓰는 가장 쉬운 방법은 텍스트 스트림을 사용하는 것이다.

파일 열기 및 만들기

파일을 열거나 만들 때는 스트림에 연결된다. 다음 함수는 파일을 열거나 만든다.

fopen 함수

fopen 함수는 이름이 문자열로 주어지고 filename이 가리키는 파일을 연 다음 스트림과 연결한다. 파일이 아직 존재하지 않으면 fopen은 파일을 생성한다.

```
FILE *fopen(
    const char * restrict filename,
    const char * restrict mode
);
```

mode 인수는 파일을 여는 방법을 결정하기 위해 표 8-1의 문자열 중 하나를 가리킨다.

표 8-1 유효한 파일 mode 문자열

mode 문자열	설명
r	읽기 위해 기존 텍스트 파일을 연다.
w	쓰기 위해 텍스트 파일의 길이를 0으로 자르거나 텍스트 파일을 생성한다.
a	파일의 끝에 추가하거나 쓰기 위해 텍스트 파일을 열거나 생성한다.
rb	읽기 위해 기존 이진 파일을 연다.
wb	쓰기 위해 이진 파일의 길이를 0으로 자르거나 이진 파일을 생성한다.
ab	파일의 끝에 추가하거나 쓰기 위해 이진 파일을 열거나 생성한다.
r+	읽고 쓰기 위해 기존 텍스트 파일을 연다.
w+	읽고 쓰기 위해 텍스트 파일의 길이를 0으로 자르거나 텍스트 파일을 생성한다.
a+	현재 파일의 끝에 추가하거나 쓰기 위해, 업데이트를 위해 텍스트 파일을 열거나 생성한다.
r+b 또는 rb+	(읽고 쓰는) 업데이트를 위해 기존 이진 파일을 연다.
w+b 또는 wb+	읽고 쓰기 위해 이진 파일의 길이를 0으로 자르거나 이진 파일을 생성한다.
a+b 또는 ab+	현재 파일의 끝에 추가하거나 쓰기 위해, 업데이트를 위해 이진 파일을 열거나 생성한다.

mode 인수에 첫 번째 문자를 r로 전달해 파일을 읽기read 모드로 열 때 파일이 존재하지 않거나 파일을 읽을 수 없으면 실패한다. mode 인수에 첫 번째 문자를 a로 전달해 파일을 추가append 모드로 열면 이후의 모든 쓰기가 현재 파일의 끝부터 시작한다. 일부 구현체에서는 mode 인수에 두 번째나 세 번째 문자를 b로 전달해 이진 파일을 추가 모드로 열면 null 문자 패딩으로 인해 마지막으로 기록된 데이터가 아닌 스트림에 대해서도 파일 위치 표시기를 설정할 수 있다.

mode 인수에 두 번째나 세 번째 문자를 +로 전달해 파일을 업데이트 모드로 열면 연관된 스트림에서 읽기와 쓰기 연산을 수행할 수 있다. 텍스트 파일을 업데이트 모드로 열면

(또는 생성하면) 대신 일부 구현체에서 이진 스트림을 열 수 (또는 생성할 수) 있다.

C11 표준에는 표 8-2와 같이 이진 파일과 텍스트 파일의 읽기, 쓰기와 관련해 단독 모드가 추가됐다.

표 8-2 C11에 추가된 유효한 파일 모드 문자열

mode 문자열	설명
wx	단독 쓰기 텍스트 파일을 생성한다.
wbx	단독 쓰기 이진 파일을 생성한다.
w+x	단독 읽기 쓰기 텍스트 파일을 생성한다.
w+bx 또는 wb+x	단독 읽기 쓰기 이진 파일을 생성한다.

mode 인수에 마지막 문자를 x로 전달해 파일을 전용 모드exclusive mode로 열 때 파일이 존재하거나 생성할 수 없으면 실패한다. 그렇지 않으면 파일은 기본 시스템에서 (중략) 단독 액세스를 지원하는 범위 내에서 (비공유nonshared 라고 하는) 단독 액세스 모드로 생성된다.

마지막으로 FILE 개체를 복사하지 않도록 해야 한다. 예를 들어, 다음 프로그램은 stdout의 값에 의한 복사by-value copy가 fputs의 호출에 사용되므로 실패할 수 있다.

```
#include <stdio.h>
#include <stdlib.h>

int main(void) {
    FILE my_stdout = *stdout;

    if (fputs("Hello, World!\n", &my_stdout) == EOF) {
        return EXIT_FAILURE;
    }

    return EXIT_SUCCESS;
}
```

위 프로그램에는 정의되지 않은 동작이 있으며 일반적으로 실행될 때 충돌crash이 발생한다.

POSIX open 함수

POSIX 시스템에서 open 함수(IEEE Std 1003.1:2018)는 path로 식별된 파일과 파일 설명자file descriptor라고 하는 값 간의 연결을 설정한다.

```
int open(const char *path, int oflag, ...);
```

파일 설명자는 (파일 열기 설명open file description이라고 하는) 파일을 표현하는 구조체를 참조하는 음이 아닌 정수다. open 함수가 반환한 파일 설명자는 open에 대한 이전 호출로 아직 반환되지 않았거나 close로 전달된 가장 작은 정수로 호출 프로세스에 대한 고유한 값이다. 파일 설명자는 다른 입출력 함수가 해당 파일을 참조하는 데 사용된다. open 함수는 파일의 시작부터 파일의 현재 위치를 표시하는 데 사용되는 파일 오프셋file offset을 설정한다.

oflag 매개변수의 값은 오픈 파일 설명의 파일 접근 모드file access mode를 설정한다. 모드는 파일이 읽기나 쓰기, 또는 둘 모두를 위해 열린 것인지를 지정한다. oflag의 값은 파일 접근 모드와 모든 접근 플래그 조합의 비트 포괄적 OR로 구성된다. 응용 프로그램은 반드시 oflag 값에서 다음 파일 접근 모드 중 하나를 정확하게 지정해야 한다.

O_EXEC 실행 전용으로 열기(디렉터리가 아닌 파일)

O_RDONLY 읽기 전용으로 열기

O_RDWR 읽기와 쓰기를 위해 열기

O_SEARCH 검색 전용으로 디렉터리 열기

O_WRONLY 쓰기 전용으로 열기

또한 oflag 매개변수의 값은 open 함수 동작을 제어하고 파일 연산 수행 방법에 영향을 주는 파일 상태 플래그file status flag를 설정한다. 이런 플래그에는 다음과 같은 값들이 있다.

O_APPEND 각 쓰기 전에 파일 오프셋을 파일의 끝으로 설정한다.

O_TRUNC 길이를 0으로 자른다.

O_CREAT 파일을 생성한다.

O_EXCL O_CREAT가 설정돼 있고 파일이 존재하는 경우 열기가 실패한다.

open 함수는 가변 개수의 인수를 받는다. oflag 인수 다음에 오는 인수의 값은 파일 모드의 비트(새 파일을 만들 때의 파일 권한)를 지정하며 형식은 mode_t다.

프로그램 8-1은 open 함수를 사용해 소유자가 작성할 파일을 여는 예를 보여준다.

프로그램 8-1 소유자가 쓰기 전용으로 파일 열기

```
#include <fcntl.h>
#include <sys/stat.h>
#include <stdio.h>
#include <stdlib.h>

// --- 생략 ---

int fd;
❶ mode_t mode = S_IRUSR | S_IWUSR | S_IRGRP | S_IROTH;
const char *pathname = "/tmp/file";

// --- 생략 ---

if ((fd = open(pathname, O_WRONLY | O_CREAT | O_TRUNC, mode)❷) == -1)
{
    fprintf(stderr, "Can't open %s.\n", pathname);
    exit(1);
}
// --- 생략 ---
```

액세스 권한을 위해 다음 모드 비트의 비트 포괄적인 OR인 mode 플래그❶를 만든다.

S_IRUSR 파일 소유자에 대한 읽기 권한 비트

S_IWUSR 파일 소유자에 대한 쓰기 권한 비트

S_IRGRP 파일 그룹 소유자에 대한 읽기 권한 비트

S_IROTH 다른 사용자에 대한 읽기 권한 비트

open에 대한 호출❷은 파일의 pathname과 oflag, mode를 포함해 여러 인수를 사용한다. 파일 접근 모드는 O_WRONLY로 파일은 쓰기 전용으로 열려 있음을 의미한다. O_CREAT 파일 상태 플래그는 파일을 생성하기 위한 열기라는 것을 알려준다. O_TRUNC 파일 상태 플래그는 파일이 존재하고 성공적으로 열리면 파일의 이전 내용을 삭제하지만 식별자는 유지해야 하는 열기라는 것을 알려준다.

파일이 성공적으로 열리면 open 함수는 파일 설명자를 표현하는 음이 아닌 정수를 반환한다. 그렇지 않으면 open는 -1을 반환하고 오류를 나타내는 errno를 설정한다. 프로그램 8-1은 -1의 값을 확인하고 오류가 발생하면 진단 메시지를 미리 정의된 stderr 스트림에 쓰고 종료한다.

open 외에 POSIX에는 기존 파일 포인터와 연관된 파일 설명자를 얻어오는 fileno 함수와 기존 파일 설명자에서 새 스트림 파일 포인터를 생성하는 fdopen 함수와 같은 파일 설명자로 작업하는 데 유용한 다른 함수가 있다. 파일 설명자를 통해 사용할 수 있는 POSIX API를 사용하면 디렉터리와 파일 권한, 그리고 기호 링크symbolic link 및 하드 링크hard link와 같은 파일 포인터 인터페이스를 통해 일반적으로 노출되지 않는 POSIX 파일 시스템의 기능에 접근할 수 있다.

파일 닫기

파일을 열면 자원이 할당된다. 파일을 닫지 않고 파일을 계속 열면 프로세스에 사용할 수 있는 파일 설명자나 핸들handle을 다 써버리게 돼 더 많은 파일을 열려는 시도는 실패하게 된다. 결국 파일 사용을 끝내면 파일을 닫는 것이 중요하다.

fclose 함수

C 표준 라이브러리 fclose 함수는 파일을 닫는다.

```
int fclose(FILE *stream);
```

스트림에 버퍼링된 기록되지 않은 모든 데이터는 파일에 기록될 호스트 환경으로 전달된다. 읽지 않은 버퍼링된 모든 데이터는 삭제된다.

fclose 함수가 실패할 수도 있다. 예를 들어, fclose가 버퍼링에 남아있는 출력을 쓰면 디스크가 가득 차 오류를 반환할 수도 있다. 버퍼가 비어 있는 것을 알고 있더라도 네트워크 파일 시스템NFS, Network File System 프로토콜을 사용하는 경우 파일을 닫을 때 여전히 오류가 발생할 수 있다. 실패 가능성에도 불구하고 복구할 수 없는 경우가 많으므로 프로그래머는 일반적으로 fclose로 반환하는 오류를 무시한다. 파일 닫기가 실패하면 일반적으로 프로세스를 중단하거나 파일을 잘라내 다음에 읽을 때 그 내용이 의미가 있도록 하는 것이 일반적이다.

FILE 개체에 대한 포인터의 값은 연관된 파일이 닫히면 규정할 수 없다. (출력 스트림이 어떤 데이터도 쓰지 않은) 길이가 0인 파일이 실제로 존재할 수 있는지 여부는 구현체에 정의돼 있다.

같은 프로그램이나 다른 프로그램에서 닫힌 파일을 다시 열 수 있으며 그 내용을 다시 가져오거나 수정할 수 있다. main 함수가 반환하거나 exit 함수가 호출되면 프로그램이 종료되기 전에 열린 모든 파일은 닫힌다(그리고 모든 출력 스트림은 플러싱된다).

abort 함수 호출과 같이 프로그램 종료에 대한 다른 경로는 모든 파일을 제대로 닫지 못할 수도 있다. 이는 디스크에 아직 기록되지 않은 버퍼링된 데이터가 손실될 수 있다는 것을 의미한다.

POSIX close 함수

POSIX 시스템에서 close 함수를 사용해 fildes로 지정된 파일 설명자의 할당을 해제할 수 있다.

```
int close(int fildes);
```

닫는 과정에서 파일 시스템에 읽거나 쓰는 동안 입출력 오류가 발생하면 errno가 EIO로 설정된 상태에서 -1을 반환할 수 있다. 이 오류가 반환되면 fildes 상태는 지정되지 않는다. 즉, 더 이상 설명자에 데이터를 읽거나 쓸 수 없거나 다시 파일을 닫으려고 시도할 수 없다.

파일이 닫히면 파일 설명자에 해당하는 정수는 더 이상 파일을 참조하지 않으므로 파일 설명자는 더 이상 존재하지 않게 된다. 또한 해당 스트림을 소유한 프로세스가 종료되면 파일도 닫힌다.

파일을 열기 위해 fopen을 사용하는 응용 프로그램은 반드시 fclose를 사용해 파일을 닫아야 한다(응용 프로그램이 설명자를 fdopen에 전달하지 않는 한 fclose를 호출해 닫아야 한다).

문자와 줄을 읽고 쓰기

C 표준은 특정 문자나 줄을 읽고 쓰는 함수를 정의한다.

대부분의 바이트 스트림 함수에는 반자 표현범위가 좁은(char)나 문자열 대신 표현범위가 넓은 문자(wchar_t)나 표현범위가 넓은 문자열을 받는 함수가 있다(표 8-3 참조). 바이트 스트림 함수는 <stdio.h> 헤더 파일에 선언돼 있으며 표현범위가 넓은 스트림 함수는 <wchar.h>에 선언돼 있다. 표현범위가 넓은 문자 함수는 (stdout와 같이) 같은 스트림에서 작동한다.

표 8-3 좁은 문자열과 넓은 문자열 입출력 함수

char	wchar_t	설명
fgetc	fgetwc	스트림에서 문자를 읽는다.
getc	getwc	스트림(종종 매크로)에서 문자를 읽는다.
getchar	getwchar	stdin에서 문자를 읽는다.
fgets	fgetws	스트림에서 한 줄을 읽는다.
fputc	fputwc	스트림에 문자를 쓴다.
putc	putwc	스트림(종종 매크로)에 문자를 쓴다.
fputs	fputws	스트림에 문자열을 쓴다.
putchar	putwchar	stdout에 문자 쓰기
puts	없음	stdout에 문자열 쓰기

char	wchar_t	설명
ungetc	ungetwc	스트림에 문자를 반환한다.
scanf	wscanf	stdin에서 형식이 있는 문자 입력을 읽는다.
fscanf	fwscanf	스트림에서 형식이 있는 문자 입력을 읽는다.
sscanf	swscanf	버퍼에서 형식이 있는 문자 입력을 읽는다.
printf	wprintf	형식이 있는 문자 출력을 stdout로 인쇄한다.
sprintf	swprintf	형식이 문자 출력을 스트림에 인쇄한다.
snprintf	없음	자르기가 있는 sprintf와 같다. swprintf 함수도 length 인수를 받지만 해석하는 방식에서 snprintf와 다르게 동작한다.

8장에서는 바이트 스트림 함수만 설명한다. 변형된 표현범위가 넓은 문자 함수의 사용을 피하고 가능하면 UTF-8 문자 인코딩으로만 작업하는 것이 좋다. 이런 함수는 프로그래머 오류가 낮고 보안에 덜 취약하다.

fputc 함수는 문자 c를 unsigned char 형식으로 변환하고 스트림에 쓴다.

```
int fputc(int c, FILE *stream);
```

쓰기 오류가 발생하면 EOF를 반환한다. 그렇지 않으면 기록한 문자를 반환한다.

putc 함수는 구현체 대부분이 해당 함수를 매크로로 구현한다는 점을 제외하고는 fputc와 같다.

```
int putc(int c, FILE *stream);
```

putc가 매크로로 구현되면 인수를 두 번 이상 평가할 수 있으므로 인수는 파생 작업이 있는 식이 돼서는 안 된다. 일반적으로 fputc를 사용하는 것이 더 안전하다. 자세한 내용은 CERT C 규칙 FIO41-C(파생 작업이 있는 스트림 인수로 getc(), putc(), getwc(), putwc()를 호출하면 안 된다)를 참조한다.

putchar 함수는 스트림 인수의 값으로 stdout을 사용한다는 점을 제외하고는 putc 함수와 같다.

fputs 함수는 문자열 s를 스트림 stream에 쓴다.

```
int fputs(const char * restrict s, FILE * restrict stream);
```

이 함수는 문자열 s에서 null 문자를 쓰지 않고 줄 바꿈 문자도 쓰지 않으며 문자열의 문자만 출력한다. 쓰기 오류가 발생하면 fputs는 EOF를 반환한다. 그렇지 않으면 음이 아닌 값을 반환한다. 예를 들어, 다음 문은 텍스트 I am Groot을 출력하고 그 다음에 줄 바꿈을 출력한다.

```
fputs("I ", stdout);
fputs("am ", stdout);
fputs("Groot\n", stdout);
```

puts 함수는 문자열 s를 스트림 stdout에 쓰고 줄 바꿈을 쓴다.

```
int puts(const char *s);
```

puts 함수는 단일 인수만 받기 때문에 간단한 메시지를 인쇄하는 데 가장 편리한 함수다. 예를 들면 다음과 같다.

```
puts("This is a message.");
```

fgetc 함수는 스트림에서 다음 문자를 unsigned char로 읽고 int로 변환한다.

```
int fgetc(FILE *stream);
```

파일 끝 조건이나 읽기 오류가 발생하면 함수는 EOF를 반환한다. gets 함수가 stdin에서 문자를 읽고 줄 바꿈이나 EOF에 도달할 때까지 문자 배열에 쓴다. gets 함수는 본질적으로 보안에 취약하다. C99에서는 더 이상 사용되지 않고 C11에서는 제거돼 절대로 사용해서는 안 된다. stdin에서 문자열을 읽어야 한다면 대신 fgets 함수를 사용하는 것이 좋다. fgets 함수는 스트림에서 지정된 문자 수보다 최대 1개(null 문자를 위한 남겨진 공간) 적게 문자 배열로 읽어 들인다.

스트림 플러싱

8장 앞부분에서 설명한 것처럼 스트림은 완전히 또는 부분적으로 버퍼링될 수 있으며, 이는 사용자가 썼다고 생각한 데이터가 호스트 환경에 아직 전달되지 않았을 수도 있다는 것을 의미한다. 특히 이는 프로그램이 갑자기 종료될 때 문제가 될 수 있다. fflush 함수는 지정된 스트림에 대해 기록되지 않은 모든 데이터를 호스트 환경에 전달해 파일에 쓴다.

```
int fflush(FILE *stream);
```

스트림에 대한 마지막 연산이 입력 작업이었다면 동작은 정의되지 않는다. 스트림이 null 포인터면 fflush 함수는 모든 스트림에 대해 이 플러싱 작업을 수행한다. 일부러 모든 스트림에 대한 플러싱 작업을 수행하려는 것이 아니라면 fflush를 호출하기 전에 파일 포인터가 null이 아닌지 확인해야 한다. 쓰기 오류가 발생하면 fflush 함수는 스트림에 대해 오류 지시기를 설정하고 EOF를 반환한다. 그렇지 않으면 0을 반환한다.

파일에서 위치 설정하기

(디스크 파일은 포함되지만, 터미널은 포함되지 않는) 랜덤 액세스 메모리[RAM, Random Access Memory]는 스트림과 연관된 파일 위치 지시기[file position indicator]를 가지고 있다. 파일 위치 지시기는 파일에서 현재 읽거나 쓰고 있는 위치를 알려준다.

파일을 열면 지시기는 파일의 시작 부분에 위치한다. 파일 일부를 읽거나 쓸 때마다 지시기의 위치를 옮길 수 있다. ftell 함수를 사용하면 파일 위치 지시기의 현재 값을 가져올 수 있지만, fseek를 사용하면 파일 위치 지시기를 설정할 수 있다. 이런 함수는 long int 형식을 사용해 파일의 오프셋 (위치)를 표현하므로 표현할 수 있는 값은 long int로 표현할 수 있는 오프셋으로 제한된다. 프로그램 8-2는 ftell과 fseek 함수의 사용을 보여준다.

프로그램 8-2 ftell 및 fseek 함수 사용

```
#include <stdio.h>
#include <stdlib.h>

int main(void) {
    FILE *fp = fopen("fred.txt", "r");

    if (fp == NULL) {
        fputs("Cannot open fred.txt file\n", stderr);
        return EXIT_FAILURE;
    }

    if (fseek(fp, 0, SEEK_END) != 0) {
        fputs("Seek to end of file failed\n", stderr);
        return EXIT_FAILURE;
    }
    long int fpi = ftell(fp);

    if (fpi == -1L) {
        perror("Tell");
        return EXIT_FAILURE;
    }
    printf("file position = %ld\n", fpi);

    if (fclose(fp) == EOF) {
        fputs("Failed to close file\n", stderr);
        return EXIT_FAILURE;
    }

    return EXIT_SUCCESS;
}
```

위 프로그램은 fred.txt 파일을 열고 fseek을 호출해 파일 위치 표시기를 파일의 끝(SEEK_END)으로 설정한다. ftell 함수는 스트림에 대한 파일 위치 표시기의 현재 값을 long int로 반환한다. 프로그램은 이 값을 인쇄하고 종료한다. 마지막으로 파일 포인터 fp가 참조하는 파일을 닫는다. 코드가 강건robust한지 확인하려면 오류를 확인해야 한다. 특히 파일 입출력은 다양한 이유로 실패할 수 있다. fopen 함수는 실패하면 null 포인터를 반환한다. fseek 함수는 만족할 수 없는 요청에 대해서만 0이 아닌 값을 반환한다. 실패하면 ftell 함수는 -1L을 반환하고 errno에 구현체에 정의된 값을 저장한다. ftell이 반환한 값이 -1L과 같으면 perror 함수를 사용해 "Tell" 문자열 다음에 콜론(:)과 공백, 그리고 errno에 저장된 값에 해당하는 적절한 오류 메시지와 마지막으로 줄 바꿈 문자를 인쇄한다. fclose 함수는 오류를 감지하면 EOF를 반환한다. 이 짧은 프로그램으로 알 수 있는 C 표준 라이브러리의 불행한 측면 중 하나는 각 함수가 고유한 방식으로 오류를 보고하는 경향이 있으므로 일반적으로 오류를 테스트하는 방법을 알기 위해서는 문서를 참조해야만 한다는 것이다.

최신 fgetpos와 fsetpos 함수는 오프셋을 표현하기 위해 fpos_t 형식을 사용한다. 이 형식은 임의의 큰 오프셋 값을 표현할 수 있으므로 큰 파일에 fgetpos와 fsetpos를 사용할 수 있다. 표현범위가 넓은 문자를 처리하는 스트림wide-oriented stream에는 스트림의 현재 구분 분석 상태parse state를 저장하는 관련 mbstate_t 개체가 있다. fgetpos에 대한 성공적인 호출은 이 멀티바이트 상태 정보를 fpos_t 개체의 값 일부로 저장한다. 나중에 저장된 같은 fpos_t 값을 사용해 fsetpos에 대한 호출이 성공하면 구문 분석 상태와 제어하고 있는 스트림 내부 위치가 복원된다. fsetpos 다음에 ftell을 간접적으로 호출하지 않는 이상 fpos_t 개체를 스트림 내부의 정수 바이트나 문자 오프셋으로 변환하는 것은 불가능하다. 프로그램 8-3의 짧은 프로그램은 fgetpos와 fsetpos 함수의 사용을 보여준다.

프로그램 8-3 fgetpos 및 fsetpos 함수 사용

```
#include <stdio.h>
#include <stdlib.h>

int main(void) {
```

```
    FILE *fp = fopen("fred.txt", "w+");

    if (fp == NULL) {
        fputs("Cannot open fred.txt file\n", stderr);
        return EXIT_FAILURE;
    }
    fpos_t pos;

    if (fgetpos(fp, &pos) != 0) {
        perror("get position");
        return EXIT_FAILURE;
    }

    if (fputs("abcdefghijklmnopqrstuvwxyz", fp) == EOF) {
        fputs("Cannot write to fred.txt file\n", stderr);
    }

    if (fsetpos(fp, &pos) != 0) {
        perror("set position");
        return EXIT_FAILURE;
    }
    long int fpi = ftell(fp);

    if (fpi == -1L) {
        perror("seek");
        return EXIT_FAILURE;
    }
    printf("file position = %ld\n", fpi);

    if (fputs("0123456789", fp) == EOF) {
        fputs("Cannot write to fred.txt file\n", stderr);
    }

    if (fclose(fp) == EOF) {
        fputs("Failed to close file\n", stderr);
        return EXIT_FAILURE;
    }

    return EXIT_SUCCESS;
}
```

위 프로그램은 쓰기를 위해 fred.txt 파일을 연 다음 fgetpos를 호출해 pos에 저장된 파일 내의 현재 파일 위치를 가져온다. 그런 다음 fsetpos를 호출하기 전에 파일에 일부 텍스트를 쓰고 파일 위치 표시기를 pos에 저장된 위치로 복원한다. 이 시점에서 ftell 함수를 사용해 파일 위치를 검색하고 인쇄할 수 있다. 이 값은 0이어야 한다. 이 프로그램을 실행하면 fred.txt에는 다음 텍스트가 저장된다.

```
0123456789klmnopqrstuvwxyz
```

쓰이지 않은 모든 데이터를 쓰기 위한 fflush 함수나 파일 위치 함수(fseek, fsetpos, rewind)를 호출하지 않고 스트림에 쓴 다음 해당 스트림을 다시 읽을 수는 없다. 또한 파일 위치 함수를 호출하지 않고 스트림에서 읽은 다음 스트림에 쓸 수 없다.

rewind 함수는 파일 위치 표시기를 파일의 시작 부분으로 설정한다.

```
void rewind(FILE *stream);
```

rewind 함수는 다음과 같이 스트림에 대한 오류 표시기를 지우기 위해 fseek 다음에 clearerr를 호출하는 것과 같다.

```
fseek(stream, 0L, SEEK_SET);
clearerr(stream);
```

추가 모드로 열린 파일에서 파일의 위치를 사용하려고 시도하면 안 된다. 왜냐 하면 많은 시스템이 파일에 추가append를 위해 현재 파일 위치 표시기를 수정하지 않거나 파일에 쓸 때 강제로 파일의 끝으로 재설정하기 때문이다. 파일 위치를 사용하는 API를 사용하는 경우 파일 위치 표시기는 후속 읽기와 쓰기, 그리고 위치지정 요청positioning request에 따라 유지 관리된다. POSIX와 Windows 모두 파일 위치 표시기를 사용하지 않는 API를 가지고 있다. 따라서 입출력을 수행할 파일에 오프셋을 지정해야 한다.

파일 삭제하기 및 이름 바꾸기

C 표준 라이브러리는 파일을 삭제하는 remove 함수와 파일을 이동하거나 이름을 바꾸는 rename 함수를 제공한다.

```
int remove(const char *filename);
int rename(const char *old, const char *new);
```

POSIX에서 파일 삭제 함수의 이름은 unlink다.

```
int unlink(const char *path);
```

unlink 함수는 POSIX 파일 시스템에만 있으므로 의미 체계semantics가 더 잘 정의돼 있다. POSIX 또한 이름을 바꾸는 데 rename을 사용한다. POSIX와 Windows에서 하드 링크 및 열린 파일 설명자를 포함해 파일에 대한 링크가 여러 개 있을 수 있다. unlink 함수는 항상 파일에 대한 디렉터리 진입점directory entry을 삭제하지만 파일에 대한 링크가 더 이상 존재하지 않는 경우에만 실제 파일을 삭제한다. 이 시점에도 파일의 실제 내용은 영구 저장소에 남아있을 수 있다.

remove 함수는 POSIX 시스템의 unlink 함수와 똑같이 작동하지만 다른 운영 체제에서는 다른 동작을 가질 수 있다.

임시 파일 사용하기

우리는 종종 임시 파일temporary file을 프로세스 간 통신 메커니즘으로 사용하거나 RAM을 확보하기 위해 정보를 디스크에 임시로 저장하기 위해 사용한다. 예를 들어, 어떤 프로세스는 다른 프로세스가 읽는 임시 파일에 쓸 수 있다. 이런 파일은 일반적으로 C 표준 라이브러리의 tmpfile과 tmpnam 또는 POSIX의 mkstemp와 같은 함수를 사용해 임시 디렉터리에 만들어진다.

임시 디렉터리는 전역(global) 디렉터리 또는 사용자 전용 디렉터리 일 수 있다. Unix와 Linux에서는 일반적으로 /tmp와 /var/tmp인 전역 임시 디렉터리의 위치를 지정하기 위해 `TMPDIR` 환경 변수를 사용한다. 일반적으로 Linux에서는 일반적으로 /run/user/$uid로 설정되는 사용자 전용(user-specific) 임시 디렉터리를 `$XDG_RUNTIME_DIR` 환경 변수를 사용해 정의한다. Windows에서는 일반적으로 사용자 프로파일(User Profile)의 AppData에서 사용자 전용 임시 디렉터리인 C:\Users\User Name\AppData\Local\Temp(%USERPROFILE%\AppData\Local\Temp)를 찾을 수 있다. Windows에서 전역 임시 디렉터리는 `TMP`나 `TEMP` 또는 `USERPROFILE` 환경 변수에 지정돼 있다. C:\Windows\Temp 디렉터리는 Windows가 임시 파일을 저장하는 데 사용하는 시스템 폴더다.

보안상의 이유로 각 사용자는 자신만의 임시 디렉터리를 갖는 것이 가장 좋다. 왜냐하면 전역 임시 디렉터리를 사용하면 보안 취약점이 자주 발생하기 때문이다. 임시 파일을 만드는 데 가장 보안성이 높은 함수는 POSIX의 `mkstemp` 함수다. 그러나 공유 디렉터리(shared directory)의 파일 접근에 보안성을 제공하는 것이 어렵거나 불가능할 수 있기 때문에 이러한 함수들을 사용하지 말고 소켓이나 공유 메모리 또는 이 목적을 위해 설계된 다른 메커니즘을 사용해 프로세스 간 통신을 하는 것이 좋다.

형식이 있는 텍스트 스트림 읽기

이 절에서는 형식이 있는 입력(formatted input)을 읽기 위한 `fscanf` 함수의 사용법을 알아본다. `fscanf` 함수는 1장에서 소개한 `fprintf` 함수에 해당하는 입력 버전으로 시그니처는 다음과 같다.

```
int fscanf(FILE * restrict stream, const char * restrict format, ...);
```

`fscanf` 함수는 예상되는 인수의 개수와 형식, 할당을 위해 변환하는 방법을 나타내는 형식(format) 문자열의 제어에 따라 스트림(stream)이 가리키는 스트림에서 입력을 읽는다. 후속 인수는 변환된 입력을 받는 개체를 가리키는 포인터다. 변환 지정자(conversion specifier)보다 더

적은 인수가 입력된 경우의 동작은 정의되지 않는다. 변환 지정자보다 더 많인 인수가 입력된 경우 초과된 인수는 평가되지만 무시된다. fscanf 함수에는 여기서 전부 다 다룰 수 없는 많은 기능이 있다. 자세한 내용은 C 표준을 참조한다.

다른 입출력 함수 외에 fscanf 사용법을 보여주기 위해 프로그램 8-4의 signals.txt 파일을 읽고 각 줄을 출력하는 함수를 구현한다. 이 파일의 각 줄에는 다음과 같은 내용이 있다.

- 신호 번호signal number (작은 양의 정수값)
- 신호 ID (최대 6자의 영문자와 숫자로 구성된 짧은 문자열)
- 신호에 대한 설명이 있는 짧은 문자열

필드field는 공백을 포함하고 줄 바꿈으로 구분되는 설명을 제외하고는 공백으로 구별된다.

프로그램 8-4 signals.txt 파일

```
1 HUP    Hangup
2 INT    Interrupt
3 QUIT Quit
4 ILL Illegal instruction
5 TRAP Trace trap
6 ABRT Abort
7 EMT EMT trap
8 FPE Floating-point exception
```

프로그램 8-5는 위의 signals.txt 파일을 읽고 각 줄을 출력하는 signals 프로그램이다.

프로그램 8-5 signals 프로그램

```
#include <stdio.h>
#include <string.h>
#include <stdlib.h>

int main(void) {
```

```
    int status = EXIT_SUCCESS;
    FILE *in;

    struct sigrecord {
        int signum;
        char signame[10];
        char sigdesc[100];
❶ } sigrec;

    if ((in = fopen("signals.txt", "r")) == NULL) {
        fputs("Cannot open signals.txt file\n", stderr);
        return EXIT_FAILURE;
    }

    do {
      ❷ int n = fscanf(in, "%d%9s%*[ \t]%99[^\n]",
        &sigrec.signum, sigrec.signame, sigrec.sigdesc
        );
        if (n == 3) {
            printf(
                "Signal\n number = %d\n name = %s\n description = %s\n\n",
                sigrec.signum, sigrec.signame, sigrec.sigdesc
            );
        }

        else if (n != EOF) {
            fputs("Failed to match signum, signame or sigdesc\n", stderr);
            status = EXIT_FAILURE;
            break;
        }

        else {
            break;
        }
❸ } while (1);

❹ if (fclose(in) == EOF) {
        fputs("Failed to close file\n", stderr);
        status = EXIT_FAILURE;
```

```
    }

    return status;
}
```

main 함수에서 파일의 각 줄에서 찾은 신호 정보를 저장하기 위해 사용할 sigrec 구조체❶를 포함해 몇 가지 변수를 정의했다. sigrec 구조체에는 세 개의 멤버가 있는데 int 형식의 signum 멤버에는 신호 번호signal number가 저장되고 char 배열인 signame 멤버에는 신호 ID가 저장되며 char 배열인 sigdesc 멤버에는 신호에 대한 설명이 저장된다. 두 배열의 크기는 파일에서 읽는 문자열에 적합한 크기로 결정된 고정된 길이다. 파일에서 읽은 문자열이 너무 길어 이 배열에 맞지 않으면 프로그램은 이를 오류로 처리한다.

fscanf에 대한 호출❷은 입력 파일의 각 줄을 읽는다. 무한 do...while(1) 루프❸가 종료되기 위해서는 프로그램이 중단break돼야 하는 것으로 보인다. fscanf 함수의 반환 값을 지역 변수 n에 할당했다. fscanf 함수는 첫 번째 변환이 완료되기 전에 입력 실패가 발생하면 EOF를 반환한다. 그렇지 않으면 함수는 할당된 입력 항목의 개수를 반환하며, 조기 일치 실패early matching failure 시 이 값은 입력받은 개수보다 적거나 0일 수 있다. fscanf에 대한 호출은 세 개의 입력 항목을 할당하므로 n이 3일 때만 신호에 대한 설명을 출력한다. n이 EOF와 같지 않으면 일치 실패가 발생하므로 stderr에 적절한 진단 메시지를 출력하고 상태를 EXIT_FAILURE로 설정하고 루프를 빠져나온다. 마지막 가능성은 fscanf가 파일이 끝에 도달했음을 나타내는 EOF를 반환하는 것이다. 이 경우 상태를 변경하지 않고 단순히 루프만 빠져나온다.

fscanf 함수는 형식 문자열format string을 사용해 입력 텍스트를 각 인수에 할당하는 방법을 알려준다. 이 경우 "%d%9s%*[\t]%99[^\n]" 형식 문자열에는 4개의 변환 지정자가 있으며, 이 지정자들은 스트림으로부터 읽어온 입력을 형식 문자열 인수가 참조하는 개체에 저장될 값으로 변환하는 방법을 지정한다. 각 변환 지정자는 문자 %를 사용한다. % 뒤에는 차례로 다음과 같은 것들이 올 수 있다.

- 선택적 문자 *는 인수에 할당하지 않고 입력을 버린다.
- 0보다 큰 선택적 정수는 (문자 단위로) 최대 필드 너비를 지정한다.

- 선택적 길이 한정자modifier는 개체의 크기를 지정한다.
- 변환 지정자 문자는 적용될 변환의 형식을 지정한다.

형식 문자열에서 첫 번째 변환 지정자는 %d다. 이 변환 자정자는 파일의 신호 번호에 해당해야 하는 첫 번째 선택적인 부호가 있는 10진수 정수와 일치하며 sigrec.signum이 참조하는 세 번째 인수의 값에 저장한다. 선택적 길이 한정자가 없으면 입력의 길이는 변환 지정자의 기본 형식에 따라 달라진다. d 변환 지정자의 경우 인수는 signed int를 가리켜야 한다.

위 형식 지정자의 두 번째 변환 지정자는 %9s로 신호 이름에 해당하는 입력 스트림의 다음 비공백 문자 시퀀스와 일치하며 이 문자를 sigrec.signame이 참조하는 네 번째 인수의 문자열에 저장한다. 길이 한정자는 9자 이상의 문자가 입력되는 것을 방지한 다음 해당 문자 다음에 sigrec.signame의 null 문자를 쓴다. 위 예에서 %10s의 변환 지정자는 버퍼 오버플로우가 발생하도록 허용한다. %9s의 변환 지정자는 여전히 전체 문자열을 읽지 못해 일치 오류를 발생시킬 수 있다. 고정된 크기의 버퍼로 데이터를 읽을 때 버퍼 오버플로우가 발생하지 않고 문자열이 null로 제대로 끝나는지 확인하기 위해 고정 버퍼 길이와 일치하거나 약간 초과하는 입력으로 테스트해보는 것이 좋다.

세 번째 변환 지정자에 관한 설명은 잠시 뒤로 미루고 네 번째 변환 지정자 %99[^\n]을 먼저 설명한다. 이 멋진 변환 지정자는 파일의 신호 설명 필드와 일치한다. 대괄호 []에는 스캔세트scanset가 있는데, 이는 정규식regular expression과 비슷하다. 이 스캔세트는 곡절 악센트circumflex ^를 사용해 \n 문자를 제외한다. 종합하면 %99[^\n]은 \n(또는 EOF)에 도달할 때까지 모든 문자를 읽어 sigrec.sigdesc가 참조하는 다섯 번째 인수에 저장한다. C 프로그래머는 일반적으로 이 구분을 사용해 전체 줄을 읽는다. 이 변환 지정자는 버퍼 오버플로우를 방지하기 위해 최대 문자열의 길이를 99자로 제한한다.

마지막으로 세 번째 변환 지정자 %*[\t]를 다시 살펴보자. 방금 본 것처럼 네 번째 변환 지정자는 신호 ID의 끝부터 시작하는 모든 문자를 읽는다. 불행히도 여기에는 신호 ID와 설명의 시작 사이에 공백 문자가 있다. 변환 지정자 %*[\t]의 목적은 이 두 필드 간의 모든 공백이나 가로 탭 문자를 사용하고 할당 표시 안 함 지정자assignment-suppressing specifier

*를 사용해 이들을 표시하지 않는 것이다. 또한 이 변환 지정자에 대한 스캔세트에 다른 공백 문자를 포함할 수도 있다.

마지막으로 fclose 함수❹를 호출해 파일을 닫는다.

이진 스트림에서 읽기 및 쓰기

C 표준 라이브러리 fread와 fwrite 함수는 이진 스트림에서 작동한다. fwrite 함수는 다음과 같은 시그니처를 갖는다.

```
size_t fwrite(const void * restrict ptr, size_t size, size_t nmemb,
    FILE * restrict stream);
```

이 함수는 ptr이 카리키는 배열에서 size 바이트의 nmemb 요소를 스트림으로 쓴다. 각 개체를 unsigned char(모든 개체는 이 형식의 배열로 변환될 수 있음)의 배열로 변환한 다음 fputc 함수를 호출해 배열의 각 문자값을 순서대로 쓴다. 스트림에 대한 파일 위치 지시기는 성공적으로 기록된 문자 수만큼 전진한다. 프로그램 8-6은 신호 기록을 signals.txt 파일에 쓰기 위해 fwrite 함수를 사용하는 방법을 보여준다.

프로그램 8-6 직접 입출력을 사용해 이진 파일에 쓰기

```
#include <stdio.h>
#include <stdlib.h>
#include <string.h>

typedef struct sigrecord {
    int signum;
    char signame[10];
    char sigdesc[100];
} sigrecord;

int main(void) {
    int status = EXIT_SUCCESS;
    FILE *fp;
```

```
    sigrecord sigrec;

❶ if ((fp = fopen("signals.txt", "wb")) == NULL) {
        fputs("Cannot open signals.txt file\n", stderr);
        return EXIT_FAILURE;
    }

❷ sigrecord sigrec30 = { 30, "USR1", "user-defined signal 1" };
    sigrecord sigrec31 = {
        .signum = 31, .signame = "USR2", .sigdesc = "user-defined signal 2"
    };

    size_t size = sizeof(sigrecord);

❸ if (fwrite(&sigrec30, size, 1, fp) != 1) {
        fputs("Cannot write sigrec30 to signals.txt file\n", stderr);
        status = EXIT_FAILURE;
        goto close_files;
    }

    if (fwrite(&sigrec31, size, 1, fp) != 1) {
        fputs("Cannot write sigrec31 to signals.txt file\n", stderr);
        status = EXIT_FAILURE;
    }

close_files:

    if (fclose(fp) == EOF) {
        fputs("Failed to close file\n", stderr);
        status = EXIT_FAILURE;
    }

    return status;
}
```

signals.txt 파일을 wb 모드로 열어❶ 쓰기 위한 이진 파일을 만든다. 두 개의 sigrecord 구조체를 선언하고❷ 파일에 쓰려는 신호 값으로 초기화한다. 두 번째 구조체 sigrec31은 비교를 위해 지정된 이니셜라이저를 사용해 초기화됐다. 두 초기화 스타일 모두 같은 동작을 갖는다. 지정된 이니셜라이저의 선언은 간결하지 않지만, 더 명확하다. 실제 쓰기는 ❸부터 시작한다. fwrite 함수에 대한 각 호출에서 반환 값을 확인해 정확한 요소의 수를 썼는지 확인한다.

프로그램 8-7은 fread 함수를 사용해 signals.txt 파일에서 방금 작성한 데이터를 읽는다.

프로그램 8-7 직접 입출력을 사용해 이진 파일에서 읽기

```
#include <stdio.h>
#include <stdlib.h>
#include <string.h>

typedef struct sigrecord {
    int signum;
    char signame[10];
    char sigdesc[100];
} sigrecord;

int main(void) {
    int status = EXIT_SUCCESS;
    FILE *fp;
    sigrecord sigrec;
    size_t size = sizeof(sigrecord);

 ❶ if ((fp = fopen("signals.txt", "rb")) == NULL) {
        fputs("Cannot open signals.txt file\n", stderr);
        return EXIT_FAILURE;
    }

    // 두 번째 신호 읽기
 ❷ if (fseek(fp, size, SEEK_SET) != 0) {
        fputs("fseek in signals.txt file failed\n", stderr);
        status = EXIT_FAILURE;
        goto close_files;
    }
```

```
❸ if (fread(&sigrec, size, 1, fp) != 1) {
        fputs("Cannot read from signals.txt file\n", stderr);
        status = EXIT_FAILURE;
        goto close_files;
    }

    printf(
        "Signal\n number = %d\n name = %s\n description = %s\n\n",
        sigrec.signum, sigrec.signame, sigrec.sigdesc
    );

close_files:
    fclose(fp);

    return status;
}
```

읽기 위해 rb 모드❶로 이진 파일을 열였다. 다음으로 이 예제를 조금 더 흥미롭게 만들기 위해 프로그램은 전체 파일을 읽지 않고 특정 신호의 정보를 읽고 인쇄한다. 프로그램에 대한 인수를 사용해 읽을 신호를 나타낼 수 있지만 이 예에서는 두 번째 신호로 하드코딩했다. 이를 위해 프로그램은 fseek 함수를 호출해❷ fp가 참조하는 스트림에 대한 파일 위치 표시기를 설정한다. 8장 앞부분에서 이미 배운 것처럼 파일 위치 표시기는 후속 입출력 연산을 위한 파일 위치를 결정한다. 이진 스트림의 경우 마지막 인수로 지정된 위치(SEEK_SET으로 표시된 파일의 시작)에 (바이트로 측정된) 오프셋을 추가해 새 위치를 설정한다. 첫 번째 신호의 위치는 파일에서 0이며 각 후속 신호는 파일 시작 부분에서 구조체 크기의 정수배 위치에 있다.

파일 위치 표시기가 두 번째 신호의 시작에 위치하면 fread 함수를 호출해❸ 이진 파일에서 데이터를 &sigrec가 참조하는 구조체로 읽어 들인다. fwrite와 마찬가지로 fread 함수는 fp가 가리키는 스트림에서 size로 지정한 크기를 갖는 최대 하나의 요소를 읽는다. 대부분 이 개체는 fwrite에 대한 호출에 해당하는 크기와 형식을 갖는다. 스트림에 대한 파일 위치 표시기는 성공적으로 읽은 문자 수만큼 전진한다. fread 함수에서 반환 값을 확인해 정확한 요소의 개수를 읽었는지 확인한다.

이진 파일은 다른 형식을 가질 수 있다. 특히 숫자 또는 엔디안endianness의 이진 표현 내 바이트 순서는 시스템마다 다를 수 있다. 빅 엔디안 순서big-endian ordering는 최상위 비트를 먼저 쓰고 최하위 비트를 마지막에 쓰지만 리틀 엔디안 순서little-endian ordering는 그 반대다. 예를 들어, 표현에 적어도 2바이트가 필요한 부호가 없는 16진수 `0x1234`를 생각해 보자. 빅 엔디안 순서에서 두 바이트는 `0x12`와 `0x34`지만, 리틀 엔디안 순서에서 바이트는 `0x34`, `0x12`로 정렬된다. Intel과 AMD 프로세서는 리틀 엔디안 형식을 사용하지만, ARM과 POWER 시리즈 프로세서는 리틀 엔디안과 빅 엔디안 형식을 전환해 사용할 수 있다. 그러나 IP와 TCP, UDP와 같은 네트워크 프로토콜에서는 빅 엔디안 순서를 주로 사용한다. 엔디안은 한 컴퓨터에서 이진 파일을 만들고 다른 엔디안을 사용하는 다른 컴퓨터에서 해당 파일을 읽을 때 문제가 된다. 이진 데이터 형식에서 엔디안 독립성은 고정된 한 엔디안으로 항상 데이터를 저장하거나 데이터의 엔디안을 나타내도록 이진 파일 안에 필드를 포함하는 방식으로 보장할 수 있다.

요약

8장에서는 스트림 버퍼링과 미리 정의된 스트림, 스트림 방향, 그리고 텍스트 스트림과 이진 스트림 간의 차이를 포함해 C 표준 스트림과 입출력을 살펴봤다.

다음으로 C 표준 라이브러리와 POSIX API를 사용해 파일을 생성하고, 열고, 닫는 방법을 알아봤다. 또한 문자와 줄을 읽고 쓰는 방법과 형식이 있는 텍스트를 쓰는 방법, 이진 스트림을 읽고 쓰는 방법도 배웠다. 스트림을 플러시하고 파일의 위치를 설정하고 파일을 제거하고 이름을 변경하는 방법도 살펴봤다. 마지막으로 임시 파일에 관해 알아보고 임시 파일 사용을 회피하는 방법도 알아봤다.

9장에서는 컴파일 과정과 전처리기에 대해 알아본다. 여기에는 파일 포함file inclusion, 조건부 포함conditional inclusion, 매크로macro에 관한 내용이 포함된다.

9

전처리기

에런 볼먼Aaron Ballman과 함께 작성

전처리기(preprocessor)는 컴파일 초기 단계에서 실행되는 C 컴파일러의 일부로 어떤 파일(일반적으로 헤더 파일)의 코드를 다른 파일(일반적으로 소스 파일)에 삽입하는 것처럼 코드를 변환하기 전에 소스 코드를 변환한다. 또한 전처리기를 사용하면 매크로 확장(macro expansion) 중에 식별자를 자동으로 소스 코드 세그먼트(segment)로 대체하도록 지정할 수 있다. 9장에서는 전처리기를 사용해 파일을 포함하고 개체 같은 매크로(object-like macro)와 함수 같은 매크로(function-like macro)를 정의하고 구현 전용 특성(implementation-specific feature)을 기반으로 코드를 조건부로 포함하는 방법을 알아본다.

컴파일 과정

먼저 컴파일 과정에서 전처리기가 어디에 위치하는지 살펴보자. 개념적으로 컴파일 과정은 그림 9-1과 같이 8단계의 파이프라인으로 구성된다. 각 단계를 다음 단계에서 처리할 코드를 변환하므로 이런 과정을 변환 단계translation phase라고 한다.

그림 9-1 변환 단계

전처리기는 변환기가 소스 코드를 개체 코드object code로 변환하기 전에 실행된다. 이를 통해 전처리기는 변환기가 소스 코드에 작동하기 전에 사용자가 작성한 소스 코드를 수정한다. 결과적으로 전처리기는 컴파일되는 프로그램에 관한 제한된 양의 의미 정보semantic information를 갖는다. 전처리기는 함수나 변수, 형식에 대해서는 알지 못한다. 대신 헤더 이름과 식별자, 리터럴, 그리고 (+, -, !와 같은) 문장 부호 문자와 같은 기본 요소만 전처리기에 의미가 있다. 이런 기본 요소를 토큰token이라고 하며 컴파일러에 의미가 있는 컴퓨터 프로그램의 가장 작은 요소다.

전처리기는 전처리기의 동작을 프로그래밍하는 소스 코드에 포함되는 전처리 지시문preprocessing directives에 따라 작동한다. 전처리 지시문은 `#include`, `#define`, `#if`와 같이 # 토큰 다음에 지시문 이름이 오는 형태로 구성된다. 줄의 시작과 # 사이에 공백이 포함될 수 있다. 또한 #과 지시문 사이에도, #과 들여쓰기한 지시문 사이에도 공백이 포함될 수 있다. 각 전처리 지시문은 줄 바꿈 문자로 종료된다.

전처리 지시문을 사용하면 결과 변환 단위resulting translation unit를 변경할 수 있는 작업을 수행한다. 이는 여러분이 작성한 코드가 변환기를 통과하면 결과 코드가 항상 같지 않을 수 있다는 것을 의미한다. 컴파일러 구현체는 일반적으로 변환 단위translation unit라고 하는 전처리기 출력을 볼 수 있는 방법을 제공한다. 전처리기 출력을 볼 필요는 없지만, 변환기에 제공되는 실제 코드를 보는 것이 도움이 될 수도 있다. 표 9-1은 변환 단위를 출력하기 위해 일반적인 컴파일러가 사용하는 플래그를 보여준다. 전처리된 출력 파일에는 일반적으로 `.i` 확장자가 붙는다.

표 9-1 번환 단위 출력

컴파일러	예제 명령줄
Clang	`clang 다른-옵션 -E -o 출력_파일.i 소스_파일.c`
GCC	`gcc 다른-옵션 -E -o 출력_파일.i 소스_파일.c`
Visual C++	`cl 다른-옵션 /P /Fi 출력_파일.i 소스_파일.c`

파일 포함

전처리기의 강력한 특징은 #include 전처리 지시문을 사용해 어떤 소스 파일의 내용을 다른 소스 파일의 내용에 삽입할 수 있다는 것이다. 포함되는 파일included file은 다른 소스 파일source file과 구별하기 위해 헤더 파일header file이라고 한다. 헤더 파일에는 일반적으로 다른 프로그램에서 사용할 수 있는 선언이 들어있다. 이는 함수와 개체의 외부 선언을 프로그램의 다른 부분과 공유하는 가장 일반적인 방법이다. 이 책의 예제를 통해 C 표준 라이브러리 함수에 대한 헤더가 포함된 많은 예를 이미 보았을 것이다. 예를 들어, 표 9-2의 프로그램은 bar.h라는 헤더 파일과 foo.c라는 소스 파일이 구분돼 있다. foo.c 소스 파일에는 func에 대한 직접적인 선언이 없지만, main에서는 해당 파일의 이름으로 성공적으로 참조할 수 있다. 전처리 과정에서 #include 지시문은 foo.c의 #include 지시문의 자리에 bar.h의 내용을 삽입한다.

표 9-2 헤더 파일 포함

원본 소스	결과 변환 단위

bar.h
 	
int func(void);
	int func(void);
	
	int main(void) {
	    return func();
	}

foo.c
 	
#include "bar.h"
 	
int main(void) {
    return func();
}	

전처리기는 #include 지시문을 만나면 실행된다. 따라서 포함inclusion에는 전이적 속성transitive property이 있다. 소스 파일에 포함된 헤더 파일이 다른 헤더 파일을 포함하고 있으면 전처리된 결과에는 두 헤더 파일의 내용이 들어있게 된다. 예를 들어, 표 9-3과 같이 baz.h와 bar.h 헤더 파일과 foo.c 소스 파일이 있는 경우 foo.c 소스 코드에 전처리기를 실행하면 결과는 표 9-3의 오른쪽 코드가 된다.

표 9-3 전이적 헤더 파일 포함

<table>
<tr><th>원본 소스</th><th>결과 변환 단위</th></tr>
<tr><td><pre>baz.h

int other_func(void);</pre></td><td rowspan="3"><pre>int other_func(void);

int func(void);

int main(void) {
    return func();
}</pre></td></tr>
<tr><td><pre>bar.h

#include "baz.h"

int func(void);</pre></td></tr>
<tr><td><pre>foo.c

#include "bar.h"

int main(void) {
    return func();
}</pre></td></tr>
</table>

foo.c 소스 파일을 컴파일하면 전처리기는 `bar.h` 헤더 파일의 내용을 추가한다. 그런 다음 전처리기는 `baz.h` 헤더 파일에 있는 포함 지시문include directive을 발견하고 이를 추가해 결과 변환 단위에 `other_func`에 대한 선언이 들어가게 된다.

따옴표 및 홑화살괄호 포함 문자열

따옴표 포함 문자열quoted include string(예, `#include "foo.h"`)이나 홑화살괄호 포함 문자열angle-bracked include string(예, `#include <foo.h>`)를 사용해 포함할 파일을 지정할 수 있다. 이 두 구문의 차이점은 구현체에 정의돼 있지만 일반적으로 포함된 파일을 찾는 데 사용되는 검색 경로에 영향을 미친다. 예를 들어, Clang과 GCC는 다음과 같이 포함될 파일을 찾으려고 시도한다.

- `-system` 플래그를 사용해 지정한 시스템 포함 경로system include path에서 홑화살괄호가 있는 파일
- `-quote` 플래그를 사용해 지정한 따옴표 포함 경로quoted include path에서 따옴표가 있는 문자열

두 구문의 구체적인 차이점에 대해서는 컴파일러 문서를 참조한다. 일반적으로 표준이나 시스템 라이브러리의 헤더는 기본 시스템 포함 경로에 있으며 여러분의 프로젝트 헤더는 따옴표 포함 경로에 있다.

조건부 포함

종종 다른 구현을 지원하기 위해 다른 코드를 작성해야만 한다. 예를 들어, 여러 대상 아키텍처에 대한 함수의 대체 구현을 제공해야 할 수도 있다. 이 문제에 관한 한 가지 해결책은 두 파일을 약간 다르게 변형해 유지 관리하고 특정 구현에 맞춰 적절한 파일을 컴파일하는 것이다. 더 나은 해결책은 전처리기 정의에 따라 대상 전용 코드target-specific code를 변환하거나 변환하지 않도록 하는 것이다.

전처리 지시문 #if, #elif, #else를 사용해 조건자 조건을 추가하면 조건부로 소스 코드에 포함할 수 있다. 조건자 조건predicate condition은 전처리기가 수행해야 할 프로그램의 분기branch를 결정하기 위해 평가해야 하는 제어 상수 식controlling constant expression이다. 조건자 조건은 일반적으로 주어진 식별자가 정의된 매크로의 이름인지 결정하는 전처리기 정의 연산자preprocessor defined operator와 함께 사용된다.

조건부 포함 지시문은 if 및 else 문과 비슷하다. 조건자 조건이 전처리기 값을 0이 아니라고 평가하면 #if 분기를 처리하고 그렇지 않으면 다른 모든 분기를 처리한다. 조건자 조건이 0이라고 평가하면 다음 #elif 분기(가 있는 경우) 조건자를 테스트해 포함 여부를 결정한다. #endif 전처리 지시문은 조건부로 포함할 코드의 끝을 나타낸다.

정의된 연산자defined operator는 주어진 식별자가 매크로로 정의됐으면 1로 평가하고, 그렇지 않으면 0으로 평가한다. 예를 들어, 프로그램 9-1의 전처리기 지시문은 결과 변환 단위에 포함할 헤더 파일의 내용을 조건부로 결정한다. foo.c를 전처리한 결과는 정의된 매크로가 _WIN32인지 __ANDROID__인지에 따라 달라진다. 둘 다 정의된 매크로가 아니면 전처리기 결과는 비어 있게 된다.

프로그램 9-1 조건부 포함

```
/* foo.c */
#if defined(_WIN32)
#include <Windows.h>
#elif defined(__ANDROID__)
#include <android/log.h>
#endif
```

if 및 else 키워드와는 달리 전처리기 조건 포함preprocessor conditional inclusion은 조건자로 제어할 문의 블록을 나타내기 위해 중괄호를 사용하지 않는다. 대신 전처리기 제어 포함은 (조건자 다음에 오는) #if, #elif, #else 지시문부터 다음에 발견되는 #elif, #else, #endif 토큰까지 모든 토큰을 포함하며 조건부 포함 분기의 모든 토큰은 수행하지 않고 건너뛴다. 조건부 포함 지시문은 중첩될 수 있다.

#ifdef 식별자를 #if defined 식별자나 #if defined(식별자)처럼 간단히 쓸 수 있다. 식별자를 둘러싼 괄호는 선택 사항이다. 마찬가지로 #ifndef 식별자를 #if !defined 식별자로 간단히 쓸 수도 있다. 그러나 #elif defined 식별자나 #elif !defined 식별자를 간단히 쓸 수는 없다.

오류 만들기

합리적인 대체 동작fallback behavior이 존재하지 않아 전처리기가 어떤 조건부 분기도 수행할 수 없는 경우 조건부 포함 지시문은 오류를 발생해야 할 수도 있다. C 표준 라이브러리 헤더 <threads.h>나 POSIX 스레딩 라이브러리 헤더 <pthread.h>를 포함하도록 선택하는 조건부 포함이 있는 프로그램 9-2를 살펴보자. 두 가지 선택 사항을 사용할 수 없는 경우 시스템을 포팅하는 프로그래머가 코드를 수정하도록 경고해야 한다.

프로그램 9-2 컴파일 오류 발생

```
#if __STDC__ && __STDC_NO_THREADS__ != 1
#include <threads.h>
// --- 생략 ---
```

```
#elif POSIX_THREADS == 200809L
#include <pthread.h>
// --- 생략 ---
#else
int compile_error[-1]; // 컴파일 에러를 발생시킨다.
#endif
```

여기서 코드는 진단을 생성하지만, 실제 문제를 설명하지는 않는다. 이런 이유로 C에는 #error 전처리기 지시문이 있어 구현체가 진단 메시지를 생성하도록 한다. 선택적으로 결과 진단 메시지를 포함하는 하나 이상의 전처리기 토큰을 사용해 이 지시문을 따르도록 할 수 있다. 이를 사용하면 프로그램 9-2에서 오류가 있는 배열 선언을 프로그램 9-3처럼 #error 지시문으로 바꿀 수 있다.

프로그램 9-3 #error 지시문

```
#if __STDC__ && __STDC_NO_THREADS__ != 1
#include <threads.h>
// --- 생략 ---
#elif POSIX_THREADS == 200809L
#include <pthread.h>
// --- 생략 ---
#else
#error <threads.h>나 <pthread.h>를 사용할 수 없습니다.
#endif
```

위 코드는 스레딩 라이브러리 헤더를 사용할 수 없으면 다음과 같은 오류 메시지를 생성한다.

```
<threads.h>나 <pthread.h>를 사용할 수 없습니다.
```

헤더 보호기 사용하기

헤더 파일을 만들 때 직면하게 될 한 가지 문제는 프로그래머가 같은 파일을 하나의 변환 단위에 두 번 포함하지 못하도록 만드는 것이다. 헤더 파일이 다른 헤더 파일을 포함할 때 다른 헤더 파일에 이미 포함된 파일이 또 포함될 수 있다는 점을 생각하면 같은 헤더 파일을 실수로 여러 번 포함하게 할 수 있다(아마도 헤더 파일 간에 무한 재귀가 발생할 수도 있다).

헤더 보호기header guards는 변환 단위 당 하나의 헤더 파일이 한 번만 포함되도록 한다. 헤더 보호기는 헤더 전용 매크로header-specific macro가 정의됐는지에 따라 헤더 파일의 내용을 조건부로 포함하도록 설계 패턴이다. 매크로가 아직 정의되지 않았다면 헤더 보호기의 후속 테스트가 코드를 조건부로 포함하지 않도록 매크로를 정의해야 한다. 표 9-4의 프로그램에서 bar.h에서는 (진하게 쓴) 헤더 보호기를 사용해 foo.c에서 (실수에 의한) bar.h의 중복 포함을 방지한다.

bar.h가 처음 포함되면 BAR_H가 정의되지 않았는지 확인하는 테스트가 true를 반환한다. 그런 다음 BAR_H를 정의하기에 충분한 빈 대체 목록empty replacement list으로 매크로 BAR_H를 정의하고 func 함수 정의를 추가한다. bar.h가 두 번째로 포함되면 조건부 포함 테스트가 false를 반환하므로 전처리기는 어떤 토큰도 생성하지 않는다. 따라서 func는 결과 변환 단위에 한 번만 정의된다.

표 9-4 헤더 보호기

<table>
<tr><th>원본 소스</th><th>결과 변환 단위</th></tr>
<tr><td><pre>bar.h

#ifndef BAR_H
#define BAR_H
int func(void) { return 1; }
#endif /* BAR_H */</pre></td><td rowspan="2"><pre>int func(void) { return 1; }

int main(void) {
    return func();
}</pre></td></tr>
<tr><td><pre>foo.c

#include "bar.h"
#include "bar.h" // 일반적으로 대체된 포함은
                 // 이렇게 명확하지 않다.

int main(void) {
    return func();
}</pre></td></tr>
</table>

헤더 보호기로 사용할 식별자를 선택할 때 주로 사용되는 방법은 파일 경로와 파일 이름, 확장자의 중요한 부분을 밑줄로 구분하고 모두 대문자로 쓰는 것이다. 예를 들어, #include "foo/bar/baz.h"를 포함하는 헤더 파일이 있으면 헤더 보호기 식별자로 FOO_BAR_BAZ_H를 사용할 수 있다.

일부 IDE는 자동으로 헤더 보호기를 만들어 준다. 예약된 식별자를 헤더 보호기 식별자로 사용하면 정의되지 않은 동작이 발생할 수 있다. 밑줄로 시작해 대문자가 있는 식별자는 예약돼 있다. 예를 들어, _FOO_H는 예약된 식별자로 _foo.h라는 파일을 포함하더라도 사용자가 헤더 보호기 식별자로 _FOO_H를 사용하는 것은 나쁜 선택이다. 예약된 식별자를 사용하면 구현체 정의된 매크로와 충돌해 컴파일 오류나 잘못된 코드가 만들어질 수 있다.

매크로 정의

#define 전처리 지시문은 매크로를 정의한다. 매크로[macro]는 일반 매개변수가 있는 상수 값이나 함수 같은 구문[function-like constructs]을 정의하는 데 사용된다. 매크로 정의에는 전처리기가 매크로를 확장할 때 변환 단위에 삽입되는 코드 패턴인 (아마도 비어있는) 대체 목록[replacement list]이 들어있다.

```
#define 식별자 대체-목록
```

#define 전처리 지시문은 줄 바꿈을 만나면 종료된다. 아래 예에서 ARRAY_SIZE에 대한 대체 목록은 100이다.

```
#define ARRAY_SIZE 100
int array[ARRAY_SIZE];
```

위 예에서 ARRAY_SIZE 식별자는 100으로 대체된다. 지정된 대체 목록이 더 이상 없으면 전처리기는 단순히 매크로 이름을 제거한다. 일반적으로 Clang과 GCC에서 -D 플래그를 사용하거나 Visual C++에서 /D 플래그를 사용하면 컴파일러 명령줄로 매크로 정의를 지정할 수 있다. Clang과 GCC의 경우 명령줄 옵션 -DARRAY_SIZE=100은 매크로 식별자 ARRAY_SIZE를 100으로 대체해 위 예제의 #define 전처리 지시문과 같은 결과를 얻을 수 있다. 명령줄에서 매크로 대체 목록을 지정하지 않으면 일반적으로 컴파일러에서 대체 목록을 제공한다. 예를 들어, -DFOO는 일반적으로 #define FOO 1과 같다.

매크로의 범위는 전처리기가 해당 매크로나 변환 단위의 끝을 지정하는 #undef 전처리 지시문을 만날 때까지 지속된다. 변수나 함수 선언과는 달리 매크로의 범위는 블록 구문과는 무관하다.

#define 지시문을 사용해 개체와 비슷한 매크로object-like macro나 함수 같은 매크로를 정의할 수 있다. 함수 같은 매크로function-like macro는 매개변수화돼 매크로를 호출할 때는 함수를 호출하는 것과 비슷한 방식으로 (아마도 비어 있는) 인수의 집합을 전달해야 한다. 함수와는 달리 매크로에서는 소스 코드에서 기호symbol를 사용해 연산을 수행할 수 있다. 즉 새 변수 이름을 만들거나 매크로가 있는 소스 파일과 줄 번호를 참조할 수 있다. 개체와 비슷한 매크로는 코드 조각code fragment을 대체할 수 있는 간단한 식별자다.

표 9-5는 함수 같은 매크로와 개체와 비슷한 매크로의 차이점을 보여준다. FOO는 매크로 확장 중에 토큰 (1 + 1)로 대체되는 개체와 비슷한 매크로이며, BAR는 토큰 (1 + (x))로 대체되는 함수 같은 매크로로 여기서 x는 BAR를 호출할 때 지정되는 매개변수다.

표 9-5 매크로 정의

원본 소스	결과 변환 단위

`#define FOO (1 + 1)`
`#define BAR(x) (1 + (x))`
 	
`int i = FOO;`
`int j = BAR(10);`
`int k = BAR(2 + 2);`
	`int i = (1 + 1);`
	`int j = (1 + (10));`
	`int k = (1 + (2 + 2));`

함수 같은 매크로 정의의 시작 괄호는 반드시 매크로 이름 바로 다음에 공백 없이 와야 한다. 매크로 이름과 시작 괄호 사이에 공백이 있으면 괄호는 개체와 비슷한 FOO 매크

로의 경우처럼 단순히 대체 목록 일부가 된다. 매크로 대체 목록은 매크로 정의의 첫 번째 줄 바꿈 문자를 만나면 종료된다. 그러나 매크로 정의를 쉽게 이해할 수 있도록 백슬래시 문자 다음에 줄 바꿈 문자를 사용해 여러 소스의 줄을 결합할 수 있다. 예를 들어, 아래 cbrt 유형의 일반 매크로 정의는 부동 소수점 인수의 세 제곱근을 계산하며

```
#define cbrt(X) _Generic((X), \
    long double: cbrtl(X), \
    default: cbrt(X), \
    float: cbrtf(X) \
)
```

아래 매크로 정의와 똑같지만 위 정의가 더 읽기 쉽다.

```
#define cbrt(X) _Generic((X), long double: cbrtl(X), default: cbrt(X), float: cbrtf(X))
```

매크로를 정의할 때 한 가지 위험은 매크로 대체를 사용하지 않으면 프로그램의 나머지 부분에서 매크로 식별자를 더 이상 사용할 수 없다는 것이다. 예를 들어, 매크로 확장의 결과로 다음과 같이 유효하지 않은 프로그램은 컴파일되지 않는다.

```
#define foo (1 + 1)
void foo(int i);
```

이는 변환기translator가 전처리기로부터 받는 foo 선언이 다음과 같이 유효하지 않은 선언이 되기 때문이다.

```
void (1 + 1)(int i);
```

헝가리안 표기법Hungarian notation의 일부 스타일처럼 모두 대문자로 매크로 이름을 정의하거나 모든 매크로 이름 앞에 니모닉mnemonic을 붙이는 것처럼 프로그램 전체에서 관용

구idiom를 일관되게 준수하면 이 문제를 해결할 수 있다.[1]

매크로를 정의한 다음에 매크로를 재정의하는 유일한 방법은 먼저 매크로에 대한 #undef 지시문을 호출하는 것이다. 매크로의 정의를 취소하면 명명된 식별자는 더 이상 매크로를 표현하지 않는다. 예를 들어, 표 9-6의 프로그램은 매크로를 사용하는 헤더 파일이 포함된 함수 같은 매크로를 정의한 다음 매크로의 정의를 취소해 나중에 다시 정의할 수 있도록 한다.

표 9-6 매크로 정의 취소

<table>
<tr><th>원본 소스</th><th>결과 변환 단위</th></tr>
<tr><td>header.h

<code>NAME(first)</code>
<code>NAME(second)</code>
<code>NAME(third)</code></td><td rowspan="2"><pre>enum Names {
    first,
    second,
    third,
};

void func(enum Names Name) {
    switch (Name) {
        case first:
        case second:
        case third:
    }
}</pre></td></tr>
<tr><td>file.c
<pre>enum Names {
    #define NAME(X) X,
    #include "header.h"
    #undef NAME
};

void func(enum Names Name) {
    switch (Name) {
        #define NAME(X) case X:
        #include "header.h"
        #undef NAME
    }
}</pre></td></tr>
</table>

NAME 매크로를 처음 사용하면 Names 열거 안의 열거자 이름이 선언된다. NAME 매크로의 정의를 취소한 다음 switch 문에서 case 레이블을 생성하기 위해 재정의한다.

일반적인 관용구는 프로그램 9-4처럼 매크로를 재정의하기 전에 매크로 정의를 취소하는 것이다.

1 헝가리언 표기법은 변수나 함수의 이름이 의도나 종류를 나타내는 데이터 형식을 명시하는 식별자 명명 규칙이다.

프로그램 9-4 매크로를 안전하게 정의하기 위한 관용구

```
#undef NAME
#define NAME(X) X
```

명명된 식별자가 매크로의 이름이 아니어도 매크로 정의 취소는 안전하다. 이 매크로 정의는 NAME이 이미 정의돼 있는지와는 상관없이 작동한다.

매크로 대체

함수 같은 매크로는 함수처럼 보일 수 있지만, 동작은 다르다. 예를 들어, 매크로를 사용하면 소스 파일에서 기호를 사용해 연산을 수행할 수 있다. 매크로를 사용하면 함수와는 달리 새 변수의 이름을 만들거나 매크로의 소스 파일과 줄 번호를 참조할 수 있다. 전처리기가 매크로 식별자를 만나면 매크로를 호출해 식별자를 매크로 정의에 지정된 대체 목록의 토큰으로 대체하기 위해 식별자를 확장한다.

함수 같은 매크로의 경우 전처리기는 대체 목록의 모든 매개변수를 확장한 다음 매개변수를 매크로 호출의 해당 인수로 대체한다. # 토큰이 앞에 있는 대체 목록의 모든 매개변수는 인수 전처리 토큰의 텍스트를 포함하는 문자열 리터럴 전처리 토큰으로 대체된다(문자열화stringizing라고도 하는 과정이다). 표 9-7의 SRINGIZE 매크로는 x의 값을 문자열화한다.

표 9-7 문자열화

원본 소스	결과 변환 단위

`#define STRINGIZE(x) #x`
 	
`const char *str = STRINGIZE(12);`
	`const char *str = "12";`

또한 전처리기는 대체 목록에 있는 ## 전처리기 토큰의 모든 인스턴스를 삭제하고 선행 전처리 토큰을 다음 토큰과 연결한다. 이를 토큰 붙여넣기token pasting라고 한다. 표 9-8의 PASTE 매크로는 foo와 밑줄 문자 _, 그리고 bar를 연결해 새 식별자를 만드는 데 사용된다.

표 9-8 토큰 붙여넣기

원본 소스	결과 변환 단위

`#define PASTE(x, y) x ## _ ## y`
 	
`int PASTE(foo, bar) = 12;`
	`int foo_bar = 12;`

매크로를 확장한 후 전처리기는 대체 목록을 다시 스캔해 대체 목록에 있는 추가 매크로를 확장한다. 전처리기는 (대체 목록에 있는 중첩된 매크로 확장을 다시 스캔하는 것을 포함해) 다시 스캔하는 동안 확장되는 매크로의 이름을 찾으면 이름을 다시 확장하지 않는다. 또한 매크로 확장으로 인해 프로그램 텍스트 조각이 전처리 지시문과 같아지더라도 해당 조각은 전처리 지시문으로 처리되지 않는다.

매크로를 확장하는 동안 대체 목록의 반복된 매개변수 이름은 호출에서 주어진 인수에 따라 여러 번 대체된다. 표 9-9와 같이 매크로 호출에 대한 인수가 파생 작업을 포함하는 경우 놀라운 결과가 나타날 수 있다. 이 문제는 CERT C 규칙 PRE31-C(안전하지 않은 매크로에 대한 인수에서의 파생 작업 방지)에 자세히 설명돼 있다.

표 9-9 안전하지 않은 매크로 확장

<table>
<tr><th>원본 소스</th><th>결과 변환 단위</th></tr>
<tr><td>

```
#define bad_abs(x) (x >= 0 ? x : -x)

int func(int i) {
    return bad_abs(i++);
}
```

</td><td>

```
int func(int i) {
    return (i++ >= 0 ? i++ : -i++);
}
```

</td></tr>
</table>

표 9-9의 매크로 정의에서 매크로 매개변수 `x`의 각 인스턴스는 매크로 호출 인수 `i++`로 대체돼 원본 소스 코드를 읽는 프로그래머나 검토자가 쉽게 간과할 수 있는 방식으로 `i`가 두 번 증가한다. 대체 목록 자체뿐만 아니라 대체 목록의 `x`와 같은 매개변수는 일반적으로 `((x) >= 0 ? (x) : -(x))`처럼 완전히 괄호 안에 넣어 인수 `x`의 일부가 예기치 않은 방식으로 대체 목록의 다른 요소와 연관되는 것을 방지한다.

또 다른 잠재적인 놀라움은 함수 같은 매크로 호출에서 쉼표는 항상 매크로 인수에 대한 구분 기호delimiter로 해석되는 점이다. (표 9-10의) 임의의 원자atomic 변수를 초기화할 수 있는 C 표준 ATOMIC_VAR_INIT 매크로는 위험을 보여준다. 이 코드는 ATOMIC_VAR_INIT ({1, 2})의 쉼표를 함수 같은 매크로 인수의 구분 기호로 처리해 하나의 유효한 인수 {1, 2} 대신 구문적으로 유효하지 않은 두 개의 인수 {1과 2}를 갖는 매크로로 해석하므로 해당 매크로를 변환하지 못한다.[2]

표 9-10 ATOMIC_VAR_INIT 매크로

원본 소스	결과 변환 단위
stdatomic.h `#define ATOMIC_VAR_INIT(value) (value)`	`<error>`

foo.c
 	
`#include <stdatomic.h>`
 	
`struct S {`
`    int x, y;`
`};`
 	
`_Atomic struct S val = ATOMIC_VAR_INIT({1, 2});`	

형식 제네릭 매크로

Java와 C++ 같은 다른 언어에서는 함수에 전달되는 매개변수의 형식에 따른 함수 재정의를 사용할 수 있지만, C 프로그래밍 언어에서는 사용할 수 없다. 그러나 때로는 관련된 인수의 형식에 따라 알고리즘의 행동을 바꿔야 할 수도 있다. 예를 들어, <math.h>에는 세 개의 sin 함수(sin, sinf, sinl)가 있는데, 이는 세 종류의 부동 소수점 형식(double, float, long double)이 각각 다른 정밀도를 갖기 때문이다. 제네릭 선택 식generic selection expressions을 사용하면 호출할 때 인수 형식에 따른 올바른 기본 구현에 맞는 함수 같은 단일 식별자single function-like identifier를 정의할 수 있다.

제네릭 선택 식generic selection expressions은 평가되지 않은 피연산자 식의 형식을 연관된 식

2 이 사용성(usability) 문제는 ATOMIC_VAR_INIT 매크로를 C17에서 사용하지 않은 이유 중의 하나다.

에 대응시킨다. 일치하는 연관된 형식이 없으면 선택적으로 기본 식에 대응시킬 수 있다. (제네릭 선택 식을 포함하는 매크로인) 형식-제네릭 매크로type-generic macro를 사용하면 코드를 더 읽기 쉽게 만들 수 있다. 표 9-11에서는 <math.h>의 sin 함수의 올바른 변형을 선택하도록 형식 제네릭 매크로를 정의했다.

표 9-11 제네릭 선택 식

<table>
<tr><th>원본 소스</th><th>결과 변환 단위</th></tr>
<tr><td><pre>#define sin(X) _Generic((X), \
    float: sinf, \
    double: sin, \
    long double: sinl \
)(X)

int main(void) {
    float f = sin(1.5708f);
    double d = sin(3.14159);
}</pre></td><td><pre>int main(void) {
    float f = sinf(1.5708f);
    double d = sin(3.14159);
}</pre></td></tr>
</table>

제네릭 선택 식의 제어 표현 (X)는 평가되지 않는다. 식의 형식은 type : expr 매핑 목록에서 함수를 선택한다. 제네릭 선택 식은 이런 함수 지정자(sinf, sin, sinl) 중 하나를 선택한 다음 실행한다. 위 예에서 sin에 대한 첫 번째 호출이 float이므로 제네릭 선택은 sinf로, sin에 대한 두 번째 호출에서 인수 형식이 double이므로 sin이 선택된다. 이 제네릭 선택 식에는 기본 연결이 없으므로 (X)의 형식이 연관된 형식과 어느 것도 일치하지 않으면 오류가 발생한다. 제네릭 선택 식에 기본 연결을 추가하면 기본 형식은 포인터나 구조체 형식과 같이 예상할 수 없는 형식을 포함해 아직 연결로 사용하지 않은 모든 형식과 일치하게 된다.

형식 제네릭 매크로 확장은 표 9-11의 sin 예와 같이 매크로 인수의 형식에 따라 결과 값 형식이 달라지므로 사용하기 어려울 수 있다. 예를 들어, sin 매크로를 호출하고 결과를 특정 형식의 개체에 할당하거나 결과를 pritnf에 인수로 전달해서는 안 된다. 왜냐하면 필요한 개체의 형식이나 형식 지정자는 호출되는 sin, sinf, sinl에 따라 달라질 수 있기 때문이다. 수학 함수에 관한 형식 제네릭 매크로의 예는 C 표준 라이브러리 <tgmath.h>

헤더에서 찾아볼 수 있다.

미리 정의된 매크로

일부 매크로는 헤더 파일을 포함하지 않아도 구현체가 자동으로 정의한다. 이런 매크로는 프로그래머가 명시적으로 정의하지 않고 전처리기가 암시적으로 정의하므로 미리 정의된 매크로predefined macro라고 한다. 예를 들어, C 표준은 컴파일 환경을 조사하거나 기본 기능을 제공하기 위해 다양한 매크로를 정의하고 있다. (컴파일러나 컴파일 대상 운영 체제와 같이) 구현체의 다른 측면에서도 매크로를 자동으로 정의한다. 표 9-12는 C 표준에 정의된 일반적인 매크로 일부를 보여준다. Clang이나 GCC에 미리 정의된 전체 매크로 목록은 이런 컴파일러에 `-E -dM` 플래그를 전달하면 확인할 수 있다. 더 자세한 정보는 여러분의 구현체 문서에서 확인할 수 있다.

표 9-12 미리 정의된 매크로

매크로 이름	대체 및 용도
`__DATE__`	`Mmm dd yyyy` 형식으로 된 전처리 변환 단위의 변환 날짜 문자열 리터럴
`__TIME__`	`hh:mm:ss` 형식으로 된 전처리 변환 단위의 변환 시간 문자열 리터럴
`__FILE__`	현재 소스 파일의 추정 파일 이름을 나타내는 문자열 리터럴
`__LINE__`	현재 소스 줄의 추정 줄 번호를 나타내는 정수 상수
`__STDC__`	구현체가 C 표준을 따르는 경우 정수 상수 1이 된다.
`__STDC_HOSTED_`	구현체가 호스팅된 구현체이면 정수 상수 1이고, 독립 실행형(stand-alone)이면 정수 상수 `0`이다. 이 매크로는 구현체에 따라 조건부로 정의된다.
`__STDC_VERSION__`	컴파일러가 대상으로 하는 C 표준 버전을 표현하는 정수 상수로 C17 표준은 `201710L`이다.
`__STDC_ISO_10646__`	`yyyymmL` 형식의 정수 상수. 이 매크로는 구현체 따라 조건부로 정의된다. 이 기호가 정의되면 유니코드 필수 집합의 모든 문자가 `wchar_t` 형식의 개체에 저장될 때 해당 문자의 짧은 식별자와 같은 값을 갖는다.
`__STDC_UTF_16__`	`char16_t` 형식의 값이 UTF-16으로 인코딩되면 정수 상수 1이다. 이 매크로는 구현체에 따라 조건부로 정의된다.
`__STDC_UTF_32__`	`char32_t` 형식의 값이 UTF-32로 인코딩되면 정수 상수 1이다. 이 매크로는 구현에 따라 조건부로 정의된다.

매크로 이름	대체 및 용도
__STDC_NO_ATOMICS__	구현이 _Atomic 형식 한정자를 포함하는 Atomic 형식과 <stdatomic.h> 헤더를 지원하지 않으면 정수 상수 1이다. 이 매크로는 구현체에 따라 조건부로 정의된다.
__STDC_NO_COMPLEX__	구현체가 complex 형식이나 <complex.h> 헤더를 지원하지 않으면 정수 상수 1이다. 이 매크로는 구현체에 따라 조건부로 정의된다.
__STDC_NO_THREADS__	구현체가 <threads.h> 헤더를 지원하지 않으면 정수 상수 1이다. 이 매크로는 구현체에 따라 조건부로 정의된다.
__STDC_NO_VLA__	구현체가 가변 길이 배열이나 가변적으로 수정된 형식을 지원하지 않으면 정수 상수 1이다. 이 매크로는 구현체에 따라 조건부로 정의된다.

요약

9장에서는 전처리기가 제공하는 몇 가지 기능에 대해서 살펴봤다. 변환 단위에 프로그램 텍스트 조각을 추가하고 조건부로 코드를 컴파일하고 필요에 따라 진단을 생성하는 방법도 알아봤다. 그런 다음 매크로를 정의하고 정의를 취소하는 방법과 매크로를 호출 방법, 구현체에 미리 정의된 매크로에 관해서도 설명했다.

10장에서는 프로그램을 하나 이상의 변환 단위로 구성해 유지 관리가 가능한 프로그램을 만드는 방법을 알아본다.

10

프로그램 구조

에런 볼먼Aaron Ballman과 함께 작성

모든 실제 시스템은 소스 파일과 헤더 파일, 라이브러리와 같은 여러 구성 요소로 이루어져 있다. 또한 이미지와 소리, 구성 파일을 포함하는 자원도 가지고 있다. 하나의 큰 파일을 관리하는 것보다 작은 논리 구성 요소를 관리하는 것이 쉬워 좋은 소프트웨어 엔지니어링 관행은 작은 논리 구성 요소로 프로그램을 구조화하는 것이다. 10장에서는 프로그램을 소스 파일과 포함(include) 파일로 구성된 여러 변환 단위로 구조화하는 방법을 알아본다. 또한 여러 개체 파일을 함께 연결해 라이브러리와 실행 파일을 만드는 방법도 살펴본다.

구성 요소화의 원칙

한 소스 파일의 `main` 함수 안에 전체 프로그램을 작성하는 것을 막을 수는 없다. 그러나 함수의 규모가 커지면 이런 접근방식으로는 함수를 신속하게 관리할 수 없다. 이런 이유로 프로그램을 공유 경계shared boundary 또는 인터페이스interface를 통해 정보를 교환하는 구성 요소component의 모음으로 분해하는 것이 좋다. 소스 코드를 구성 요소로 구조화하면 프로그램을 이해하기 쉬워 프로그램의 다른 곳이나 다른 프로그램에서도 코드를 재사용할 수 있다.

프로그램을 가장 잘 분해하는 방법을 이해하려면 일반적으로 경험이 필요하다. 프로그래머가 하는 많은 의사결정은 성능에 영향을 미친다. 예를 들어, 대기 시간high-latency이 긴 인터페이스에 대해서는 통신을 최소화해야 할 수도 있다. 또는 클라이언트는 사용자 인터페이스의 입력 필드 검증을 통해 서버와의 왕복round trip 통신을 하지 않도록 해야 할 수도 있다. 이 절에서는 구성 요소 기반 소프트웨어 엔지니어링의 몇 가지 원칙을 설명한다.

결합도와 응집도

성능 외에도 제대로 구조화된 프로그램은 낮은 결합도coupling 및 높은 응집도cohesion와 같이 바람직한 속성을 달성할 수 있다. 응집도cohesion는 프로그래밍 인터페이스의 요소 간 공통성commonality에 대한 측도measure다. 예를 들어, 헤더 파일에 문자열의 길이를 계산하고 주어진 입력값의 탄젠트tangent를 계산하고 스레드를 생성하는 함수를 노출한다고 해보자. 이렇게 노출된 함수들은 서로 관련이 없어 이 헤더 파일의 응집도는 낮다고 할 수 있다. 반대로 문자열의 길이를 계산하고 두 문자열을 함께 연결하며 문자열에서 부분 문자열을 검색하는 함수를 노출하는 헤더 파일은 노출된 모든 기능이 관련이 있어 응집도가 높다고 할 수 있다. 이렇게 하면 문자열로 작업해야 하는 경우 문자열 헤더 파일만 포함하면 된다. 마찬가지로 public 인터페이스interface를 구성하는 관련 함수 및 형식 정의는 제한된 기능에 대해 높은 응집도를 갖는 인터페이스를 제공하도록 같은 헤더 파일 안에서 노출돼야 한다. public 인터페이스는 294쪽 "데이터 추상화"에서 자세히 설명한다.

결합도coupling는 프로그래밍 인터페이스의 상호 의존성inter-dependency에 대한 측도다. 예를 들어, 밀접하게 결합한 헤더 파일은 그 자체로 프로그램에 포함될 수 없다. 대신 특정 순서로 다른 헤더 파일과 함께 포함돼야 한다. 데이터 구조에 대한 상호 의존mutual reliance이나 함수 간의 상호 의존성 또는 공유 전역 상태shared global state 같은 다양한 이유로 인터페이스를 결합할 수 있다. 그러나 인터페이스를 밀접하게 결합하면 프로그램의 변경이 시스템 전체에 파급 효과를 줄 수 있어 프로그램 동작을 수정하는 것이 어렵게 된다. public 인터페이스의 멤버나 프로그램 구현 세부 사항에 상관없이 인터페이스 구성 요소 간 결합을 느슨하게 하도록 항상 노력해야 한다.

프로그램 논리를 뚜렷하고 응집도가 높은 구성 요소로 분리하면 (각 구성 요소의 정확도를 독립적으로 검증할 수 있으므로) 구성 요소에 관한 추론과 프로그램 테스트가 쉬워진다. 최종적으로 유지 관리가 더 쉬우며 버그가 적은 시스템을 만들 수 있다.

코드 재사용

코드 재사용code reuse은 기능을 한 번만 구현한 다음 코드를 중복해서 구현하지 않고 프로그램의 여러 부분에서 코드를 재사용하는 관행을 의미한다. 코드 중복은 예기치 않은 동작과 크기가 커지고 비대해진 실행 파일, 유지 관리 비용의 증가로 이어질 수 있다. 그런데 왜 같은 코드를 한 번이 아니라 두 번 이상 작성하는 걸까?

함수function는 기능을 재사용할 수 있는 가장 낮은 수준의 단위다. 두 번 이상 반복할 수 있는 모든 논리는 함수에서 캡슐화할encapsulate 수 있는 후보가 된다. 기능이 약간 다르다면 여러 목적을 수행하기 위해 함수를 자주 매개변수화해야 한다. 각 함수는 다른 모든 함수와 중복되지 않은 작업을 수행해야 한다. 그런 다음 개별 함수를 구성해 점점 더 복잡해지는 문제를 해결할 수 있다.

재사용할 수 있는 논리를 함수로 패키징하면 유지 관리를 개선할 수 있으며 결함을 제거할 수 있다. 예를 들어, 간단한 `for` 루프를 만들어 null로 끝나는 문자열의 길이를 계산할 수 있지만 C 표준 라이브러리의 `strlen` 함수를 사용하는 것이 유지 관리가 더 쉽다. 다른 프로그래머들이 이미 `strlen` 함수에 익숙하므로 `for` 루프가 하는 일보다 `strlen` 함수가 하는 일을 더 쉽게 이해할 수 있다. 또한 기존 기능을 재사용하면 애드혹ad hoc 구현과 비교해 동작에 차이가 발생할 가능성이 작아져 전체적으로 기능을 더 좋은 성능의 알고리즘이나 보안성이 있는 구현으로 쉽게 대체할 수 있다.

함수 인터페이스를 설계할 때는 일반성generality과 특이성specificity 간에 균형을 맞춰야 한다. 현재 요구 사항에 맞는 인터페이스는 간결하고 효과적일 수 있지만 요구 사항이 변경되면 수정하기 어렵다. 일반적인 인터페이스는 향후 요구 사항을 허용할 수 있지만 예측할 수 있는 요구 사항에 대해서는 번거로울 수 있다.

데이터 추상화

데이터 추상화data abstraction는 추상화의 public 인터페이스와 구현 세부 사항을 명확하게 구별해 재사용할 수 있는 모든 소프트웨어 구성 요소다. 각 데이터 추상화에 대한 public 인터페이스interface에는 데이터 추상화 사용자가 필요로 하는 데이터 형식 정의와 함수 선언, 상수 정의가 포함되며 헤더 파일에 위치한다. private 유틸리티utility 함수와 데이터 추상화를 코딩하는 방법에 관한 구현implementation 세부 사항은 소스 파일이나 public 인터페이스 헤더 파일과는 다른 위치에 있는 헤더 파일 안에 숨겨져 있다. 이렇게 public 인터페이스와 private 구현을 분리하면 구성 요소에 따라 달라지는 코드를 변경하지 않고 구현 세부 사항을 변경할 수 있다.

일반적으로 헤더 파일header file에는 구성 요소에 대한 함수 선언과 형식 정의가 있다. 예를 들어, C 표준 라이브러리 `<string.h>`는 문자열 관련 기능을 public 인터페이스를 제공하지만, `<threads.h>`는 스레딩을 위한 유틸리티 함수를 제공한다. 이런 논리적 분리는 낮은 결합도와 높은 응집도를 갖는다. 이런 접근방식은 필요한 특정 구성 요소만 쉽게 액세스할 수 있어 컴파일 시간과 이름 충돌 가능성을 줄일 수 있다. 예를 들어, 필요한 것이 `strlen` 함수뿐이라면 스레딩 API에 관해 아무것도 알 필요가 없다.

또 다른 고려 사항은 헤더 파일에 필요한 헤더를 명시적으로 포함하거나 헤더 파일 사용자가 헤더를 먼저 포함하도록 요구하는 경우다. 데이터 추상화를 만드는 측면에서 데이터 추상화 사용자에게 필요한 모든 정보와 종속된 헤더 파일을 제공할 수 있도록 헤더 파일이 자체적으로 완전한 형태를 갖추고 사용할 헤더를 포함한다. 이렇게 하지 않으면 추상화 사용자에게 더 많은 부담이 주어지고 데이터 추상화에 대한 구현 세부 정보가 드러나게 된다. 따라서 사용자가 해당 헤더 파일을 사용할 때 추가 작업 없이도 필요한 모든 종속성을 해결할 수 있으며 코드 작성도 간편해지고 유지보수도 용이하며, 내부 구현 세부 정보가 외부로 드러나지 않도록 사용할 헤더를 포함시키는 것이 좋다. 이 책의 예제는 이런 파일의 프로그램을 간결하게 하려는 목적으로 작성했으므로 항상 이런 관행을 따르지는 않는다.

소스 파일source file은 주어진 헤더 파일이 선언한 기능이나 주어진 프로그램에 필요한 모든 작업을 수행하는 데 사용되는 응용 프로그램 전용 프로그램 논리를 구현한다. 예를 들어, 네트워크 통신을 위한 public 인터페이스를 설명하는 network.h 헤더 파일이 있다면 네트워크 통신 논리를 구현하는 network.c 소스 파일(또는 Windows 전용 network_win32.c와 Linux 전용 network_linux.c)이 있을 수 있다.

하나의 헤더 파일을 사용해 두 소스 파일 간에 구현 세부 정보를 공유할 수 있지만 헤더 파일은 실수로라도 구현 세부 사항이 노출되지 않도록 public 인터페이스와는 다른 위치에 있어야 한다.

컬렉션은 기본 기능을 구현체나 기본 데이터 구조와 분리하는 데이터 추상화의 좋은 예다. 컬렉션collection은 데이터 요소의 그룹을 나타내며 요소를 컬렉션에 추가하거나 컬렉션에서 데이터 요소를 제거하거나 컬렉션에 특정 데이터 요소가 포함돼 있는지를 알아보기 위해 검사하는 연산을 지원한다. 여러 가지 방법으로 컬렉션을 구현할 수 있다. 예를 들어, 데이터 요소 컬렉션은 평면 배열flat array이나 이진 트리binary tree, (아마도 비순환) 유향 그래프directed graph, 또는 다른 구조로 표현될 수 있다. 데이터 구조를 선택하는 것은 표현 할 데이터의 종류와 표현될 데이터의 양에 따라 알고리즘의 성능에 영향을 미칠 수 있다. 예를 들어, 이진 트리는 조회lookup 성능이 좋아야 하는 상황에서 대량 데이터에 대해 좋은 추상화일 수 있지만 평면 배열인 경우 고정된 크기의 소량 데이터에 대해서는 더 좋은 추상화일 수 있다. 컬렉션 데이터 추상화의 인터페이스를 기본 데이터 구조 구현과 분리하면 컬렉션 인터페이스에 의존하는 코드를 변경하지 않고도 구현을 변경할 수 있다.

불투명 형식

데이터 추상화는 정보를 숨기는 불투명 데이터 형식과 함께 사용해야 가장 효과적이다. C에서 불투명opaque (또는 private) 데이터 형식은 순방향 선언 구조체forward-declared structure 형식과 같은 불완전 형식을 사용해 표현하는 데이터 형식이다. 불완전한incomplete 형식은 식별자를 설명하지만, 해당 형식의 개체 크기나 레이아웃layout을 결정하는 데 필요한 정보가 부족한 형식이다. 내부 전용internal-only 데이터 구조를 숨기면 데이터 추상화를 사용하는 프로그래머는 변경될 수 있는 구현 세부 사항에 맞춰 코드를 작성할 수 없게 된다. 불완전 형식은 데이터 추상화 사용자에게 노출되지만, 잘 정의된fully defined 형식은 구현체를 통해

서만 접근할 수 있다.

요소를 추가하거나 제거하거나 검색하는 등 제한된 연산만 지원하는 컬렉션을 구현한다고 생각해보자. 아래 예는 collection_type을 불투명 형식으로 구현해 데이터 형식의 구현 세부 사항을 라이브러리 사용자에게 숨긴다. 이를 위해 데이터 형식 사용자가 추가한 외부 collection.h 헤더 파일과 데이터 형식의 기능을 구현하는 파일만 포함하는 내부 파일과 같이 두 개의 헤더 파일을 만들었다.

외부 collection.h 헤더 파일에서 collection_type 데이터 형식은 불완전 형식인 struct collection_type의 인스턴스로 정의됐다.

```
typedef struct collection_type collection_type;
// 함수 선언
extern errno_t create_collection(collection_type **result);
extern void destroy_collection(collection_type *col);
extern errno_t add_to_collection(collection_type *col, const void *data, size_t
byteCount);
extern errno_t remove_from_collection(collection_type *col, const void *data, size_t
byteCount);
extern errno_t find_in_collection(const collection_type *col, const void *data,
    size_t byteCount);
// --- 생략 ---
```

collection_type 식별자는 struct collection_type(불완전한 데이터 형incomplete type)에 별칭alias을 부여한다. 결과적으로 public 인터페이스는 C에서 불완전 형식을 사용에 대한 제약으로 인해 실제 값에 대한 형식 대신 이 형식에 대한 포인터를 받아야만 한다.

내부 헤더 파일에서 struct collection_type은 잘 정의됐지만, 데이터 추상화 사용자에게는 보이지 않는다.

```
struct node_type {
    void *data;
    size_t size;
    struct node_type *next;
};
```

```
struct collection_type {
    size_t num_elements;
    struct node_type *head;
};
```

추상 데이터 형식을 구현하는 모델에는 외부 정의와 내부 정의가 포함돼 있지만, 데이터 추상화 사용자는 외부 collection.h 파일만 포함한다. 이를 통해 `collection_type` 데이터 형식의 구현은 private으로 유지된다.

실행 파일

9장에서 컴파일러는 변환 단계의 파이프라인으로 컴파일러의 최종 출력은 개체 코드object code라고 배웠다. 변환의 마지막 단계인 링크 단계link phase는 프로그램의 모든 변환 단위에 대한 개체 코드를 가져와 함께 연결해 최종 실행 파일을 만든다. 이는 a.out이나 foo.exe와 같이 사용자가 실행할 수 있는 실행 파일이나 라이브러리 또는 장치 드라이버device driver나 (ROM에 구울 수 있는 기계 코드machine code인) 펌웨어 이미지firmware image와 같이 더 특수한 프로그램일 수 있다.

라이브러리library는 독립적으로 실행할 수 없는 실행 가능한 구성 요소다. 대신 라이브러리를 실행할 수 있는 프로그램에 통합할 수 있다. 소스 코드에 라이브러리 헤더 파일을 포함한 다음 선언된 함수를 호출해 라이브러리의 기능을 사용할 수 있다. 라이브러리의 예로는 C 표준 라이브러리가 있다. 라이브러리의 헤더 파일을 포함하더라도 라이브러리의 기능을 구현한 소스 코드를 직접 컴파일하지는 않는다. 대신 구현체는 미리 빌드된 버전prebuilt version의 라이브러리 코드와 함께 제공된다. 라이브러리를 사용하면 다른 사람들이 작업한 프로그램의 일반 구성 요소를 기반으로 여러분 프로그램의 고유 논리를 개발하는 데만 집중할 수 있다. 예를 들어, 비디오 게임을 만들 때 기존 라이브러리를 재사용하면 사용자 입력이나 네트워크 통신, 또는 그래픽 렌더링graphic rendering에 관한 세부 사항에 신경 쓰지 않고 게임 로직을 개발하는 데 집중할 수 있다. 라이브러리를 사용하면 어떤 컴파일로 작성된 프로그램에서 다른 컴파일러로 작성된 코드를 사용할 수 있다.

라이브러리는 응용 프로그램과 정적 또는 동적으로 연결될 수 있다. 정적 라이브러리static library는 아카이브archive라고도 하며 기계 코드나 개체 코드를 결과 실행 파일에 직접 통합한다. 즉, 정적 라이브러리는 종종 프로그램의 특정 릴리스release에 연결된다는 것을 의미한다. 정적 라이브러리는 링크 시 통합되므로 정적 라이브러리의 내용은 프로그램의 라이브러리 사용에 맞게 더 최적화될 수 있다. 프로그램이 사용하는 라이브러리 코드는 링크 시 최적화에 사용될 수 있지만, 사용되지 않은 라이브러리 코드는 최종 실행 파일에서 제거할 수 있다.

동적 라이브러리dynamic library는 공유 라이브러리shared library 또는 동적 공유 개체dynamic shared object라고도 하며 시작 루틴startup routine이 없어도 실행할 수 있다. 동적 라이브러리는 실행 파일과 함께 패키징되거나 독립적으로 설치될 수 있지만 실행 파일이 동적 라이브러리가 제공하는 함수를 호출할 때 반드시 사용할 수 있어야 한다. 많은 최신 운영 체제는 동적 라이브러리 코드를 메모리에 한 번 올려둔 다음 필요할 때마다 모든 응용 프로그램이 동적 라이브러리 코드를 공유한다. 응용 프로그램을 배포한 후 동적 라이브러리를 필요할 때마다 다양한 버전으로 바꿀 수 있다. 라이브러리를 프로그램과 별도로 개발하는 것에는 장단점이 존재한다. 예를 들어, 개발자는 응용 프로그램을 다시 컴파일하지 않고 이미 출시된 응용 프로그램과 연결된 라이브러리의 버그를 수정할 수 있다. 그러나 동적 라이브러리는 악의적 공격자가 라이브러리를 악성 라이브러리로 교체하거나 최종 사용자가 실수로 잘못된 버전의 라이브러리를 사용하는 잠재적 가능성을 제공한다. 또한 라이브러리를 사용하는 기존 응용 프로그램과 호환되지 않는 새로운 라이브러리 릴리즈에서 단절적 변경breaking change도 만들 수 있다. 정적 라이브러리는 개체 코드(라이브러리)가 이미 실행 가능 파일에 포함돼 있어 다소 빠르게 실행될 수 있다. 일반적으로 동적 라이브러리를 사용하는 이점이 단점보다 크다.

각 라이브러리에는 해당 라이브러리에 대한 public 인터페이스를 포함하는 하나 이상의 헤더 파일과 해당 라이브러리에 대한 논리를 구현하는 하나 이상의 소스 파일이 들어 있다. 구성 요소가 실제 라이브러리로 전환되지 않더라도 코드를 라이브러리 컬렉션으로 구성하면 이점을 얻을 수 있다. 실제 라이브러리를 사용하면 한 구성 요소가 다른 구성 요소의 내부 세부 사항에 대한 특별한 지식을 가지고 있는 상태에서 실수로 밀접하게 결합된 인터페이스를 설계하는 것이 더 어려워진다.

링크

링크linkage는 인터페이스가 public 또는 private인지를 제어하고 두 식별자가 같은 엔터티를 참조하는지 여부를 결정하는 프로세스다. C는 외부external, 내부internal, 없음none 세 종류의 링크를 제공한다. 선언에 외부 링크external linkage가 있으면 해당 선언을 참조하는 식별자는 모두 프로그램의 모든 곳에서 같은 엔터티(함수나 개체)를 참조한다. 선언에 내부 링크internal linkage가 있으면 해당 선언은 선언을 포함하는 변환 단위에서만 같은 엔터티를 참조한다. 두 변환 단위 모두 같은 내부 연결 식별자를 참조하면 두 변환 단위는 엔터티의 다른 인스턴스를 참조한다. 선언에 링크가 없으면no linkage 각 변환 단위에서 엔터티는 고유하다.

선언의 링크는 명시적으로 선언되거나 암시적으로 적용된다. 명시적으로 extern이나 static으로 지정하지 않고 파일 범위에서 엔터티를 선언하면 엔터티는 암시적으로 외부 링크가 된다. 링크가 없는 식별자로는 함수 매개변수나 extern 스토리지 클래스 지정자storage class specifier, 또는 열거형 상수가 있다.

프로그램 10-1은 링크 선언의 예를 보여준다.

프로그램 10-1 외부 링크와 내부 링크, 그리고 링크 없음의 예

```
static int i; // i는 명시적 내부 링크로 선언됐다.
extern void foo(int j) {
    // foo는 명시적 외부 링크로 선언됐다.
    //  j는 매개변수이므로 링크가 없다.
}
```

식별자를 명시적으로 파일 범위에서 static 스토리지 클래스 지정자로 선언하면 식별자는 내부 링크가 된다. static 키워드는 파일 범위 엔터티에만 내부 링크를 제공한다. 변수를 블록 범위에서 static으로 선언하면 링크가 없는 식별자를 생성하지만, 가변 정적 스

토리지 기간variable static storage duration을 갖는다. 참고로 정적 스토리지 기간은 식별자의 수명은 프로그램 전체 실행 기간이며 식별자에 저장된 값은 프로그램이 시작되기 전에 한 번만 초기화된다는 것을 의미한다. 다른 문맥에서 static을 사용할 때 static의 다른 의미는 분명히 혼란스러우며 결과적으로 인터뷰 시에 자주 나오는 질문이다.

extern 스토리지 클래스 지정자로 식별자를 선언하면 외부 링크를 갖는 식별자를 만들 수 있다. 이는 해당 식별자에 대한 링크를 이전에 선언하지 않았을 때만 작동한다. 식별자 링크를 이전에 선언했다면 extern 스토리지 클래스 식별자는 영향을 미치지 못한다.

충돌하는 링크가 있는 선언은 정의되지 않은 동작으로 이어질 수 있다. 자세한 내용은 CERT C 규칙 DCL36-C(충돌하는 링크 분류가 있는 식별자를 선언하면 안 된다)를 참조한다.

표 10-1은 명시적 링크와 암시적 링크가 있는 선언의 예를 보여준다.

표 10-1 암시적 링크와 명시적 링크의 예

암시적 링크 및 명시적 링크

foo.c
 	
`void func(int i) { // 암시적 외부 링크`
`    // i는 링크가 없다.`
`}`
 	
`static void bar(void); // 내부 링크, bar와 bar.c는 다르다.`
`extern void bar(void) {`
`    // bar는 처음에 static으로 선언됐으므로 여전히 내부 링크를 갖는다.`
`    // 이 경우 extern 식별자는 어떤 영향도 미치지 못한다.`
`}`

bar.c
 	
`extern void func(int i); // 명시적 외부 링크`
`static void bar(void) { // 내부 링크 bar는 foo.c와 다르다.`
`    func(12); //  foo.c에서 func를 호출한다.`
`}`
`int i; // 외부 링크; i는 foo.c나 bar.c에서 충돌하지 않는다.`
 	
`void baz(int k) { // 암시적 외부 링크`
`    bar(); // foo.c가 아니라 bar.c에서 bar를 호출한다.`
`}`

public 인터페이스의 식별자는 변환 단위 밖에서 호출할 수 있도록 외부 링크를 가져야 하지만, 구현 세부 정보 식별자는 내부 링크나 링크 없음으로 선언해야 한다. 이를 달성하기 위한 일반적인 접근방식은 `extern` 스토리지 클래스 식별자를 사용하거나 사용하지 않고 헤더 파일에서 public 인터페이스 함수를 선언하고(선언은 암시적으로 외부 링크를 갖지만, 명시적으로 extern을 사용해 선언해도 문제는 없음) 비슷한 방식으로 소스 파일에서 public 인터페이스 함수를 정의 하는 것이다.

그러나 소스 파일 안에서 구현 세부 사항인 모든 선언은 명시적으로 `static`으로 선언해 private을 유지해 해당 소스 파일에서만 접근할 수 있도록 해야 한다. 헤더 파일에서 `#include` 전처리기 지시문을 사용해 선언한 public 인터페이스를 포함하면 다른 파일에서 이 인터페이스에 접근할 수 있다. 경험에 따르면 파일 외부에서 볼 필요가 없는 파일 범위 엔터티는 `static`으로 선언해야 한다. 이런 관행은 전역 네임스페이스가 오염되는 것을 제한할 수 있으며 변환 단위 같은 놀랄만한 상호 작용 가능성을 줄여준다.

간단한 프로그램 구조화하기

복잡한 실제 프로그램을 구조화하는 방법을 알아보기 위해 숫자가 소수인지 판별하는 간단한 프로그램을 개발해보자. 소수(prime number 또는 prime)는 두 자연수를 곱해서 만들 수 없는 1보다 큰 자연수다. 프로그램은 테스트 기능을 포함하는 static 라이브러리와 해당 라이브러리에 대한 사용자 인터페이스를 제공하는 명령줄 응용 프로그램의 두 구성 요소로 돼 있다.

primetest 프로그램은 공백으로 구분된 정수 값 목록을 입력으로 받아 각 값이 소수인지 여부를 출력한다. 입력에 유효하지 않은 값이 있으면 프로그램은 인터페이스 사용 방법을 설명하는 도움말을 출력한다.

프로그램을 구조화하는 방법을 알아보기 전에 사용자 인터페이스를 살펴보자. 먼저, 프로그램 10-2와 같이 명령줄 프로그램에 대한 도움말 텍스트를 인쇄한다.

프로그램 10-2 도움말 텍스트 인쇄

```
// 명령줄 도움말 텍스트 인쇄
static void print_help(void) {
    printf("%s", "primetest num1 [num2 num3 ... numN]\n\n");
    printf("%s", "Tests positive integers for primality. Supports testing ");
    printf("%s [2-%llu].\n", "numbers in the range", ULLONG_MAX);
}
```

print_help 함수는 명령어 사용법에 관한 도움말을 표준 출력으로 인쇄하기 위해 printf 함수를 개별적으로 세 번 호출한다.

다음으로 명령줄 인수는 텍스트 입력으로 프로그램에 전달되므로 프로그램 10-3과 같이 텍스트 입력을 정수로 변환하는 유틸리티 함수를 정의한다.

프로그램 10-3 단일 명령줄 인수 변환

```
// 문자열 인수 arg를 val이 참조하는 unsigned long long 값으로 변환한다.
// 인수 변환이 성공하면 true를, 실패하면 false를 반환한다.
static bool convert_arg(const char *arg, unsigned long long *val) {
    char *end;

    // strtoull은 대역 내 오류 지시자를 반환한다; 호출 전에 errno를 초기화한다.
    errno = 0;
    *val = strtoull(arg, &end, 10);

    // 호출이 센티널 값을 반환하고 errno를 설정한 곳에서 실패를 확인한다.
    if ((*val == ULLONG_MAX) && errno) return false;
    if (*val == 0 && errno) return false;
    if (end == arg) return false;

    // 여기까지 왔다면 인수를 변환할 수 있다.
    // 그러나 1보다 큰 값만 허용해야 하므로 1보다 작거나 같은 값은 거부한다.
    if (*val <= 1) return false;
    return true;
}
```

convert_arg 함수는 문자열 인수를 입력받고 출력 매개변수를 사용해 변환된 인수를 보고한다(출력 매개변수output parameter는 반환 값 대신 매개변수를 통해 호출자에게 함수의 결과값을 반환한다). 인수 변환이 성공하면 함수는 true를 반환하고 실패하면 false를 반환한다. convert_arg 함수는 stroull 함수를 사용해 문자열을 unsigned long long 정수로 변환하고 변환 오류를 적절히 처리한다. 또한 소수의 정의에서 0과 1, 음수는 제외하므로 convert_arg 함수는 이 숫자들 유효하지 않은 입력으로 처리한다.

프로그램 10-4의 convert_command_line_args에서는 convert_arg 유틸리티 함수를 사용해 제공된 모든 명령줄 인수에 대해 반복하고 각 문자열 인수를 정수로 변환한다.

프로그램 10-4 모든 명령줄 인수 처리

```
static unsigned long long *convert_command_line_args(int argc,
                                                     const char *argv[],
                                                     size_t *num_args) {
    *num_args = 0;

    if (argc <= 1) {
    // 명령줄 인수가 없는 경우 (첫 번째 인수는 실행될 프로그램의 이름이다)
    print_help();

    return NULL;
    }
    // 사용자가 전달할 수 있는 최대 인수의 개수를 알고 있으므로 모든 요소를 담을 수 있을 만큼
    // 충분한 배열을 할당한다. 프로그램 이름 자체가 인수의 개수에 포함되므로 1을 뺀다.
    // 할당이 실패하면 실패한 변환으로 처리한다(free(NULL)을 호출해도 된다).
    unsigned long long *args =
    (unsigned long long *)malloc(sizeof(unsigned long long) * (argc - 1));
    bool failed_conversion = (args == NULL);

    for (int i = 1; i < argc && !failed_conversion; ++i) {
        // 인수를 정수로 변환한다. 변환할 수 없다면 failed_conversion을 true로 설정한다.
        unsigned long long one_arg;
        failed_conversion |= !convert_arg(argv[i], &one_arg);
        args[i - 1] = one_arg;
    }
```

```
    if (failed_conversion) {
        // 배열을 해제하고 도움말을 인쇄한 다음 함수에서 빠져나온다.
        free(args);
        print_help();

        return NULL;
    }
    *num_args = argc - 1;

    return args;
}
```

모든 인수를 변환할 수 없으면 print_help 함수를 호출해 사용자에게 적절한 명령줄 사용법을 알려준다. 그런 다음 null 포인터를 반환한다. 이 함수는 정수 배열을 처리할 수 있도록 충분히 큰 버퍼를 할당하는 역할을 한다. 또한 메모리가 부족하거나 인수를 변환하지 못하는 등 모든 오류 조건을 처리한다. 이 함수가 성공하면 함수는 호출자에게 정수 배열을 반환하고 변환된 인수의 값을 num_args 매개변수에 쓴다. 반환된 배열은 할당된 스토리지이므로 더 이상 사용하지 않으면 반드시 할당을 해제해야 한다.

숫자가 소수인지를 판단하는 여러 방법이 있다. 원초적인 방법은 N을 2부터 N-1까지의 값으로 나눌 수 있는지 테스트하는 것이다. 이런 접근방식은 N의 값이 커지면 성능이 떨어진다. 대신 소수 판별primality을 위해 설계된 많은 알고리즘 중 하나를 사용한다. 프로그램 10-5는 어떤 값이 유력 소수probably prime인지를 빠르게 테스트하는 데 적합한 밀러Miller-라빈Rabin 소수 판별법이라고 하는 비결정론적 구현non-deterministic implementation이다(Schoof 2008). 밀러-라빈 소수 판별법 알고리즘의 수학적인 내용은 Schoof의 논문을 참조한다.

프로그램 10-5 밀러-라빈 소수 판별 알고리즘

```
static unsigned long long power(unsigned long long x,
                                unsigned long long y,
                                unsigned long long p) {
    unsigned long long result = 1;
    x %= p;
```

```
    while (y) {
        if (y & 1) result = (result * x) % p;
        y >>= 1;
        x = (x * x) % p;
    }

    return result;
}

static bool miller_rabin_test(unsigned long long d, unsigned long long n) {
    unsigned long long a = 2 + rand() % (n - 4);
    unsigned long long x = power(a, d, n);

    if (x == 1 || x == n - 1) return true;

    while (d != n - 1) {
        x = (x * x) % n;
        d *= 2;

        if (x == 1) return false;
        if (x == n - 1) return true;
    }

    return false;
}
```

밀러-라빈 소수 판별 테스트에 대한 인터페이스는 프로그램 10-6의 is_prime 함수다. 이 함수는 테스트를 위한 숫자 n과 테스트를 수행할 횟수 k를 인수로 사용한다. k가 크면 성능은 나빠지지만, 결과는 더 정확해진다. 라이브러리의 public 인터페이스를 제공할 is_prime 함수와 함께 프로그램 10-5의 알고리즘을 정적 라이브러리에 추가한다.

프로그램 10-6 밀러-라빈 소수 판별 테스트 알고리즘의 인터페이스

```
bool is_prime(unsigned long long n, unsigned int k) {

    if (n <= 1 || n == 4) return false;
    if (n <= 3) return true;
```

```
    unsigned long long d = n - 1;
    while (d % 2 == 0) d /= 2;

    for (; k != 0; --k) {
        if (!miller_rabin_test(d, n)) return false;
    }

    return true;
}
```

마지막으로 이 유틸리티 함수를 프로그램으로 구성해야 한다. 프로그램 10-7은 main 함수의 구현을 보여준다. main 함수는 밀러-라빈 테스트를 고정된 횟수만큼 반복하고 입력값이 유력 소수인지 또는 확실히 소수가 아닌지를 알려준다. 또한 convert_command_line_args가 할당한 메모리를 해제하는 것도 처리한다.

프로그램 10-7 main 함수

```
int main(int argc, char *argv[]) {
    size_t num_args;
    unsigned long long *vals = convert_command_line_args(argc, argv, &num_args);

    if (!vals) return EXIT_FAILURE;

    for (size_t i = 0; i < num_args; ++i) {
        printf("%llu is %s.\n", vals[i],
        is_prime(vals[i], 100) ? "probably prime" : "not prime");
    }
    free(vals);

    return EXIT_SUCCESS;
}
```

main 함수는 convert_command_line_args 함수를 호출해 명령줄 인수를 unsigned long long 정수 배열로 변환한다. 이 배열의 각 인수에 대해 프로그램은 루프를 돌면서 is_prime 함수에서 구현된 밀러-라빈 소수 판별 테스트를 사용해 각 값이 유력 소수인지 또는 소수가 아닌지를 판별하는 `is_prime`을 호출한다.

이제 프로그램 논리를 구현했으므로 필요한 빌드 아티팩트build artifact를 만든다. 우리의 목표는 밀러-라빈 구현과 명령줄 응용 프로그램 드라이브를 포함하는 정적 라이브러리를 만드는 것이다.

코드 빌드하기

프로그램 10-5와 10-6의 코드를 (순서대로) 사용해 isprime.c라는 새 파일을 만들고 파일의 맨 위에 `"isprime.h"`와 `<stdlib.h>`에 대해 `#include` 지시문을 추가한다. 헤더 파일을 에워싼 큰따옴표와 대괄호는 9장에서 설명한 것처럼 전처리기에 해당 파일을 검색할 위치를 알려주는 데 중요한 역할을 한다. 다음으로 프로그램 10-8의 코드를 사용해 isprime.h 헤더 파일을 만들어 헤더 보호기가 있는 정적 라이브러리에 대한 public 인터페이스를 제공한다. 다음으로 프로그램 10-8의 코드로 isprime.h 헤더 파일을 만들어 헤더 보호기와 함께 정적 라이브러리에 대한 public 인터페이스를 제공한다.

프로그램 10-8 정적 라이브러리의 public 인터페이스

```
#ifndef PRIMETEST_IS_PRIME_H
#define PRIMETEST_IS_PRIME_H

#include <stdbool.h>

bool is_prime(unsigned long long n, unsigned k);

#endif // PRIMETEST_IS_PRIME_H
```

프로그램 10-2, 10-3, 10-4, 10-7을 순서대로 사용해 diver.c라는 새 파일을 만들고 파일의 맨 위에 `<assert.h>`, `<errno.h>`, `<limits.h>`, `<stdbool.h>`, `<stdio.h>`, `<stdlib.h>`에 대해 `#include` 지시문을 추가한다. 이 예에서는 세 개의 파일이 모두 같은 디렉터리에 있지만 실제 프로젝트에서는 특정 빌드 시스템의 규칙에 따라 파일을 다른 디렉터리에 넣

어야 할 수도 있다. 이 예의 빌드 아티팩트가 생성되는 로컬 디렉터리 bin을 만든다.

Clang을 사용하면 정적 라이브러리와 실행 가능 프로그램을 만들 수 있지만, GCC와 Clang은 모두 이 예의 명령줄 인수를 지원하므로 어떤 컴파일러를 쓰더라도 작동한다. 먼저 C 소스 파일을 모두 bin 디렉터리의 개체 파일로 컴파일한다.

```
% clang -c -std=c17 -Wall -Wextra -pedantic -Werror isprime.c -o bin/isprime.o
% clang -c -std=c17 -Wall -Wextra -pedantic -Werror driver.c -o bin/driver.o
```

위 명령을 실행하고 아래와 같은 오류가 발생하면

```
unable to open output file 'bin/isprime.o': 'No such file or directory'
```

로컬 bin 디렉터리를 만들고 명령을 다시 실행한다. -c 플래그는 실행 가능 출력executable output을 생성하기 위해 링커linker를 호출하지 않고 소스를 개체 파일로 컴파일하도록 컴파일러에 지시한다. 라이브러리를 만들려면 개체 파일이 필요하다. -o 플래그는 출력 파일의 경로 이름을 지정한다.

명령을 실행하면 bin 디렉터리에는 isprime.o와 driver.o 두 개의 개체 파일이 있어야 한다. 이 파일에는 각 변환 단위에 대한 개체 코드가 들어 있다. 두 프로그램을 함께 링크해 실행 가능 프로그램을 만들 수 있다. 그러나 여기서는 (역사적인 이유로 아카이브라고도 하는) 정적 라이브러리를 만든다. 이렇게 하려면 ar 명령을 실행해 bin 디렉터리에 정적 라이브러리 libPrimalityUtilities.a를 만든다.

```
% ar rcs bin/libPrimalityUtilities.a bin/isprime.o
```

r 옵션은 아카이브의 모든 기존 파일을 새 파일로 대체하도록 ar 명령에 지시하며 c 옵션은 아카이브를 생성하고 s 옵션은 개체-파일object-file 인덱스를 아카이브에 쓴다(ranlib 명령을 실행하는 것과 같다). 이렇게 하면 압축된 tarball이나 ZIP 파일과 비슷하게 아카이브를 생성하는 데 사용된 원본 개체 파일을 검색할 수 있도록 구조화된 단일 아카이브 파일

이 만들어진다. 관례에 따라 Linux 시스템의 정적 라이브러리 이름의 앞에는 lib가 붙고 확장자는 .a다.

이제 driver 개체 파일을 libPrimalityUtilities.a 정적 라이브러리에 링크해 실행 가능 파일 primetest를 만들 수 있다. 적절한 인수로 기본 시스템 링커(default system linker)를 `-c` 플래그를 사용하지 않고 컴파일러를 호출하거나 링커를 직접 호출해 실행 가능 파일을 만들 수 있다. 기본 시스템 링커를 사용하려면 다음과 같이 컴파일러를 호출해야 한다.

```
% clang bin/driver.o -Lbin -lPrimalityUtilities -o bin/primetest
```

`-L` 플래그는 링크할 라이브러리를 로컬 bin 디렉터리에서 찾도록 링커에게 지시하고 `-l` 플래그는 libPrimalityUtilities.a 라이브러리를 출력에 링크하도록 링커에게 지시한다. 링커가 암시적으로 lib 접두사와 .a 확장자를 추가하므로 접두사와 확장자는 명령줄 인수에 포함하지 않는다. 예를 들어, libm 수학 라이브러리를 링크하려면 링크 대상link target을 `-lm`으로 지정해야 한다. 소스 파일을 컴파일할 때와 마찬가지로 `-o` 플래그로 링크된 파일linked file의 출력을 지정한다.

이제 값이 유력 소수인지 정확히 소수가 아닌지 확인하기 위해 프로그램을 테스트할 수 있다. 프로그램 10-9와 같이 음수나 알려진 소수, 또는 소수가 아닌 합성수, 그리고 유효하지 않은 입력과 같은 경우를 테스트해본다.

프로그램 10-9 샘플 입력으로 primetest 프로그램 실행

```
% ./bin/primetest 899180
899180 is not prime

% ./bin/primetest 8675309
8675309 is probably prime

% ./bin/primetest 0
primetest num1 [num2 num3 ... numN]
```

```
Tests positive integers for primality. Supports testing numbers in the range
[2-18446744073709551615].
```

숫자 8,675,309는 소수다.

요약

10장에서는 느슨한 결합도와 높은 응집도, 데이터 추상화, 코드 재사용의 이점을 알아봤다. 또한 불투명 데이터 형식 및 링크와 같이 관련 언어 구조체도 살펴봤다. 프로젝트에서 코드를 구조화하는 방법에 대한 몇 가지 모범 사례도 배웠으며 다양한 형식의 실행 가능 구성 요소로 된 간단한 프로그램을 빌드하는 방법도 알아봤다. 11장에서는 어설션과 디버깅, 테스트, 정정 및 동적 분석을 포함해 고품질 시스템을 만들기 위한 도구와 기술을 살펴본다.

11

디버깅과 테스트, 분석

11장에서는 정적 (컴파일 타임)과 런타임 어설션, 디버깅, 테스트, 정적 분석, 동적 분석을 포함해 정확하고 효과적이며 안전하고 보안성을 제공하며 강건한 프로그램을 만드는데 필요한 도구와 기술을 설명한다. 또한 소프트웨어 개발 프로세스의 여러 단계에서 사용할 수 있는 컴파일러 플래그에 대해서도 알아본다.

어설션

어설션assertion을 사용하면 프로그램을 구현하는 동안 우리가 만든 특정 가정이 유효한지 확인할 수 있다. 어설션은 조건자predicate라고 하는 프로그램에 관한 논리 명제를 표현하는 부울 값을 갖는 함수다. C는 `static_assert`를 사용해 컴파일 타임에 검사할 수 있는 정적 어설션과 `assert`를 사용해 프로그램 실행 중에 검사하는 런타임 어설션runtime assertion을 지원한다. `assert`와 `static_assert` 매크로 모두 `<assert.h>` 헤더에 정의돼 있다.

정적 어설션

정적 어설션static assertion은 다음과 같이 static_assert를 사용해 표현할 수 있다.

```
static_assert(정수-상수-표현식, 문자열-리터럴);
```

정수 상수 식의 값이 0이 아니면 static_assert 선언은 아무런 영향도 미치지 못한다. 정수 상수 식이 0이면 컴파일러는 사용자가 지정한 문자열 리터럴 텍스트로 진단 메시지를 만든다.

정적 어설션을 사용하면 전용 구현체에 정의된 동작과 같이 컴파일 타임에 가정의 유효성을 검증할 수 있다. 구현체에 정의된 동작의 모든 변화를 컴파일 타임에 진단한다.

정적 어설션을 사용하는 세 가지 예를 살펴보자. 먼저 프로그램 11-1에서는 static_assert를 사용해 struct packed에 패딩 바이트가 부족한지 확인한다.

프로그램 11-1 static_assert를 사용해 구조체에 패딩 바이트가 부족한지 확인

```
#include <assert.h>

struct packed {
    unsigned int i;
    char *p;
};

static_assert(
    sizeof(struct packed) == sizeof(unsigned int) + sizeof(char *),
    "struct packed는 어떤 패딩도 가져서는 안 된다."
);
```

위 예에서 정적 어설션에 대한 조건자는 패킹된 구조체packed structure의 크기가 unsigned int와 char * 멤버를 결합한 크기와 같은지 검사한다. 정적 어설션은 선언이므로 파일 범위에서 구조체가 주장하는 속성이 있는 struct의 정의 바로 다음에 온다.

다음으로 프로그램 11-2의 clear_stdin 함수는 getchar 함수를 호출해 파일의 끝에 도달할 때까지 stdin에서 문자를 읽는다. 각 문자는 int로 변환된 unsigned char다. 사용

가능 모든 문자를 읽었을 때를 알기 위해 주로 do...while 루프에서 getchar 함수가 반환한 문자를 EOF와 비교한다. 이 함수 루프가 제대로 동작하려면 종료 조건이 문자와 EOF를 구별할 수 있어야 한다. 그러나 C 표준에서는 unsigned char와 int가 같은 범위를 갖는다. 즉, 일부 구현체에서 EOF에 대한 이 테스트는 위양성false positive, 즉 오탐지를 유발할 수 있으며 이 경우 do...while 루프는 조기 종료될 수 있다.

이는 비정상 조건이므로 static_assert를 사용해 do...while 루프가 유효한 문자와 EOF를 적절하게 구분하는지 확인할 수 있다.

프로그램 11-2 static_assert를 사용한 정수 크기 확인

```
#include <assert.h>
#include <stdio.h>
#include <limits.h>

void clear_stdin(void) {
    int c;

    do {
        c = getchar();
        static_assert(UCHAR_MAX < UINT_MAX, "FIO34-C violation");
    } while (c != EOF);
}
```

위 예에서 정적 어설션은 최대 unsigned char 값인 UCHAR_MAX가 최대 unsigned int 값 UNIT_MAX보다 작은지 검사한다. 정적 어설션은 이 가정이 참인지 여부에 따라 달라지는 코드 근처에 있으므로 가정을 위반하면 수정해야 할 코드를 쉽게 찾을 수 있다. 정적 어설션은 컴파일 타임에 평가되므로 실행 가능 코드 안에 배치하더라도 프로그램의 런타임 효율성runtime efficiency에는 어떠한 영향도 미치지 않는다. 이 주제에 관한 더 자세한 내용은 CERT C 규칙 FIO34-C(파일에서 읽은 문자와 EOF나 WEOF를 구분하기)를 참조한다.

마지막으로 프로그램 11-3에서는 static_assert를 사용해 컴파일 타임에 경계 검사를 수행한다. 이 코드 스니펫은 strcpy를 사용해 상수 문자열 접두사를 정적으로 할당된 배열 arr로 복사한다. 정적 어설션은 str이 strcpy를 호출한 후에 오류 코드에 대해 적어도

하나의 추가 문자를 저장할 수 있도록 충분한 공간을 갖도록 보장한다.

프로그램 11-3 static_assert를 사용한 경계 검사 수행

```
static const char prefix[] = "Error No: ";
#define ARRAYSIZE 14
char str[ARRAYSIZE];

// str에 오류 코드에 대한 하나 이상의 추가 문자열을 저장할 충분한 공간을 가졌는지 확인한다.
static_assert(
    sizeof(str) > sizeof(prefix),
    "str은 prefix보다 커야 한다."
);
strcpy(str, prefix);
```

예를 들어, 개발자가 유지 관리 중에 ARRAYSIZE를 줄이거나 접두사 문자열 "Error Nu: "을 "Error Number: "로 바꾼다면 위 가정은 유효하지 않을 수 있다. 정적 어설션을 추가하면 관리자는 이제 해당 문제에 관한 경고를 받게 된다. 문자열 리터럴은 개발자나 관리자에 대한 메시지라는 것을 기억해야 한다. 정적 어설션은 디버깅에 유용한 정보를 제공하기 위한 것이다.

런타임 어설션

assert 매크로는 런타임 진단 테스트를 프로그램에 주입한다. assert 매크로는 <assert.h> 헤더 파일에 정의돼 있으며 스칼라 식을 단일 인수로 사용한다.

```
#define assert(스칼라-표현식) /* 구현체에 정의돼 있다. */
```

assert 매크로는 구현체에 정의돼 있다. 스칼라 식이 0이면 매크로 확장은 일반적으로 (인수 텍스트와 소스 파일 __FILE__의 이름, 소스 줄 번호 __LINE__, 바깥쪽 함수enclosing function __func__을 포함한) 실패한 호출에 관한 정보를 표준 오류 스트림 stderr에 쓴다. 이 정보를 stderr에 쓴 다음 assert 매크로는 abort 함수를 호출한다.

프로그램 11-4의 dup_string 함수는 런타임 어설션을 사용해 size 인수가 LIMIT보다 작거나 같은지 그리고 str이 null 포인터가 아닌지 검사한다.

프로그램 11-4 assert를 사용한 프로그램 조건 확인

```
void *dup_string(size_t size, char *str ) {
    assert(size <= LIMIT);
    assert(str != NULL);
    // --- 생략 ---
}
```

이런 어설션의 메시지는 다음과 같은 형식일 수도 있다.

```
Assertion failed: size <= LIMIT, function dup_string, file foo.c, line 122.
Assertion failed: str != NULL, function dup_string, file foo.c, line 123.
```

암시적 가정은 호출자가 dup_string를 호출하기 전에 인수의 유효성을 검사해 유효하지 않은 인수로 해당 함수를 호출하지 않도록 하는 것이다. 그런 다음 개발과 테스트 과정에서 이 가정의 유효성을 판단하기 위해 런타임 어설션을 사용한다.

어설션의 조건자 식은 실패한 어설션 메시지로 보고되는 경우가 많으며, 이런 경우 어설션 조건의 문자열 리터럴에 &&를 사용하면 어설션이 실패할 때 추가 디버깅 정보를 보여줄 수 있다. C에서 문자열 리터럴은 null 포인터 값을 가질 수 없으므로 이렇게 하는 것이 항상 안전한 방법이다. 예를 들어, 프로그램 11-5에서는 프로그램 11-4와 같은 기능을 제공하면서도 어설션이 실패하면 추가 문맥을 제공하도록 어설션을 다시 작성했다.

프로그램 11-5 assert를 사용한 추가 문맥 정보 제공

```
void *dup_string(size_t size, char *str ) {
    assert(size <= LIMIT && "size is larger than the expected limit");
    Debugging, Testing, and Analysis 203
    assert(str != NULL && "the caller must ensure str is not null");
    // --- 셍략 ---
}
```

(일반적으로 컴파일러에 전달하는 플래그인) NDEBUG 매크로를 정의해 코드를 배포하기 전에 어설션의 기능을 비활성화해야 한다. 소스 파일에서 <assert.h>를 포함하는 곳에 NDEBUG를 매크로 이름으로 정의하면 assert 매크로는 다음과 같이 정의할 수 있다.

```
#define assert(ignore) ((void) 0)
```

매크로가 비어 있으면 코드는 다음과 같이 디버그 모드가 아니라 릴리스 모드로 컴파일되므로 매크로는 비어 있지 않도록 확장된다.

```
assert(thing1) // 세미콜론이 빠져있다.
assert(thing2);
```

0이 아니라 ((void) 0)으로 확장되는 이유는 효과가 없는 문에 관한 경고를 방지하기 위한 것이다. <assert.h>가 포함될 때마다 assert 매크로는 NDEBUG의 현재 상태에 따라 재정의된다.

정적 어설션을 사용하면 컴파일 타임에 확인할 수 있는 가정을 검사할 수 있으며 런타임 어설션을 사용하면 테스트 중에 유효하지 않은 가정을 감지할 수 있다. 일반적으로 런타임 어설션은 배포 전에 비활성화되므로 다음과 같이 정상적인 연산 중에 발생할 수 있는 조건을 확인하기 위해 런타임 어설션을 사용하면 안 된다.

- 잘못된 입력
- 스트림을 열거나 읽거나 쓰면서 발생하는 오류
- 동적 할당 함수에서 메모리 부족 상태
- 시스템 호출 오류
- 잘못된 권한

대신 위와 같은 조건을 검사하는 기능은 실행 파일에 항상 포함되는 일반 오류 검사 코드로 구현해야 한다. 어설션은 코드에 설계된 전제 조건precondition과 사후 조건post-condition, 불변추정량invariant의 유효성(프로그래밍 오류)을 검증하는 데에만 사용해야 한다.

컴파일러 설정 및 플래그

컴파일러는 기본적으로 최적화나 보안 강화를 활성화enable하지 않는다. 대신 빌드 플래그를 사용해 최적화와 오류 탐지, 보안 강화를 활성화할 수 있다(Weimer 2018). 먼저 GCC와 Clang 및 Visual C++에서 플래그 사용법과 그 이유를 설명하고 다음 절에서 사용할 수 있는 특정 플래그를 소개한다.

먼저 원하는 목표에 따라 빌드 플래그를 선택해야 한다. 소프트웨어의 개발 단계에 따라 다른 빌드 플래그를 사용해야 한다.

분석 프로그램을 분석하는 동안 코드를 컴파일해야 할 수 있다. 이 단계에서 많은 진단을 다루는 것이 지루해 보일 수 있지만 코드를 배포한 다음에 이런 문제가 발견되는 것보다 디버깅과 테스트를 통해 이런 문제를 발견하는 것이 훨씬 낫다. 분석 과정에서 가능한 한 많은 결함을 제거할 수 있도록 진단을 최대화하는 컴파일러 옵션을 사용해야 한다.

디버깅 디버깅하는 동안 일반적으로 코드가 작동하지 않는 이유를 파악하므로 디버그 정보를 포함하는 컴파일러 플래그 집합을 사용하고, 어설션을 유용하게 사용해야 하며, 오류 감지를 위한 런타임 계측instrumentation을 주입하고, 불가피한 편집edit-컴파일-디버깅 주기 처리 시간을 줄일 수 있도록 해야 한다.

테스트 테스트하는 동안 크래시crash에 관한 좋은 스택 추적stack trace을 얻고 어설션을 활성화할 수 있도록 기호 이름symbol name을 제외한 디버그 정보를 비활성화할 수 있다. 또한 최적화된 빌드 테스트를 시작할 수도 있다. 이런 설정을 제품의 베타 버전에 적용해 베타 테스트하는 동안 발견된 결함을 분리할isolate 수도 있다.

테스트/배포 허용 마지막 단계는 운영 환경에 배포하기 위한 코드를 빌드하는 것이다. 시스템에 배포하기 전에는 여러 컴파일 플래그 집합을 사용하면 최적화된 코드 실행으로 인한 타이밍 효과timing effect 결과처럼 새로운 결함이 발생할 수도 있어 빌드 구성build configuration을 적절하게 테스트해야 한다.

이제 컴파일러 및 소프트웨어 개발 단계에서 사용할 수 있는 플래그를 소개한다.

GCC 및 Clang

표 11-1은 GCC와 Clang 모두에 사용할 수 있는 권장 컴파일러와 링커 목록과 두 컴파일러 간의 차이점을 보여준다. GCC 매뉴얼[1]과 Clang 컴파일러 사용자 매뉴얼[2]에서 컴파일러 플래그에 관한 문서를 확인할 수 있다.

표 11-1 GCC 및 Clang에 사용할 수 있는 권장 컴파일러 및 링커 플래그

플래그	목적
`-D_FORTIFY_SOURCE=2`	런타임 버퍼 오버플로우 감지
`-fpie -Wl,-pie`	실행 파일에 전체 ASLR을 활성화하는 데 필요
`-fpic -shared`	공유 라이브러리에 대한 텍스트 재배치 비활성화
`-g3`	풍부한 디버깅 정보 생성
`-O2`	속도/공간 효율성을 위해 코드 최적화
`-Wall`	권장 컴파일러 경고 켬
`-Werror`	경고를 오류로 변환
`-std=c17`	언어 표준 지정
`-pedantic`	엄격한 표준 준수에 따른 경고 발행

-O 최적화

대문자 `-O` 플래그는 컴파일러 최적화compiler optimization를 제어한다. 대부분의 최적화는 `-O0`로 비활성화되거나, `-O` 옵션 뒤에 수준level이 명령줄에서 설정되지 않아 비활성화된다. 최적화가 비활성화되면 컴파일러는 컴파일 속도를 높이고 디버깅을 단순화하려고 시도한다. `-Og` 수준은 최적화 패스optimization pass를 억제해 디버깅을 위한 코드를 최적화하므로 디버깅 가능 코드를 생성하기 위한 `-O0`보다 더 좋은 선택이다.

응용 프로그램을 배포하거나 인수 테스트를 하기 위해 응용 프로그램을 제출할 준비를 마치면 코드를 최적화해야 한다. 최적화를 설정하면 컴파일 시간과 프로그램 디버깅

1 https://gcc.gnu.org/onlinedocs/gcc/Invoking-GCC.html

2 https://clang.llvm.org/docs/UsersManual.html#command-line-options

기능을 희생해 성능이나 코드 크기를 개선하도록 컴파일러에 지시할 수 있다. -O2 수준은 공간과 속도의 균형을 포함하지 않는 거의 모든 최적화를 수행해 일반적으로 제품 수준production-level의 코드에 권장된다. FORTIFY_SOURCE에서도 -O2 수준 이상이 필요하다. 또한 결과 실행 파일의 속도를 높일 수 있지만 결과 실행 파일의 크기도 늘릴 수 있는 -O3 최적화 수준도 있다.

(예를 들어, 분석 단계 중에) 코드를 처음 컴파일할 때 GCC로 빌드할 때 최적화된 빌드에 대해서만 수행되는 진단을 활성화하기 위해 -O2 플래그를 사용할 수 있다. 삽입된 런타임 계측이 오탐지를 유발할 수 있으므로 분석 중에는 (336쪽의 "AddressSanitizer"에서 설명할) 삭제sanitization를 활성화하지 않는다.

-O1 수준은 빌드 시간을 크게 늘리지 않는 빠른 최적화를 수행하므로 테스트에 유용할 수 있다.

-glevel 디버깅

-glevel 플래그는 운영 체제의 기본 형식으로 디버깅 정보를 생성한다. 디버깅 수준을 설정해 생성되는 정보의 양을 지정할 수 있다. 기본 수준은 -g2다. 수준 3(-g3)에는 프로그램에 존재하는 모든 매크로 정의와 같은 추가 정보가 포함된다. 또한 수준 3을 사용하면 기능을 지원하는 디버거에서 매크로를 확장할 수 있다.

-Wall 경고

-Wall 플래그는 유용한 경고 플래그 집합을 활성화하지만 모든 경고 플래그를 활성화하지는 않는다. 또한 -Wextra를 지정하면 -Wall로 활성화되지 않는 추가 경고를 활성화할 수 있다.

-Werror 오류

-Werror 플래그는 모든 경고를 오류로 변환하므로 디버깅을 시작하기 전에 경고 처리가 필요하다. 이 플래그는 단순히 좋은 프로그래밍 규칙을 장려한다.

-std= 플래그 언어 표준

`-std=` 플래그를 사용해 언어 표준을 `c89`나 `c90`, `c99`, `c11`, `c17`, 또는 `c2x`로 지정할 수 있다. GCC에서는 C 언어 방언dialect 옵션이 없으면 기본값은 `-std=gnu17`이며 드물게 C 표준과 충돌하는 C 언어에 대한 일부 확장을 제공한다. Clang에서의 기본값은 `-std=gnu11`이다. 이식성을 위해 사용하고 있는 표준을 지정해야 한다. 새 언어 기능feature을 사용하려면 최신 표준을 지정해야 한다. (2020년 기준으로) 좋은 선택은 `-std=c17`이다.

-pedantic 경고

`-pedantic` 플래그는 코드가 엄격한 표준규칙 준수를 따르지 않을 때 경고를 발생한다. 이 플래그는 일반적으로 코드의 이식성을 개선하기 위해 `-std=` 플래그와 함께 사용된다.

-D_FORTIFY_SOURCE=2 버퍼 오버플로우 감지

`_FORTIFY_SOURCE` 매크로는 메모리와 문자열에 대한 연산을 수행하는 함수에서 버퍼 오버플로우를 감지할 수 있도록 간단한 지원을 제공한다. 모든 유형의 버퍼 오버플로우를 이 매크로로 감지할 수 있는 것은 아니지만, 소스를 `-D_FORTIFY_SOURCE=2`로 컴파일하면 메모리를 복사하는 함수와 `memcpy`, `memset`, `strcpy`, `strcat`, `sprintf`와 같이 버퍼 오버플로우의 잠재적인 소스인 함수에 대한 추가 수준의 유효성 검사를 제공한다. 일부 검사는 컴파일 타임에 수행해 진단 결과를 얻을 수 있다. 다른 검사는 런타임에 수행돼 런타임 오류를 발생할 수 있다.

-fpie -Wl, -pie 및 -fpic -shared 위치 독립성

주소 공간 레이아웃 임의화ASLR, Address Space Layout Randomization는 공격자가 실행하려는 코드를 찾지 못하도록 프로세스의 메모리 공간을 임의화하는 보안 메커니즘이다. C와 C++의 시큐어 코딩Secure Coding in C and C++에서 ASLR과 다른 보안 완화mitigation에 관해 더 알아볼 수 있다(Seacord 2013).

-fpie -Wl, -pie 플래그를 지정해 위치 독립적인position-independent 실행 가능 파일을 만들어야 기본main 프로그램(실행 가능)에 대해 ASLR을 활성화할 수 있다. 그러나 코드를 이런 옵션으로 기본 프로그램을 만들면 위치 독립적이지만, 기본 프로그램은 공유 라이브러리(동적 공유 개체)에서 사용할 수 없는 일부 재배치relocation를 사용한다. 이를 위해 -fpic을 사용하고 -shared로 링크하면 위치 독립적인 공유 라이브러리를 지원하는 아키텍처에서 텍스트 재배치를 막을 수 있다. 동적 공유 개체는 항상 위치 독립적이므로 ASLR을 지원한다.

Visual C++

Visual C++은 GCC와 Clang에서 사용할 수 있는 옵션과 비슷한 많은 컴파일러 옵션을 제공한다.[3] 한 가지 분명한 차이점은 Visual C++에서 일반적으로 플래그를 나타내기 위해서 하이픈 또는 빼기 문자 -를 사용하지 않고 대신 순방향 슬래시 / 문자를 사용한다는 것이다. 표 11-2에 Visual C++에서 사용할 수 있는 권장 컴파일러와 링커 플래그를 나열했다.

표 11-2 Visual C ++에 사용할 수 있는 권장 컴파일러 플래그

플래그	목적
/guard:cf	제어 흐름 보호 보안 검사 추가
/analyze	정적 분석 활성화
/sdl	보안 기능 활성화
/permissive-	컴파일러에 표준 준수 모두 지정
/O2	수준 2로 최적화 설정
/W4	컴파일러 경고를 수준 4로 설정
/WX	경고를 오류로 변환

3 컴파일러 옵션에 관한 자세한 정보는 https://docs.microsoft.com/ko-kr/cpp/build/reference/compiler-options-listed-by-category?view=msvc-170에서 확인할 수 있다.

이런 옵션 중 일부는 GCC와 Clang 컴파일러가 지원하는 옵션과 비슷하다. `/O2`는 배포할 코드를 위한 좋은 최적화 수준이지만, `/Od`는 최적화를 비활성화해 컴파일 속도를 높이고 디버깅을 단순화한다. `/W4`는 특히 새 코드를 위한 좋은 경고 수준으로 GCC와 Clang의 `-Wall`과 거의 같다. Visual C++의 `/Wall`은 너무 많은 오탐지를 발생하므로 권장하지 않는다. `/WX`는 경고를 오류로 변환하며 GCC와 Clang의 `-Werror` 플래그와 같다. 나머지 플래그는 다음 절에서 더 자세히 설명한다.

/guard:cf 보안 검사

제어 흐름 보호CFG, Control Flow Guard 옵션을 지정하면 컴파일러와 링커는 코드를 침해하려는 시도를 감지하는 추가 런타임 보안 검사security check를 삽입한다. `/guard:cf` 옵션은 반드시 컴파일러와 링커 모두에 전달돼야 한다.

/analyze 정적 분석

`/analyze` 플래그는 코드의 가능한 결함에 관한 정보를 제공하는 정적 분석을 활성화한다. 정적 분석에 관해서는 332쪽의 "정적 분석"에서 자세히 설명한다.

/sdl 보안 기능

`/sdl` 플래그는 추가 보안 관련 경고를 오류로 처리를 포함하는 추가 보안 기능과 추가 시큐어 코드 생성 기능을 활성화한다. 또한 이 플래그는 Microsoft의 보안 개발 수명 주기SDL, Security Development Lifecycle의 다른 보안 기능을 활성화한다. 보안이 중요한 곳에서는 모든 제품을 빌드할 때 `/sdl` 플래그를 사용해야 한다.

/permissive- 표준 준수

`/permissive-`를 사용해 코드의 표준 준수 문제를 식별하고 해결해 코드의 정확성과 이식성을 개선할 수 있다. 이 옵션은 허용 동작permissive behavior을 비활성화하고 엄격한 표준 준

수를 위해 /Zc 컴파일러 옵션을 설정한다. IDE에서 이 옵션은 표준을 준수하지 않은 코드에 밑줄을 긋는다.

디버깅

필자는 37년 동안 전문적으로 프로그래밍하고 있다. 이 기간에 첫 번째 시도에서 정확하게 컴파일되고 실행되는 프로그램을 작성한 적은 한두 번 정도밖에 되지 않는다. 거의 모든 경우 디버깅해야 했다.

결함이 있는 프로그램을 디버깅해보자. 프로그램 11-6의 프로그램은 print_error 함수를 테스트하지만 결과가 예상과 다르게 나온다.

프로그램 11-6 오류 인쇄

```
#define __STDC_WANT_LIB_EXT1__ 1
#include <stdio.h>
#include <string.h>
#include <stdlib.h>
#include <errno.h>
#include <malloc.h>

errno_t print_error(errno_t errnum) {
    rsize_t size = strerrorlen_s(errnum);
    char* msg = malloc(size);

 ❶ if ((msg != NULL) && (strerror_s(msg, size, errnum) != 0)) {
        fputs(msg, stderr);
        return 0;
    }
    else {
     ❷ fputs("알 수 없는 에러", stderr);
        return ENOMEM;
    }
}

int main(void) {
```

```
    print_error(ENOMEM);
    exit(1);
}
```

위 프로그램을 Visual C+에서 실행하면 다음을 출력한다.

```
알 수 없는 에러
```

위 결과는 이 테스트의 예상된 결과가 아니다. ENOMEM 매크로는 "out of memory(메모리 부족)"와 비슷한 문자열을 생성해야 한다. 문자열 "알 수 없는 에러"를 출력한다는 것은 아마도 malloc이나 strerror_s에 대한 호출이 실패했을 때 발생하는 else 절❷이 fputs를 호출한다는 것을 의미한다. 또한 "알 수 없는 에러"는 strerror_s에 대한 호출이 반환하는 실제 문자열일 가능성도 약간 있다. ❷에서 문자열 출력을 "bananarama"와 같은 다른 문자열로 변경하고 테스트를 다시 해 이 잠재성을 테스트할 수 있다. 다시 컴파일하고 테스트를 재실행하면 다음과 같은 출력을 볼 수 있다.

```
bananarama
```

위 결과는 else 문이 실행되고 있다는 결정적인 증거로 볼 수 있다. 이는 ❶에서의 테스트 결과가 거짓이므로 else 문이 실행된다는 것을 의미한다. 이것이 사실인지 테스트해봐야 한다.

초보 프로그래머는 코드 전체에 print 문을 삽입해 모든 것을 디버깅하려는 경향이 강하지만 디버거를 사용하는 것이 더 생산적이다. Visual C++에서는 디버그(D) 메뉴에서 디버깅 시작(S)을 선택하면 디버거를 시작할 수 있다. 디버깅을 시작하기 전에 중단점[breakpoint]을 설정해야 한다. 이 중단점은 디버거가 실행을 일시적으로 중단하고 프로그램의 상태를 검사할 수 있는 프로그램의 실행 지점을 표시한다. Visual C++에서 중단하려는 줄 번호의 왼쪽(예: if 문 앞의 ❶)을 클릭하면 중단점을 설정할 수 있다.

여기에 중단점을 설정한 다음 디버깅을 시작한다. 디버거는 if 문을 실행하기 전에 중단해야 한다. 계속하기 전에 로컬 변수와 자동 변수의 값을 살펴보고 프로그램의 상태를 검사하는 것이 좋다. 특히 malloc에 대한 호출이 성공했는지 확인하기 위해 msg의 값을 검사한다. 이 값은 반드시 자동 변수를 표시하는 Autos 탭이나 로컬 변수를 표시하는 Locals 탭에 표시돼야 한다. 두 경우 모두 표 11-3과 같은 내용을 볼 수 있어야 한다.

표 11-3 Autos 탭에 표시되는 자동 변수의 값

이름	값	형식
errnum	12	int
msg	0x00a56120 "IIIIIIIIIIIIIIIyyyy\bP¥"	char *
size	16	unsigned int

이 탭에서 3개의 자동 변수 errnum, msg, size의 값과 형식을 확인할 수 있다. msg에는 초기화되지 않은 메모리를 가리키는 유효한 주소가 있다. 이 시점에서 모든 변수는 합당한 값을 갖는다.

다음으로 할 수 있는 일은 단일 단계single step나 현재의 코드 줄 전체를 실행하는 것이다. Visual C++에는 한 단계씩 코드 실행, 프로시저 단위 실행, 프로시저 나가기 등 세 종류의 단일 단계 실행이 있다.

한 단계씩 코드 실행Step Into은 호출되는 모든 함수의 첫 번째 줄까지 프로그램의 실행을 진행한다. 이 옵션은 사용할 수 있는 소스 코드가 있는 한 각 함수 호출까지 계속 내려간다. 프로시저 단위 실행Step Over은 현재 실행 중인 함수의 다음 줄까지 계속한다. 프로시저 나가기Step Out는 현재 실행 중인 함수를 빠져나갈 때까지 계속 실행한다.

여기서는 다음 실행될 문을 확인하기 위해 프로시저 단위 실행을 선택한다. 제어는 ❶의 else 문에서 fputs 호출까지 계속되지만, 아직 그 이유는 명확하지 않다. 한 가지 가능한 가설은 strerror_s에 대한 호출이 어떤 이유로 실패하고 있으므로 이 오류를 잡아보도록 한다.

Visual C++에서 함수의 반환 값을 확인할 수 있지만, 대신 프로그램 11-7과 같이 자동 변수 status에 strerror_s의 반환 값을 저장하는 print_error 함수를 일시적으로 재작성한다. 이제 이 변수에 저장된 값을 쉽게 검사할 수 있다.

프로그램 11-7 재작성한 print_error 함수

```
errno_t print_error(errno_t errnum) {
    rsize_t size = strerrorlen_s(errnum);
    char* msg = malloc(size);

 ❶ if (msg != NULL) {
        errno_t status = strerror_s(msg, size, errnum);

        if (status != 0) {
            fputs(msg, stderr);
            return ENOMEM;
        }
    }
    else {
        fputs("알 수 없는 에러", stderr);
        return ENOMEM;
    }
}
```

테스트에서 status != 0 ❶에 중단점을 설정하고 디버거에서 자동 변수 status의 값을 검사해 어떤 오류가 발생했는지 확인한다. status의 값이 어떤 오류도 발생하지 않았음을 나타내는 값 0이므로 strerror_s가 실패하는 문제를 배제할 수 있다.

이제 status의 값이 0이라는 것을 알았으므로 ❶에서의 테스트가 반전돼 있고, strerror_s에 대한 호출이 실패가 아니라 성공했을 때 오류 메시지를 인쇄하도록 명확히 해야 한다. 다음과 같이 status가 0인지 테스트하는 것으로 이 결함을 수정할 수 있다.

```
        if (status != 0) {
```

이제 버그를 수정해 자신감을 회복했을 가능성이 커졌으므로 이 프로그램을 다시 실행한다.

```
Not enough spac
```

이제 올바른 분기를 사용해 올바른 오류 메시지를 가져오는 것으로 보이지만, 오류 메시지가 잘린 것처럼 보인다. 즉, 아직 결함이 있다는 것이다. 이런 경우 필자는 문서를 읽어야 할 만큼 절박해진다. C 표준의 K.3.7.4.2 절("strerror_s 함수")은 다음과 같이 기술하고 있다.

> 원하는 문자열의 길이가 maxsize보다 작으면 문자열은 s가 가리키는 배열로 복사된다. 그렇지 않고 maxsize가 0보다 크면 maxsize-1개의 문자가 문자열에서 s가 가리키는 배열로 복사되고 s[maxsize-1]은 null 문자로 설정된다. 그런 다음, maxsize가 3보다 크면 s[maxsize-2], s[maxsize-3], s[maxsize-4]는 마침표 문자 .로 설정된다.

이제 상황이 원래 믿었던 것보다 더 나쁘다는 것을 알게 됐다(보통 이렇다). 경계 검사 인터페이스는 일반적으로 문자열을 제대로 복사하지 않으면 실패하므로 print_error 함수는 문자열을 사용할 수 있는 스토리지로 완전하게 복사할 수 없다면 strerror_s 함수가 실패한다고 가정하지만, 이 경우는 분명히 그렇지 않다. 그러나 표준에서 요구하는 대로 문자열의 끝을 "..."으로 설정하는 문서화된 동작documented behavior도 볼 수 없다. 그렇다고 하면 다음과 같은 결과를 얻었을 것이다.

```
Not enough s...
```

strerror_s 함수의 사양을 확인해보면 이 함수가 전체 메시지 문자열에서 (null 문자를 포함하지 않은) 문자의 개수를 반환한다는 것을 알 수 있다. 이 설명은 의미가 있으며 strlen 함수의 동작과 일치한다. 따라서 다음과 같이 size에 한 바이트를 추가하면 문제를 해결할 수 있다.

```
rsize_t size = strerrorlen_s(errnum) + 1;
```

다시 한번 더 자신감을 갖고 프로그램을 실행해보자.

```
Not enough space
```

이제 전체 오류 메시지를 성공적으로 출력했으므로 우리의 자신감을 정당화할 수 있다. 그러나 이 버전의 print_error 함수의 결함은 그대로 남아있다. 나중에 다시 살펴보겠지만 오류를 찾을 수 있는지 살펴보기를 바란다.

print_error 함수를 성공적으로 디버깅하면 코드를 더 간결한 표현의 수정된 버전으로 복원하거나 그대로 둘 수 있다. 코드를 다시 수정하면 프로그램이 제대로 작동하는지 다시 테스트해야 한다. 또한 개발자에게 구현의 결함을 보고할 시간을 갖도록 해야 한다.

단위 테스트

이제 "작동하는" print_error 함수 구현이 있으므로 몇 가지 단위 테스트를 수행해 함수가 작동한다는 우리의 가정을 확인해야 한다. 단위 테스트unit test는 코드를 실행하는 작은 프로그램이다. 단위 테스트unit test는 소프트웨어의 각 단위가 설계된 대로 수행되는지 확인하는 과정이다. 단위unit는 모든 소프트웨어에서 테스트할 수 있는 가장 작은 부분이다. C에서 단위는 일반적으로 개별 함수나 데이터 추상화다.

(프로그램 11-7과 같이) 일반 응용 프로그램 코드와 유사한 간단한 테스트 프로그램을 작성할 수 있지만, 일반적으로 단위 테스트 프레임워크unit-testing framework를 사용하는 것이 좋다. Google Test와 CUnit, Unity, DejaGnu, CppUnit을 비롯해 다양한 단위 테스트 프레임워크를 사용할 수 있다. (JetBrains의 C 개발 생태계에 관한 가장 최근 설문조사를 기반으로) 가장 인기 있는 Google Test를 알아보자.

Google Test는 Linux와 Windows, 맥OS에서 작동한다. 테스트는 C++로 작성되므로 테스트 목적으로 다른 (관련) 프로그래밍 언어를 배우게 된다. Google Test에서 테스트할 코드의 동작을 검증하는 어설션을 작성해야 한다. 함수 같은 매크로인 Google Test 어설션은 실제 테스트 언어다. 테스트가 크래시하거나 어설션이 실패하면 테스트는 실패한다. 그렇지 않으면 테스트는 성공한다. 어설션 결과는 성공, 치명적이지 않은 실패nonfatal failure,

또는 치명적인 실패fatal failure가 될 수 있다. 치명적인 실패가 발생하면 현재 함수가 중단된다. 그렇지 않으면 프로그램은 정상적으로 계속 동작한다.

Google Test는 C++ 워크로드workload가 있는 데스크톱 개발의 기본 구성 요소로[4] Visual Studio 2017 IDE 이후의 버전에 통합됐다.[5]

Visual Studio에서 Google Test를 사용해 프로그램 11-8의 get_error 함수를 테스트해보자. 이 함수는 print_error 함수와 비슷하지만 인수로 전달된 오류 번호에 해당하는 오류 메시지 문자열을 인쇄하지 않고 단순히 반환만 한다.

프로그램 11-8 get_error 함수

```
char *get_error(errno_t errnum) {
    rsize_t size = strerrorlen_s(errnum) + 1;
    char* msg = malloc(size);

    if (msg != NULL) {
        errno_t status = strerror_s(msg, size, errnum);

        if (status != 0) {
            strncpy_s(msg, size, "unknown error", size-1);
        }
    }

    return msg;
}
```

프로그램 11-9는 get_error 함수를 위한 테스트를 보여준다. C++ 코드 대부분은 상용구boilerplate로 정의된 테스트를 실행하는 함수 같은 매크로 RUN_ALL_TESTS를 호출하는 main 함수를 포함해 수정 없이 복사할 수 있다.

4 workload는 주어진 기간에 시스템에 의해 실행돼야 할 작업의 할당량을 의미한다. - 옮긴이

5 Visual C++에서 Googl Test 프로젝트를 추가하고 구성하는 방법은 https://docs.microsoft.com/ko-kr/visualstudio/test/how-to-use-google-test-for-cpp?view=vs-2022에서 확인할 수 있다.

프로그램 11-9 get_error 함수에 대한 단위 테스트

```
#include "pch.h"

❶ extern "C" char* get_error(errno_t errnum); // C 소스 파일로 구현

namespace {
 ❷ TEST(MyTestSuite, MsgTestCase) {
        EXPECT_STREQ(get_error(ENOMEM), "공간이 부족합니다.");
        EXPECT_STREQ(get_error(ENOTSOCK), "소켓이 아닙니다.");
        EXPECT_STREQ(get_error(EPIPE), "파이프가 깨졌습니다.");
    }
} // 이름 공간

int main(int argc, char** argv) {
    ::testing::InitGoogleTest(&argc, argv);
    return RUN_ALL_TESTS();
}
```

상용구가 아닌 두 부분은 extern "C" 선언❶과 테스트 ❷다. extern "C" 선언은 C++ 컴파일러 링커가 함수 이름을 망치지 않도록 링크 요구 사항linkage requirement을 변경한다. 테스트 중인 각 함수에 대해 비슷한 선언을 추가하거나 다음 예와 같이 extern "C" 블록 안에 C 헤더 파일을 간단히 포함할 수 있다.

```
extern "C" {
    #include "api_to_test.h"
}
```

이 경우 테스트는 특정 테스트 사례를 정의하고 두 개의 인수를 받는 TEST 매크로를 사용한다. TEST 매크로의 첫 번째 인수는 특정 테스트 주기에서 실행될 테스트 사례 집합인 테스트 도구 모음test suite의 이름이다. 두 번째 인수는 테스트 조건을 기반으로 개발된 전제 조건과 입력, 동작action(해당하는 경우), 예상 결과, 사후 조건의 집합인 테스트 사례test case의 이름이다. 자세한 정의는 국제 소프트웨어 테스팅 자격 협회ISTQB, International Software Testing Qualifications Board의 용어 사전(https://glossary.istqb.org/)을 참고한다.

함수 본문에 추가할 모든 추가 C++ 문과 함께 모든 Google Test 어설션을 삽입한다. 프로그램 11-9에서 EXPECT_STREQ 어설션을 사용해 두 문자열이 내용이 같은지 확인한다. 함수가 각 오류 번호에 해당하는 올바른 문자열을 반환하는지 확인하기 위해 여러 오류 번호에 어설션을 사용했다. EXPECT_STREQ 어설션은 이 특정 어설션이 실패하더라도 테스트를 계속하므로 치명적이지 않은 어설션이다. 이 어설션은 단일 실행-수정-컴파일 주기에서 여러 버그를 감지하고 수정할 수 있어 일반적으로 치명적인 어설션보다 많이 사용된다. (예를 들어, 후속 연산이 이전 결과에 의존하므로) 초기 실패 후에 테스트를 계속할 수 없다면 치명적인 어설션 ASSERT_STREQ를 사용할 수 있다.

테스트 사례는 <errno.h>의 몇 가지 오류 번호를 테스트한다. 얼마나 많이 테스트를 해야 하는지는 달성하고자 하는 것에 달려 있다. 이상적으로 테스트는 포괄적이어야 한다. 즉, <errno.h>에 있는 모든 테스트 번호에 대한 어설션을 추가해야 한다. 그러나 이렇게 하는 것은 지루한 작업이 될 수 있다. 코드가 작동하고 있다는 것을 확인하고 나면 사용하고 있는 기본 C 표준 라이브러리 함수가 제대로 구현됐는지를 테스트하는 것이 대부분이다. 대신 검색할 가능성이 있는 오류 번호를 테스트할 수 있지만, 프로그램에서 호출되는 모든 함수와 함수가 반환할 수 있는 오류 코드를 식별해야 하므로 이 또한 다시 지루한 작업이 될 수 있다.

프로그램 11-9에서는 목록의 다른 위에서 무작위로 선택한 몇 개의 오류 번호를 확인하는 임의 추출 조사spot check를 구현하기로 했다. 이 테스트 실행 결과는 프로그램 11-10과 같다.

프로그램 11-10 MyTestSuite.MsgTestCase 테스트 결과

```
.\crash-test.exe
[==========] Running 1 test from 1 test case.
[----------] Global test environment setup.
[----------] 1 test from MyTestSuite
[ RUN ] MyTestSuite.MsgTestCase
crash-test\TestMain.cpp(39): error: Expected equality of these values:
  get_error(128)
❶ Which is: "알 수 없는 에러"
```

```
❷ "소켓이 아닙니다."
[ FAILED ] MyTestSuite.MsgTestCase (5 ms)
[----------] 1 test from MyTestSuite (10 ms total)

[----------] Global test environment tear-down
[==========] 1 test from 1 test case ran. (31 ms total)
[ PASSED ] 0 tests.
[ FAILED ] 1 test, listed below:
[ FAILED ] MyTestSuite.MsgTestCase

1 FAILED TEST
```

다소 놀랍게도(적어도 필자는 놀랐다) 두 개의 어설션을 통과했지만, strerror_s가 "Not a socket" ❷ 대신 "Unknown error" ❶를 반환해 get_error(ENOTSOCK) 호출이 실패했다.

의무적 결함 보고서를 제출하고 나면 이 문제를 어떻게 해결할 것인지에 관한 문제가 남는다. 첫 번째 솔루션은 그냥 괜찮다는 것이다. 즉, 이 errno가 반환되면 사용자는 더 유용한 어떤 메시지 대신 모호한 "알 수 없는 에러" 메시지를 보게 된다는 것을 의미한다. 이대로 괜찮다면 예상 결과를 "알 수 없는 에러"로 변경하거나 테스트 사례를 그대로 두고 실패한 테스트 사례로 응용 프로그램을 배포해야 할 수도 있다. 어떤 경우든 라이브러리 구현자가 보고된 결함을 결국 수정할 것인지를 확인할 수 있어야 한다.

모호한 오류 메시지가 괜찮지 않다면 빠진 오류 메시지를 제공하는 strerror_s 함수에 대한 래퍼wrapper 메서드를 제공할 수도 있다. 이렇게 하려면 수정해야 할 모든 사례를 식별하기 위해 get_error와 strerror_s 함수에 대한 포괄적 테스트를 수행하는 것이 좋다.

정적 분석

정적 분석static analysis은 가능한 소프트웨어 결함에 관한 정보를 제공하기 위해 코드를 실행하지 않고 코드를 평가하는 모든 과정을 포함한다(ISO/IEC TS 17961:2013). 정적 분석은 수동으로 수행할 수 있지만 프로그램의 복잡도가 증가함에 따라 수동 분석은 거의 불가능하다. 대신 정적 분석 도구를 사용할 수 있다.

소프트웨어의 정확도를 계산적으로 결정할 수 없으므로 정적 분석은 실제로 한계가 있다. 예를 들어, 컴퓨터 과학의 정지 정리halting theorem에 따르면 정확한 제어 흐름을 정적으로 결정할 수 없는 프로그램이 존재한다. 결과적으로 일부 프로그램에서는 정지와 같이 제어 흐름에 종속적인 모든 속성을 결정할 수 없다. 결과적으로 정적 분석은 결함을 보고하지 못하거나 존재하지 않는 결함을 보고할 수도 있게 된다.

코드의 실제 결함을 보고하지 못하는 것을 위음성false negative 또는 미탐지라고 한다. 미탐지는 잘못된 보안 관련 안정감을 갖게 할 수 있어 심각한 분석 오류가 된다. 도구 대부분은 주의를 기울이지 않아 결과적으로 위양성을 생성한다. 위양성false positive 또는 오탐지는 결함이 있다고 잘못 알려주는 테스트 결과다. 도구는 일부 고위험 결함을 보고할 수 있으며 사용자를 오탐지로 당황하게 만들지 않으려는 의도하지 않은 결과로 다른 결함을 놓칠 수도 있다. 코드가 너무 복잡해 완벽한 분석을 수행할 수 없는 경우에도 오탐지가 발생할 수 있다. 함수 포인터와 라이브러리를 사용하면 오탐지가 더 많이 발생할 수 있다.

이상적으로 도구는 분석에서 완전성completeness과 건전성soundness을 제공해야 한다. 분석기가 미탐지 결과를 제공하지 않는다면 건전한sound 것으로 간주한다. 분석기가 오탐지를 발생하지 않으면 완벽한complete 것으로 간주한다. 주어진 규칙에 관한 가능성을 그림 11-1에 나타냈다.

		위양성	
		예	아니오
위음성	예	불완전 및 불건전	완전 및 불건전
	아니오	불완전 및 건전	완전 및 건전

그림 11-1 완전성과 건전성

컴파일 프로세스는 제한된 양의 정적 분석을 수행해 많은 추론이 필요하지 않은 코드에서의 고도로 지역화된 문제에 관한 진단을 제공한다. 예를 들어, 부호가 있는 값을 부호가 없는 값과 비교할 때 컴파일러는 오류 식별에 관한 추가 정보가 필요하지 않으므로 형식 불일치에 관해 진단할 수 있다. Visual C++의 경우 `/W4`, GCC 및 Clang의 경우 `-Wall`와 같이 앞에서 설명한 플래그는 우리가 볼 수 있는 컴파일러 출력을 제어한다.

일반적으로 컴파일러는 고품질의 진단을 제공하므로 진단을 무시해서는 안 된다. 경고가 사라질 때까지 형식 캐스트를 추가하거나 코드를 임의로 변경해 경고가 나타나지 않도록 하는 것이 아니라 항상 경고의 이유를 이해하고 오류를 제거하기 위해 코드를 다시 작성하도록 노력해야 한다. 이 주제에 관한 더 자세한 내용은 CERT C 규칙 MSC00-C(높은 경고 수준에서 깔끔하게 컴파일하기)를 참조한다.

코드의 컴파일 경고를 해결하면 추가 결함을 식별하기 위해 별도의 정적 분석기를 사용할 수 있다. 정적 분석기는 프로그램의 식을 평가하고 철저한 제어와 데이터 흐름 분석을 수행하며 가능한 값의 범위와 제어 흐름 경로에 관한 추론을 수행해 더 복잡한 결함을 진단한다.

도구를 사용해 프로그램의 특정 오류를 찾아 식별하는 것은 몇 시간의 테스트와 디버깅보다 훨씬 쉽고 결함이 있는 코드를 배포하는 것보다 비용도 훨씬 더 적게 든다. 다양한 무료 및 상용 정적 분석 도구를 사용할 수 있다. 예를 들어, Visual C++에는 `/analyze` 플래그로 활성화할 수 있는 정적 분석 기능이 있다. Visual C++ 분석을 사용하면 (권장 recommended, 보안security 또는 국제화internationalization와 같이) 실행하려는 규칙의 집합을 지정할 수 있다. Visual C++의 정적 코드 분석에 관한 더 자세한 정보는 Microsoft의 웹사이트(https://docs.microsoft.com/ko-kr/cpp/code-quality/code-analysis-for-c-cpp-overview?view=msvc-170&viewFallbackFrom=vs-2022)를 참조한다. 마찬가지로 Clang에는 독립형 도구standalone tool나 Xcode로 실행할 수 있는 정적 분석기(https://clang-analyzer.llvm.org/)가 있다. GCC 10에도 간단한 정적 분석기가 있다. GrammaTech의 CodeSonar와 TrustInSoft Analyzer, SonarSource의 SonarQube, Synopsys의 Coverity, LDRA Testbed, Perforce의 Helix QAC 등과 같은 상용 도구도 있다.

많은 정적 분석 도구는 서로 겹치지 않는 기능이 있으므로 둘 이상의 정적 분석 도구를 사용하는 것이 좋다.

동적 분석

동적 분석dynamic analysis은 실행 중에 시스템이나 구성 요소를 평가하는 프로세스다. 또 다른 비슷한 이름 중에서도 런타임 분석runtime analysis이라고도 한다.

동적 분석에 대한 일반적인 접근 방식은 코드를 계측하는 것이다. 예를 들어, 실행 파일에 추가 명령을 주입하는 컴파일 타임 플래그를 활성화해 계측된 실행 파일을 실행하는 것이다. 6장에서 설명한 디버그 메모리 할당 라이브러리인 `dmalloc`도 비슷한 접근 방식을 사용한다. `dmalloc` 라이브러리는 런타임 구성 가능 디버깅 기능runtime-configurable debugging facility을 갖춘 대체 메모리 관리 루틴을 제공한다. (`dmalloc`이라고도 하는) 명령줄 유틸리티를 사용해 이런 루틴의 동작을 제어함으로써 메모리 누수를 감지하고 개체의 경계 밖에 쓰거나 메모리가 해제된 후 포인터를 사용하는 것과 같은 결함을 발견하고 보고할 수 있다.

동적 분석의 장점은 오탐지율이 낮다는 것이다. 따라서 이런 도구 중 하나가 플래그를 지정하면 문제를 해결해야 한다!

동적 분석의 단점은 충분한 코드 적용 범위가 필요하다는 것이다. 테스트 과정 중에 결함이 있는 코드 경로가 실행되지 않으면 결함은 발견되지 않는다. 또 다른 단점은 계측이 성능 오버헤드performance overhead를 추가하거나 바이너리 크기가 커지는 등 바람직하지 않은 방식으로 프로그램의 다른 측면을 변경할 수 있다는 것이다.

AddressSanitizer는 여러 컴파일에서 (무료로) 사용할 수 있는 효과적인 동적 분석 도구 중 하나다. ThreadSanitizer, MemorySanitizer, Hardware-Assisted Address Sanitizer, UndefinedBehaviorSanitizer를 비롯해 여러 종류의 관련 새니타이저sanitizer가 있다.[6] 다른 많은 무료 및 유료 동적 분석 도구도 사용할 수 있다. AddressSanitizer를 자세히 설명하면서 이런 도구의 가치를 입증한다.

6 새니타이저에 관한 자세한 정보는 https://github.com/google/sanitizers/를 참조한다.

AddressSanitizer

AddressSanitizer(ASan)는 C와 C++ 언어 프로그램의 동적 메모리 오류 감지기다.[7] ASan은 LLVM 버전 3.1과 GCC 버전 4.8 이후 버전의 컴파일러에 통합됐다. Asan은 Visual Studio 2019부터 사용할 수 있다. 이 동적 분석 도구는 다음을 포함해 다양한 메모리 오류를 발견할 수 있다.

- 메모리 해제 후 사용(댕글링 포인터 역참조)
- 힙과 스택, 그리고 전역 버퍼 오버플로우
- 반환 후 사용
- 범위 이후 사용
- 초기화 순서 버그
- 메모리 누수

ASan의 유용성을 입증하기 위해 프로그램 11-7에서 재작성한 `print_error` 함수와 프로그램 11-8의 `get_error` 함수를 ASan을 사용해 계측한 다음 Ubuntu Linux에서 코드를 분석한다. 이미 프로그램 11-9에서 `get_error`에 대한 단위 테스트를 개발했으며 이 목적을 위해 확장한다.

프로그램 11-11의 Google Test 코드는 인쇄 오류에 대한 두 유틸리티 함수를 테스트한다. `get_error` 함수가 올바른 문자열을 반환하는지 확인하는 테스트 외에도 `print_error` 호출에서 반환 값 0을 테스트하는 치명적이지 않은 어설션 `EXPECT_EQ`를 추가했다.

프로그램 11-11 오류 인쇄 테스트

```
TEST(PrintTests, MsgTestCase) {
    ASSERT_STREQ(get_error(ENOMEM), "공간이 부족합니다."");
    ASSERT_STREQ(get_error(ENOTSOCK), "소켓이 아닙니다.");
    ASSERT_STREQ(get_error(EPIPE), "파이프가 깨졌습니다.");
    EXPECT_EQ(print_error(ENOMEM), 0);
    EXPECT_EQ(print_error(ENOTSOCK), 0);
```

7 https://github.com/google/sanitizers/wiki/AddressSanitizer를 참조한다.

```
    EXPECT_EQ(print_error(EPIPE), 0);
}
```

다음으로 Ubuntu Linux에서 이 코드를 빌드하고 실행해야 한다.

Ubuntu Linux에서 코드 빌드하기

프로그램 11-8의 get_error 함수를 컴파일하고 테스트할 수 있었다면 Ubuntu Linux 시스템에서 작동하는 동작 범위working bound를 검사하는 인터페이스를 구현해야 한다. 다음으로 Ubuntu에서 apt-get 명령으로 Google Test 개발 패키지를 설치해야 한다.

```
% sudo apt-get install libgtest-dev
```

이 패키지는 소스 파일만 설치하므로 필요한 라이브러리 파일을 만들기 위해 코드를 컴파일해야 한다. 다음 명령어를 사용해 소스 파일이 저장되는 /usr/src/gtest 폴더로 변경하고 cmake를 사용해 라이브러리를 컴파일한다.

```
% sudo apt-get install cmake # cmake 설치
% cd /usr/src/gtest
% sudo cmake CMakeLists.txt
% sudo make
% # libgtest.a와 libgtest_main.a를 /usr/lib 디렉터리로 복사하거나 심볼릭 링크를 만든다.
% sudo cp *.a /usr/lib
```

계속하기 전에 Ubuntu 시스템에서 프로그램 11-11의 PrintTests를 빌드하고 실행할 수 있어야 한다. 아마도 소스 코드를 수정하고 파일을 빌드해야 한다.

테스트 실행하기

get_error와 print_error 함수가 사용하는 strerror_s 함수는 로켈 전용 메시지 문자열을 반환한다. 프로그램 11-11의 테스트를 실행하면 무언가 잘못됐다는 것을 알 수 있다.

즉, get_error 함수에 대한 모든 테스트가 실패한 것이다. 이 테스트는 원래 Windows용 Visual C++을 사용해 개발됐으며 Ubuntu Linux는 다른 로캘 전용 메시지 문자열을 반환하므로 모든 테스트가 실패한 것이다. 이것이 예상했던 동작이 아니라면 이 두 함수를 로캘에 상관없이 같은 문자열을 반환하도록 다시 작성해야 할 수도 있다. 그렇지 않으면 프로그램 11-12처럼 테스트를 다시 작성해 (진하게 쓴) 예상되는 로캘 전용 메시지 문자열이 반환되는지 확인할 수 있다.

프로그램 11-12 수정된 오류 인쇄 테스트

```
TEST(PrintTests, MsgTestCase) {
    EXPECT_STREQ(get_error(ENOMEM), "메모리를 할당할 수 없습니다.");
    EXPECT_STREQ(get_error(ENOTSOCK), "소켓이 아닌 곳에서의 소켓 작업을 수행했습니다.");
    EXPECT_STREQ(get_error(EPIPE), "파이프가 깨졌습니다.");
    EXPECT_EQ(print_error(ENOMEM), 0);
    EXPECT_EQ(print_error(ENOTSOCK), 0);
    EXPECT_EQ(print_error(EPIPE), 0);
}
```

프로그램 11-12의 수정된 테스트를 실행하면 이제 프로그램 11-13에 표시된 긍정적인 결과를 얻을 수 있다. 경험이 부족한 테스터는 이런 결과를 보고 "이것 봐, 이 코드가 작동하고 있어!"라고 잘못 생각할 수 있다. 그러나 코드에 결함이 없다는 자신감을 높이기 위해서는 추가로 조치를 해야 한다.

프로그램 11-13 PrintTests 테스트 실행

```
student@scode:~/Examples/asan$ ./runTests
[==========] Running 1 test from 1 test case.
[----------] Global test environment set-up.
[----------] 1 test from PrintTests
[ RUN      ] PrintTests.MsgTestCase
메모리를 할당할 수 없습니다.
소켓이 아닌 곳에서의 소켓 작업을 수행했습니다.
파이프가 깨졌습니다.
[       OK ]
```

```
PrintTests.MsgTestCase (0 ms)
[----------] 1 test from PrintTests (0 ms total)

[----------] Global test environment tear-down
[==========] 1 test from 1 test case ran. (0 ms total)
[  PASSED  ] 1 test.
```

이제 작동하는 테스트 하네스test harness[8]가 준비됐으므로 코드를 계측할 시간이다.

코드 계측하기

AddressSanitizer를 사용해 코드를 계측하려면 `-fsanitize=address` 플래그로 프로그램을 컴파일하고 링크해야 한다. 오류 메시지에서 더 많은 정보를 제공하는 스택 추적을 얻으려면 `-fno-omit-frame-pointer` 플래그를 추가하고 심볼릭 디버깅 정보를 얻으려면 `-g3` 플래그를 추가한다. cmake를 사용하면 CMakeLists.txt 파일에 다음 명령을 포함하면 이 플래그를 추가할 수 있다.

```
set (CMAKE_C_FLAGS "${CMAKE_C_FLAGS} -g3 -fno-omit-frame-pointer -fsanitize=address")
```

앞에서 언급했듯이 AddressSanitizer는 Clang과 GCC, Visual C++에서 작동한다.[9] 사용 중인 컴파일러 버전에 따라 다음과 같은 환경 변수를 정의해야 할 수도 있다.

```
ASAN_OPTIONS=symbolize=1
ASAN_SYMBOLIZER_PATH=/path/to/llvm_build/bin/llvm-symbolizer
```

이런 집합을 사용해 테스트를 다시 빌드하고 실행해본다.

8 시스템 및 시스템 컴포넌트를 시험하는 환경의 일부분으로 시험을 지원하는 목적 하에 생성된 코드와 데이터. 시험 드라이버(test driver)라고도 하며 일반적으로 단위 시험이나 모듈 시험에 사용하기 위해 코드 개발자가 만든다. 단순히 시험을 위한 사용자 인터페이스를 제공하거나, 정교하게 제작된 경우, 코드가 변경됐을 때도 항상 같은 결과를 제공해서 시험을 자동화시킬 수 있도록 디자인돼 있다. – 출처: 정보통신용어사전

9 Microsoft C++ 팀 블로그 "AdressSanitizer (ASan) for Windows with MVSC"(https://devblogs.microsoft.com/cppblog/addresssanitizer-asan-for-windows-with-msvc/)를 참조한다.

테스트 실행하기

Google Test를 사용하는 단위 테스트는 계속 통과해야 하지만, AddressSanitizer가 추가 문제를 감지할 수 있도록 코드를 실행해야 한다. 이제 `PrintTests`를 실행해 프로그램 11-14의 추가 출력을 확인할 수 있다.

프로그램 11-14 PrintTests 계측 테스트 실행

```
❶ ==16447==ERROR: LeakSanitizer: detected memory leaks

Direct leak of 31 byte(s) in 1 object(s) allocated from:
    #0 0x7fd8e3a1db50 in __interceptor_malloc
    (/usr/lib/x86_64-linux-gnu/libasan.so.4+0xdeb50)
  ❷ #1 0x564622aa0b39 in print_error ~/asan/PrintUtils/print_utils.c:12
    #2 0x564622a65839 in TestBody ~/asan/TestMain.cpp:49
    #3 0x564622a91754 in void
       testing::internal::HandleSehExceptionsInMethodIfSupported
       <testing::Test, void>(testing::Test*, void (testing::Test::*)(),
       char const*) (~/asan/runTests+0x35754)
    #4 0x564622a8b75c in void
       testing::internal::HandleExceptionsInMethodIfSupported
       <testing::Test, void>(testing::Test*, void (testing::Test::*)(),
       char const*) (~/asan/runTests+0x2f75c)
    #5 0x564622a6f139 in testing::Test::Run() (~/asan/runTests+0x13139)
    #6 0x564622a6fa6f in testing::TestInfo::Run() (~/asan/runTests+0x13a6f)
    #7 0x564622a700f9 in testing::TestCase::Run() (~/asan/runTests+0x140f9)
    #8 0x564622a76fc5 in testing::internal::UnitTestImpl::RunAllTests()
       (~/asan/runTests+0x1afc5)
    #9 0x564622a9291a in bool
       testing::internal::HandleSehExceptionsInMethodIfSupported
       <testing::internal::UnitTestImpl, bool>(testing::internal::UnitTest
       Impl*, bool (testing::internal::UnitTestImpl::*)(), char const*)
       (~/asan/runTests+0x3691a)
    #10 0x564622a8c598 in bool
        testing::internal::HandleExceptionsInMethodIfSupported
        <testing::internal::UnitTestImpl, bool>(testing::internal::UnitTest
        Impl*, bool (testing::internal::UnitTestImpl::*)(), char const*)
        (~/asan/runTests+0x30598)
```

```
#11 0x564622a75b89 in testing::UnitTest::Run() (~/asan/runTests+0x19b89)
#12 0x564622a66715 in RUN_ALL_TESTS() /usr/include/gtest/gtest.h:2233
#13 0x564622a65fd7 in main ~/asan/TestMain.cpp:57
#14 0x7fd8e2b13b96 in __libc_start_main
    (/lib/x86_64-linux-gnu/libc.so.6+0x21b96)
```

프로그램 11-14는 생성된 몇 가지 결과 중에서 첫 번째 발견만 보여준다. 이 스택 추적 대부분은 테스트 기반구조infrastructure 자체에서 나온 것으로 결함을 찾는 데 도움이 되지 않아 흥미롭지 않다. 흥미로운 모든 정보는 목록(및 스택)의 맨 위에 있다.

먼저 AddressSanitizer의 구성 요소인 LeakSanitizer가 "메모리 누수를 탐지했고detected memory leaks"❶ 이는 어떤 개체에서 31바이트의 직접 누수가 있다고 할 수 있다. 스택 추적은 코드의 다음 줄을 참조한다❷.

```
#1 0x564622aa0b39 in print_error ~/asan/PrintUtils/print_utils.c:12
```

해당 코드 줄에는 print_error 함수에서 malloc에 대한 호출이 포함돼 있다.

```
errno_t print_error(errno_t errnum) {
    rsize_t size = strerrorlen_s(errnum);
    char* msg = malloc(size);
    // --- 생략 ---
}
```

이는 분명히 명백한 오류다. malloc의 반환 값은 print_error 함수의 범위 안에서 정의된 자동 변수에 할당되며 절대로 해제되지 않는다. 함수가 반환하고 할당된 메모리에 대한 포인터를 가지고 있는 개체의 수명이 끝나면 이 할당된 메모리를 해제할 기회를 잃게 된다. 이 문제를 해결하려면 할당된 스토리지가 더 이상 필요하지 않지만, 함수가 반환하기 전에 free(msg)에 대한 호출을 추가해야 한다. 프로그램의 품질에 만족할 수 있을 때까지 테스트를 다시 실행하고 감지된 모든 결함을 고쳐야 한다. 다소 가학적이라고 생각한다면 금요일에 코드를 배포하고 주말동안 전화를 꺼놓도록 한다.

연습 문제

아래 연습 문제를 직접 코드로 작성한다.

- Visual C++에 내장된 정적 분석기를 사용해 프로그램 11-1의 결함 코드를 평가한다. 정적 분석에서 추가로 발견한 것이 있는가?
- AddressSanitizer를 계측한 `PrintTests` 테스트의 나머지 결과를 평가한다. 탐지된 나머지 진양성true-positive 또는 진탐지 오류를 제거한다.
- https://github.com/google/sanitizers/에서 사용할 수 있는 다른 새니타이저를 사용해 PrintTests를 계측하고 발견한 문제를 해결한다.
- 이와 비슷한 테스트와 디버깅, 그리고 분석 기술을 여러분의 실제 코드에 사용해 본다.

요약

11장에서는 정적 어설션과 런타임 어설션에 관해 알아보고 GCC와 Clang, Visual C++에서 사용할 수 있는 중요하고 권장되는 컴파일러 플래그의 중 일부를 소개했다. 또한 정적 분석과 동적 분석을 사용해 코드 디버깅하고 테스트하며 분석하는 방법도 알아봤다. 이는 책의 중요한 마지막 교훈으로 여러분은 전문 C 프로그래머로서 상당히 많은 시간을 할애해 코드를 디버깅하고 분석할 것이기 때문이다.

참고문헌

American National Standards Institute (ANSI). 1986. "Information Systems—Coded Character Sets—7-Bit American National Standard Code for Information Interchange (7-Bit ASCII)." ANSI X3.4-1986.

Boute, Raymond T. 1992. "The Euclidean Definition of the Functions div and mod." ACM Transactions on Programming Language and Systems 14, no. 2 (April): 127144. http://dx.doi.org/10.1145/128861.128862.

Dijkstra, Edsger. 1968. "Go To Statement Considered Harmful." Communications of the ACM 11, no. 3. https://homepages.cwi.nl/~storm/teaching/reader/Dijkstra68.pdf.

Hollasch, Steve. 2018. "IEEE Standard 754 Floating-Point Numbers." https://steve.hollasch.net/cgindex/coding/ieeefloat.html.

Hopcroft, John E., and Jeffrey D. Ullman. 1979. Introduction to Automata Theory, Languages, and Computation. Reading, MA: Addison-Wesley.

IEEE and The Open Group. 2018. "Standard for Information Technology—Portable Operating System Interface (POSIX), Base Specifications," Issue 7. IEEE Std 1003.1, 2018 edition.

IEEE. 2008. "IEEE Standard for Floating-Point Arithmetic." IEEE Std 754-2008 (August): 170. https://ieeexplore.ieee.org/document/4610935. 224 References

ISO/IEC/IEEE. 2011. "Information Technology—Microprocessor Systems—Floating-Point Arithmetic." ISO/IEC/IEEE 60559:2011. https://www.iso.org/obp/ui/#iso:std:57469:en.

ISO/IEC. 1990. "Programming Languages—C," 1st ed. ISO/IEC 9899:1990.

ISO/IEC. 1999. "Programming Languages—C," 2nd ed. ISO/IEC 9899:1999.

ISO/IEC. 2007. "Information Technology—Programming Languages, Their Environments and System Software Interfaces—Extensions to the C Library—Part 1: Bounds-Checking Interfaces." ISO/IEC TR 24731-1:2007.

ISO/IEC. 2010. "Information Technology—Programming Languages, Their Environments and System Software Interfaces—Extensions to the C Library—Part 2: Dynamic Allocation Functions." ISO/IEC TR 24731-2:2010.

ISO/IEC. 2011. "Programming Languages—C," 3rd ed. ISO/IEC 9899:2011.

ISO/IEC. 2013. "Information Technology—Programming Languages, Their Environments and System Software Interfaces—C Secure Coding Rules." ISO/IEC TS 17961:2013.

ISO/IEC. 2014. “Floating-Point Extensions for C — Part 1: Binary Floating-Point Arithmetic.” ISO/IEC TS 18661-1:2014.

ISO/IEC. 2015. “Floating-Point Extensions for C — Part 3: Interchange and Extended Types.” ISO/IEC TS 18661-3:2015.

ISO/IEC. 2018. “Programming Languages—C,” 4th ed. ISO/IEC 9899:2018.

Kernighan, Brian W., and Dennis M. Ritchie. 1988. The C Programming Language, 2nd ed. Upper Saddle River, NJ: Prentice Hall.

Knuth, Donald. 1997. Fundamental Algorithms, 3rd ed., volume 1 of The Art of Computer Programming, chapter 2, pages 438442. Boston: Addison-Wesley

Kuhn, Markus. 1999. “UTF-8 and Unicode FAQ for Unix/Linux.” June 4, 1999. https://www.cl.cam.ac.uk/~mgk25/unicode.html.

Lamport, Leslie. 1979. “How to Make a Multiprocessor Computer That Correctly Executes Multiprocess Programs.” IEEE Transactions on Computers C-28 9 (September): 690691.

Lewin, Michael. 2012. “All About XOR.” Overload Journal 109 (June). https://accu.org/index.php/journals/1915.

Saks, Dan. 2002. “Tag vs. Type Names.” October 1, 2002. https://www.embedded.com/electronics-blogs/programming-pointers/4024450/Tag-vs-Type-Names.

Schoof, René. 2008. “Four Primality Testing Algorithms.” arXiv preprint arXiv:0801.3840.

Seacord, Robert C. 2013. Secure Coding in C and C++, 2nd ed. Boston: Addison-Wesley Pro fessional.

Seacord, Robert C. 2014. The Cert C Coding Standard: 98 Rules for Developing Safe, Reliable, and Secure Systems, 2nd ed. Boston: Addison-Wesley Professional.

Seacord, Robert C. 2017. “Uninitialized Reads.” Communications of the ACM 60, no. 4 (March): 4044. https://doi.org/10.1145/3024920.

Seacord, Robert C. 2019. “Bounds-Checking Interfaces: Field Experience and Future Directions.” NCC Group whitepaper. June 2019. https://www.nccgroup.trust/us/our-research/bounds-checking-interfaces-field-experience-and-future-directions/.

The Unicode Consortium. 2020. The Unicode Standard: Version 13.0—Core Specification. Mountain View, CA: The Unicode Consortium. http://www.unicode.org/versions/Unicode13.0.0/.

Weimer, Florian. 2018. “Recommended Compiler and Linker Flags for GCC.” Red Hat Developer website. March 21, 2018. https://developers.redhat.com/blog/2018/03/21/compiler-and-linker-flags-gcc/.

찾아보기

ㄱ

가변 길이 배열 190
가변 인수 함수 117
간접참조 69
간접참조 연산자 55, 69
값 계산 115
값에 의한 호출 55
강등 110
강제 변환 103
개체 51
개체 코드 274
개체 형식 61
결합성 119
경계 태그 173
경쟁 조건 238
공백 문자 39
공용체 74
공유 라이브러리 298
공유 상태 122
공통 확장 46, 49
관계형 연산자 140
구두점 64
구조체 62, 72
구현체에 정의된 동작 46, 47
구현체에 정의된 실행 206
권한 모드 129
그룹화 119
기본 실행 문자 집합 64

ㄴ

너비 84
네이티브 개체 125
네임스페이스 76
논리 AND 연산자 135
논리 OR 연산자 135
논리 연산자 135

ㄷ

다른 절차적 언어 38
다중 바이트 61
다중 워드 84
다차원 배열 71
단순 할당 113
단위 테스트 328
단위 테스트 프레임워크 328
단일 연결 리스트 161
단일 참조 구현 46
단정밀도 97
단항 보수 연산자 129
단항 연산자 56, 118
대기 시간 242
댕글링 포인터 185
더 이상 사용하지 않는 기능 68
데이터 추상화 294
독립환경 38
동시 프로그래밍 61
동적 공유 개체 298
동적 라이브러리 298
동적 분석 335
동적 분석 도구 195
동적으로 할당된 메모리 61, 173, 185
등가 연산자 108
디버그 메모리 할당 195
따옴표 포함 문자열 276

ㄹ

라이브러리 297
랜덤 액세스 메모리 256
랩어라운드 87, 89
런타임 분석 335
런타임 어설션 139, 314
런타임 오류 78
런타임 제약 조건 235
런타임 힙 173
레이블 58, 163
레이블된 문 155
레지스터 123
레코드형 72
로케이터 값 114
로케일별 동작 46, 49

루프 157
리터럴 상수 61
링커 명령어 62
링크 299

ㅁ

마샬링 126
맞춤 61
맞춤 지정자 62
맞춰진 데이터 61
매크로 67, 281
메모리 171
메모리 관리자 172, 173, 198
메모리 누수 173, 194
메모리 오류 79
메모리 캐시 라인 62
멤버 71
멤버 개체 72
명시적 미정의 동작 48
모범 사례 59, 155
무한 루프 159
문서화된 동작 327
문자 데이터 64
문자 리터럴 208
문자 상수 208
문자열 리터럴 220
문자 인코딩 202
문자 형식 63, 64
미사 연산자 118
미정의 동작 46, 47, 48
미지정 동작 46, 47
밑줄 63

ㅂ

반복 157
반복문 157
반환형 52
반환 형식 67
배열 62, 70
배타적 OR 133
백업 배열 225
버퍼링 242
버퍼 오버플로우 159
범위 58
변수 51
변환 단계 273
변환 지정자 41
별칭 72
보안 결함 159
복사본 57
복합 문 148
복합문 53
복합 할당 연산자 141
부동 소수점 97, 110
부동 소수점 산술 66, 99
부동 소수점 상수 102
부동 소수점 숫자가 아닌 값 100
부동 소수점 연산 52
부동 소수점형 66
부동 소수점 형식 99
부울 형식 63
부호가 없는 정수 85
부호가 없는 형식 유지 접근방식 105
부호가 있는 정수 형식 90
부호 없는 정수 형식 65
부호 있는 정수형 38
부호 있는 정수 형식 65
부호 확장 108, 206
분기점 123
불완전한 배열 형식 186
블록 58
블록 범위 190
비순차적 평가 123
비정규화된 숫자 100
비트 마스크 130
비트맵 129
비트 배타적 OR 연산자 133
비트 보수 129
비트 연산자 129
비트 패턴 52
비트 포괄적 OR 연산자 134

ㅅ

상계 85
상수 61
상수 식 125
상위 서로게이트 203
선언 지정자 62
선택 문 149
선행 100
수명 54

순차적 데이터 242
숫자 형식 63
쉼표 연산자 142
스레드 스토리지 기간 61
스크립트 38
스택 프레임 188
스토리지 51, 171, 172
스토리지 기간 54, 59
스토리지 클래스 지정자 60, 172
스트림 241
스파게티 코드 164
시그니처 178
시퀀스 위치 122
시퀀스 포인트 123
시프트 식 130
시프트 연산 131
시프트 연산자 130
식 값 114
식별자 52
식별자의 범위 58
신기술 호환 62
신호 NaN 101
실수 산술 66
실시간 클록 79
실행 문자 집합 205

ㅇ

암시적 미정의 동작 48
암시적 변환 103
앨리어싱 80
앰퍼샌드 문자 56
어설션 311
엔디언 125
엔티티 69
여러 바이트 워드 125
역참조 55, 121
연결 리스트 174
연산자 우선순위 120
열거 상수 66
열거자 64
열거형 66
예약된 식별자 63
오른쪽 결합성 연산자 119
오른쪽 피연산자 114
오버런 159
오버플로우 92, 105, 128, 182
오프셋 86, 143
와이드 형식 64
왼쪽 결합성 연산자 119
왼쪽 피연산자 114
워드 61
워드가 아닌 경계 61
윈도우 터미널 38
유니코드 203, 212
유니코드 변환 형식 203
유연한 배열 멤버 186
유연한 크기 186
유클리드 나눗셈 127
유효 비트 97
이니셜라이저 114
이스케이프 시퀀스 209
이식성 45, 46
이진 스트림 246
이진 트리 174
이항 곱하기 연산자 127
이항 더하기 연산자 128
이항 비트 AND 연산자 132
인라인닝 190
인수 38, 54
인수 검사 229
인접 영역 58
인접한 연산자 119
인터럽트 94
인터리브 122
일반 산술 변환 106
읽기 전용 메모리 78
임베디드 프로그래밍 38
임시 파일 261

ㅈ

자기참조 구조체 76
자동 NaN 101
자동 변수 190
자동 스토리지 기간 54, 172
자동 폴스루 154
자르기 127
자유 메모리 173
자체 문서화 코드 67
작은 형식 105
잘라내기 나눗셈 127
잘못된 포인터 값 역 참조 47
전역 변수 122

전처리기 274
전처리기 지시문 37
점프 문 163
접두사 연산자 118
정규화된 숫자 100
정밀도 84
정수 리터럴 95
정수 변환 109
정수 변환 순위 104
정수 상수 95
정수 오버플로우 47
정수 확장 105
정의된 연산자 277
정적 변수 148
정적 분석 332
정적 스토리지 기간 60, 172
정적 어설션 139, 312
제네릭 형식 92
제어 64, 154
제어문자 41
제어 상수 식 277
제어 흐름 블록 139
조각 173
조각 모음 173
조건부 연산자 92, 138
조기 최적화 131
종결자 178
종료 기준 157
주소 52
주소 연산자 56, 69
죽은 코드 40
준정규 숫자 100
중첩 149
증가 연산자 118
지역 변수 54
지정된 개체 69
진입 조건 158

ㅊ

참조 69, 121
참조된 형식 69
참조에 의한 호출 57
참조형 52
처리기 235
처리량 242
첨자 연산자 71
최하위비트 86
추가 식 130

ㅋ

캐리지 리턴 246
캐시 값 123
컴파일러 44, 121
코드 빌드 307
코드 스니펫 70
코드 재사용 293
코드 페이지 202
코드 포인트 202
콘솔 38
크기를 조정한 포인터 산술 128

ㅌ

태그 75
테스트 가능성 156
테스트 사례 330
테스트 하네스 339
토큰 274
통일성 108
통합 개발 환경 41
트랩 94

ㅍ

파생된 형식 67, 68
파생 작업 116
파일 58
파일 끝 지시기 160
파일 위치 지시기 256
파일 포인터 242
패킹된 구조체 312
평가 115
평가 순서 121
포맷 스트링 41
포인터 52
포인터형 52
포인터 형식 69
포팅 47
폴스루 154
표준 오류 스트림 244
표준 출력 스트림 244
표현범위가 넓은 문자 64
표현범위가 좁은 문자 64

프론트엔드 44
플래그 37, 94
플러싱 243
피연산자 56

ㅎ

하드웨어 쿼크 84
하위 서로게이트 203
하위식 121
하한 127
하한 나눗셈 127
한정되지 않은 형식 78
한정자 68
할당 스토리지 기간 61, 172
함수 52, 58
함수 반환 형식에 대한 포인터 117
함수 범위 58
함수 선언자 58, 67
함수 정의 68
함수 지정자 69, 116
함수 프로토타입 58, 68
함수 프로토타입 범위 58
함수형 52
함수 형식 67
함수 호출 116
해시 테이블 174
해제된 메모리 읽기 194
핸들 181
핸들러 80
행렬 71
헤더 37
헤더 보호기 280
헤더 파일 275, 294
캐스트 136
형 변환 51
형식 문자열 41
형식 정의 68
형식 종속 94
형식화된 출력 보안 취약점 41
호스팅 38
호출자 167
홑화살괄호 포함 문자열 276
환경 목록 238
환경 변수 238
후입선출 188
힙 172

A

additive expression 130
additive operator 128
address 52
address-of operator 56
AddressSanitizer 336, 340
adjacent operator 119
alias 72
aliasing 80
aligned_alloc 함수 178
aligned data 61
alignment 61
alignment specifier 62
allocated storage duration 172
alloca 함수 188
ampersand 56
angle-bracked include string 276
ANSI 28
argument 38, 54
argument checking 229
arithmetic of real number 66
array 62, 70
ASan 336
ASCII 202, 211, 214
assert.h 311
assertion 311
associativity 119
automatic storage duration 54, 172
automatic variable 190

B

basic execution character set 64
best practice 59
binary bitwise AND operator 132
binary stream 246
binary tree 174
bitmap 129
bit mask 130
bit pattern 52
bitwise complement 129
bitwise exclusive OR operator 133
bitwise inclusive OR operator 134
bitwise operator 129
block scope 190
boolean 63

Boolean type 63
boundary tag 173
break 문 166
buffering 242
buffer overflow 159

C

C11 29, 62, 233, 248
C17 29, 45
C89 28, 44
C90 28, 44
C99 29, 63, 186, 188, 190
cache line 62
cache value 123
call-by-reference 57
call-by-value 55
caller 167
calloc 함수 179
cast 136
cc 명령 36
char 205
character constant 208
character data 64
character literal 208
character string literal 220
character type 63, 64
charater encoding 202
Clang 45, 140, 156, 212
close 함수 252
code page 202
code point 202
code reuse 293
code snippet 70
coercion 103
comma operator 142
Common extensions 46, 49
complement 90
compound assignment operator 141
compound statement 53, 148
computation 115
concurrent programming 61
conditional operator 92, 138
console 38
const 78
constant expression 125
constant value 61
const-한정자 개체 61
contiguous region 58
continue 문 165
control 64, 154
controlling constant expression 277
conversion specification 41
C의 정신 27, 229
C 표준 29, 44

D

dangling pointer 185
data abstraction 294
dead code 40
debug memory allocation 195
decimal constant 95
declaration specifier 62
defined operator 277
defragmentation 173
demoting 110
deprecated feature 68
derived type 67, 68
designated object 69
dmalloc 라이브러리 195
documented behavior 327
double-free 취약점 184
do...while 문 159
dynamically allocated memory 61
dynamic analysis 335
dynamic analysis tool 195
dynamic library 298
dynamic shared object 298

E

Emacs 42
embedded 38
endianness 125
end-of-file indicator 160
entity 69
entry condition 158
enum 66
enumeration 66
enumeration constant 66
enumerator 64
environment list 238
environment variable 238

EOF 40, 206, 255
equal operato 108
escape sequence 209
Euclidean division 127
evaluation 115
execution character set 205
EXIT_FAILURE 매크로 40
EXIT_SUCCESS 매크로 37
explicit undefined behavior 48
expression value 114

F

fall-through 154
fclose 함수 251
fflush 함수 256
FILE * 242
file pointer 242
file position indicator 256
flag 37, 94
flexible size 186
floating-point 97
floating point arithmetic 52
floating-point arithmetic 66, 99
floating-point constant 102
flooring 127
flooring division 127
flushing 243
fopen 함수 246
format string 41
formatted output security vulnerability 41
forward-compatibl 62
for 루프 70
for 문 160
fputc 함수 254
fragment 173
free memory 173
freestanding 38
free 함수 183
frontend 44
fscanf 함수 262
fseek 함수 257
ftell 함수 256
function 52
function declarator 58, 67
function definition 68
function designator 69, 116
function prototype 58, 68
function scope 58
function type 52, 67
fwrite 함수 267

G

GCC 29, 44, 140, 156
GCC 8 30, 44
GCC 10 29
GCC, GNU Compiler Collection 44
generic type 92
getenv 함수 238
gets_s 함수 234
gets 함수 231
global variable 122
GNU Compiler Collection 29
GNU 컴파일러 모음 44
goto 문 163
grouping 119

H

hack 188
handle 181
handler 80, 235
hardware quirk 84
hash table 174
header 37
header file 275, 294
header guards 280
heap 172
hello 37
hexdadecimal constant 96
hex dump 96
high-surrogate 203
hosted 38

I

IBM EBCDIC 214
IDE, Integrated Development Environment 41
identifier 52
IEC 60559 98
IEEE 754 52
IEEE 754-2008 66
IFO, Last-In-Frist_Out 188

if 문 149
Implementation–defined behavior 46
implementation–defined execution 206
implicit conversion 103
implicit undefined behavior 48
incomplete array type 186
indirection 69
indirection operator 55
infinite loop 159
initializer 114
inlining 190
int 38
integer constant 95
integer conversion 109
integer conversion rank 104
integer literal 95
integer promotion 105
interleave 122
interrupt 94
isdigit 함수 206
ISO 8859–1 214
ISO/IEC 9899 28
ISO/IEC 10646 207
iteration 157
iteration statement 157

J

jump statement 163
juncture 123

L

label 58, 163
labeled statement 155
latency 242
Latin–1 214
leading 100
left–associativity 119
libiconv 218
library 297
lieteral constant 61
lifetime 54
limits.h 84, 86, 88, 91
linkage 299
linked list 174
linker command 62
Locale–specific behavior 46, 49
local variable 54
locator value 114
logical AND operator 135
logical OR operator 135
loop 70, 157
low–surrogate 203
LSB, Least Significant Bit 86
ls 명령어 36
l–value 114

M

macro 67, 281
main 함수 38
malloc 62
malloc 함수 174
marshalling 126
matrix 71
member 71
member object 72
memcpy 함수 230
memory 171
memory fault 79
memory leak 173
memory manager 172
mode 문자열 247
multibyte 61
multidimensional array 71
multiple–byte words 125
multiple–word 84
multiplicative operator 127

N

namespace 76
NaN 100
NaN, not–a–number 100
narrow character 64
native object 126
nested 149
nonnormalized number 100
non–word boundary 61
null–terminated string 177
null로 끝나는 문자열 177
numerical type 63

O

object 51
object code 274
object type 61
octal constant 96
OEM 코드 페이지 213
offset 86, 143
operand 56
order of evaluation 121
overflow 92
overrun 159

P

packed structure 312
pass-by-value 55
permission mode 129
pointer 52
pointer-to-function returning type 117
pointer type 52, 69
Portable Operating System Interface 72
porting 47
POSIX 72, 129, 237
postfix operator 118
pow 함수 133
precision 84
predefined macro 289
prefix operator 118
premature optimization 131
preprocessor directive 37
printf 함수 40, 41
procedural langueage 38
punctuation 64
putchar 함수 254
putc 함수 254
puts 함수 37, 40

Q

QNAN 101
qualifier 61, 68
quoted include string 276

R

race condition 238
RAM, Random Access Memory 256
read-only memory 78
reallocarray 함수 182
realloc 함수 179
real-time clock 79
record type 72
reference 69
referenced type 52, 69
register 123
relational operator 140
restrict 80
return type 52, 67
return 문 167
right-associativity 119
runtime analysis 335
runtime assertion 139
runtime constraints 235
runtime error 78
r-value 114

S

scaled pointer arithmetic 128
scope 58
script 38
security flaw 159
selection statement 149
self-documenting code 67
self-referential structure 76
sequence point 122, 123
sequential data 242
set_constraint_handler_s 함수 236
shared library 298
shared state 122
shift expression 130
Shift-JIS 214
shift operator 130
signature 178
signed char 90
signed integer type 65
signed integer-type 38
sign-extending 108
sign extension 206
significand bit 97
silent fall-through 154
simple assignment 113
single-precision 97
single reference implementation 46

singly linked list 161
sizeof 125
sizeof 연산자 222, 225
small type 105
SNAN 101
spaghetti code 164
spirit of C 27
stack frame 188
standard error stream 244
standard output stream 244
static analysis 332
static assertion 139, 312
static_assert 선언 47
static storage duration 172
static variable 148
stdio.h 37, 242
stdlib.h 37
stdout 38
storage 51, 171, 172
storage-class specifier 60, 172
storage duration 54, 59
strcpy_s 함수 235
strcpy 함수 228
strdup 함수 237
stream 241
string.h 222
strlen 함수 222, 225, 293
struct 72
structure 62
structure type 72
struct 해킹 188
subexpression 121
subnormal number 100
subscript 71
switch 문 153

T

tag 75
temporary file 261
termination criteria 157
terminator 178
testability 156
test case 330
test harness 339
throughput 242
TIOBE 27
token 274
translation phase 273
trap 94
truncating 127
truncating division 127
type 51
type cast 136
typedef 76
type definition 68
type-dependent 94

U

unary complement 129
unary operator 56
Undefined behavior 46, 47
underscore 63
unicode 203
uniformity 108
union 68
union type 74
unit test 328
unit-testing framework 328
unlink 함수 261
unqualified type 78
unsequenced evaluation 123
unsigned int 86
unsigned integer 85
unsigned integer type 65
unsigned preserving approach 105
Unspecified behavior 46
upper bound 85
usual arithmetic conversion 106
UTF 203
UTF-8 203, 209, 211, 220, 254
UTF-16 204, 208, 218
UTF-32 204, 208, 215
UTF, Unicode Transformation Format 203

V

variable 51
variadic function 117
Vim 42
Visual Studio 42, 45
Visual Studio Code 43
VLA 198

VLA, Variable-Length Array 190
voatile 79
void 38, 67

W

wchar.h 222
wchar_t 207
wcslen 함수 225
while 문 157
wide character 64
wide type 64
width 84
wraparound 87

기호

* 56
_Alignof 연산자 139
#define 281
#include 275
\n 41
-O 플래그 318
-std= 플래그 320
-> 연산자 75
. 연산자 75
&& 연산자 135
|| 연산자 135

숫자

2의 보수 90
8진수 상수 96
10진수 상수 95
16진수 덤프 96
16진수 상수 96

EFFECTIVE C
전문적인 C 프로그래밍 입문서

발 행 | 2023년 6월 30일

옮긴이 | 박 정 재 · 장 준 원 · 장 기 식
지은이 | 로버트 C. 시코드

펴낸이 | 권 성 준
편집장 | 황 영 주
편 집 | 김 진 아
임 지 원
디자인 | 윤 서 빈

에이콘출판주식회사
서울특별시 양천구 국회대로 287 (목동)
전화 02-2653-7600, 팩스 02-2653-0433
www.acornpub.co.kr / editor@acornpub.co.kr

ISBN 979-11-6175-759-9
http://www.acornpub.co.kr/book/effective-c

책값은 뒤표지에 있습니다.